重要証人
ウイグルの強制収容所を逃れて

Die Kronzeugin

サイラグル・サウトバイ
Sayragul Sauytbay
アレクサンドラ・カヴェーリウス
Alexandra Cavelius
秋山勝［訳］

草思社

重要証人――ウイグルの強制収容所を逃れて ◉目次

謝辞　9

第1章　過去の亡霊……13

助けを請う娘たち／ドイツに向かう夜／ドイツにて／脅迫と希望

第2章　中国の侵攻と破壊──輝く未来と生活の安定を夢見て……27

幸運を授ける娘／九死に一生／ヘビの穴／定住を始めた遊牧民／決して嘘をついてはならない／苛酷な環境のもとで／お祭りのとき／心に暗い影を落とした文化大革命／恐怖政治の生きている亡霊／「中国人がやって来る」／最初の入植者──「中国人を恐れるな」／つかの間の幻影／私の大学生時代──一九九三〜九七年／蘇った毛沢東／商才ひとつで大儲け／一九九七年──泉がかれた／患者への治療差別／祖父の死／はじめてのキャッシュカード／困難な時代に備えて／再出発／故郷に帰る／蹂躙されていく母なる大地／独身を貫く決意／恋のつばぜりあい／小さなメッセンジャー／婚儀のしきたり／両親との別れ

／結婚式の日／奇妙な偶然／尽きせぬ不安／不思議な出会い／黄金の未来を夢見て

第3章 口をテープでふさがれて …………………… 107

厳しくなっていく締めつけ／泣きやまない子供たち／二度目の再教育／「この子はどうしても産む」／心に空いた大きな穴／心のよりどころ／自己批判の三つの段階／恥辱にまみれて／路上の流血／誰も望んでいなかった祝典／赤ん坊をつねる奇妙な母親／中国人であればすべて無料／剝き出しの抑圧／口をテープでふさがれて／中国で三番目に汚れた町／汚された聖なる秘境／三悪／パスポートを取り上げられる／別れの時

第4章 監獄よりも劣悪な環境——世界最大の監視国家 ………… 153

東トルキスタンに来たチベットの暴君／秘密の会合／抜き打ち検査／閉ざされた回線／政治的再教育／世界中から見放されて

第5章　完全なる支配――尋問とレイプ……169
二〇一七年一月――はじめての取り調べ／精神的拷問の一年／二〇一七年六月の秘密の会合／兵士と化した職員たち／とどめの一撃／憎悪を生んだ〝友情〟のキャンペーン／「いっしょに考えてもらえませんか」／深夜の秘密の訪問

第6章　収容所――地獄を生き延びる……195
二〇一七年一一月末――収容所に到着／初日の夜／日課／教育計画／午前七時から午前九時：生ける屍たちへの授業／午前九時から午前一一時：検査／午前一一時から正午：「中国人であることは私の誇りだ！」／正午から午後二時：薄いスープと新たな指示／午後二時から午後四時：党を称える歌／午後四時から午後六時：反省の時間／午後六時から午後八時：休憩と夜食／取り返しのつかない失敗／午後八時から午後一〇時：「私は犯罪者だ」／午後一〇時から午前〇時：告白文の作成／午前〇時から午前一時：見張り番／午前一時から午前六時：睡眠／国家機密――「三段階計画」／同化教育――「いつまでこの施設にい

なければならないのか」／死者を消し去る／シャワー室／世界で最も危険な国――二六カ国のリスト／秘密の暗号――「最初に藁の靴、次に革の靴」／「黒い部屋」／共同謀議――羊飼いの老婆との出会い／悪が棲む場所／忍耐／謎の予防接種／薬を飲ませる理由／女にとって最もつらいこと／最終テスト

第7章 「収容所で死ぬくらいなら、命がけで逃げよう」……251

二〇一八年三月――釈放／「どうしてそんなに痩せてしまったの？」／「収容所で死ぬくらいなら、命がけで逃げよう」／脱出／最後の遮断機／二〇一八年四月五日――再会／緊張／誰が信じられるのか／カザフスタンの秘密警察／無力感／拘置／二〇一八年六月三日――タルディコルガンでの拘留、小鳥と幽霊／覚醒

第8章 カザフスタン――北京政府に介入される国……285

二〇一八年七月九日――裁判初日／家族との面会／二〇一八年七月一三日――裁判二日目／七月二三日――裁判三日目、判決の日／中断された祝賀会／軟禁生活――荒らされた家／祖国で逃げまどう日々／尾

行者たち／地下収容所と水中監獄／脅迫――「弁護士を変えることはできない」／北京に迎合する政治家の犠牲者

第9章 ウイルス――世界への警告……313

二〇一九年六月三日――新しい世界へ／私たちはどこで暮らすのですか？／幸せを噛みしめて／憂鬱な日々／スウェーデンで描くカザフスタンの国旗／それでも真実を訴えつづける／心に巣くうウイルス

あとがき――アレクサンドラ・カヴェーリウス 333

解説 真実の声は必ず世界の知るところとなる――櫻井よしこ 343

[編集部註]

・〔 〕亀甲内の小さな文字および＊印の傍註は、訳者による註記を示した。

謝辞

国連の人権機関、スウェーデン政府および国民のみなさん、カザフスタンに暮らす人たち、ドイツ連邦共和国政府、カザフスタンの人権擁護団体「アタジュルト」、私の事件を取り上げてくれた世界中のすべての新聞や雑誌、テレビ局やラジオ局、さまざまなメディアのジャーナリスト、そしてカザフスタンの放送局「フリー・アジア・テレビジョン」に心からの感謝を捧げます。

サイラグル・サウトバイ

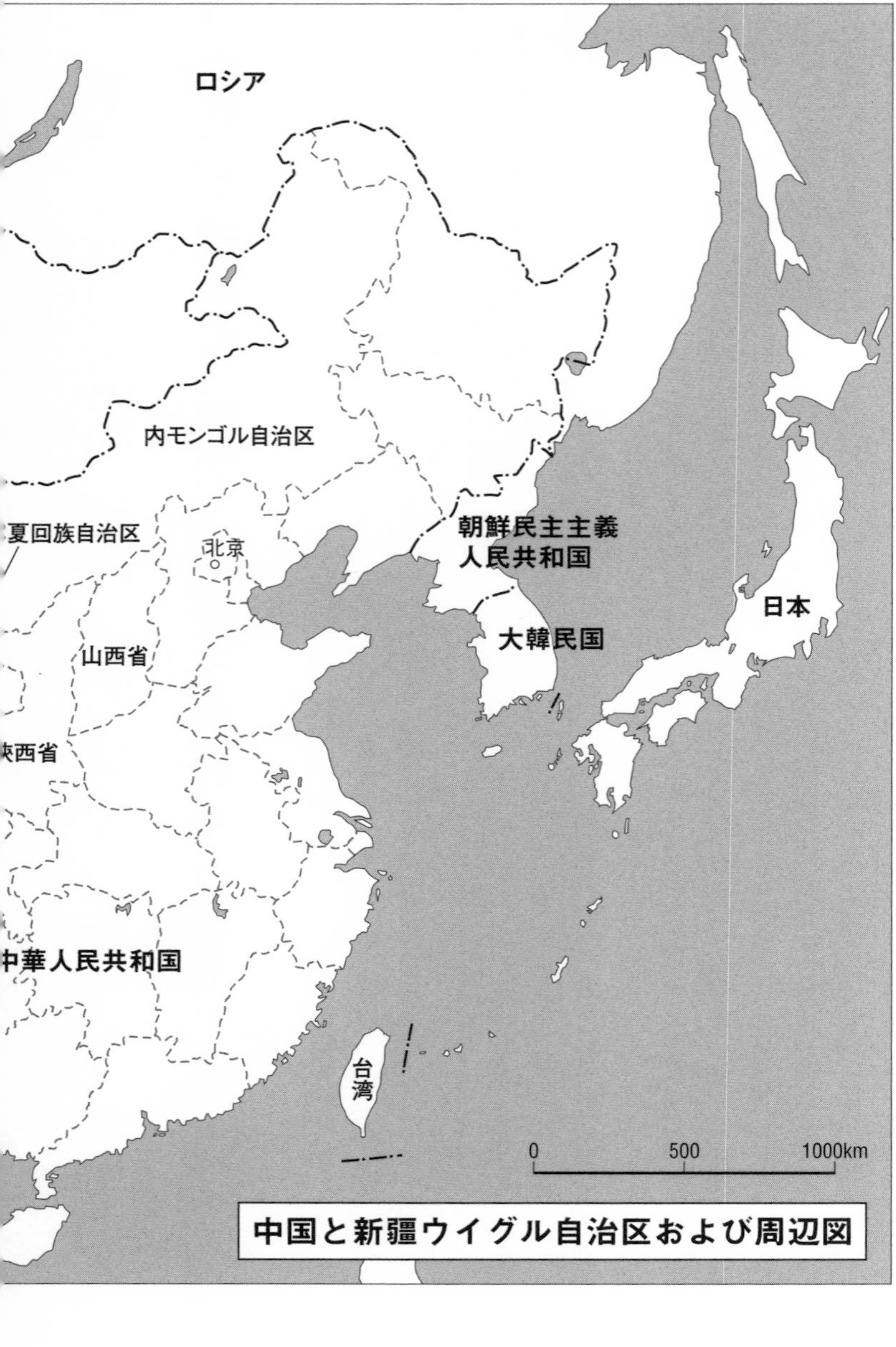

中国と新疆ウイグル自治区および周辺図

アスタナ
(ヌルスルタン)
カザフスタン
ウズベキスタン
タルディコルガン
アルマトイ
ジャルケント
モンゴル
キルギス
タジキスタン
ウルムチ
新疆ウイグル自治区
甘粛省
パキスタン
青海省
チベット自治区
ネパール
四川省
ブータン
インド
バングラデシュ
雲南省
ミャンマー
ベト
ラオス
タイ

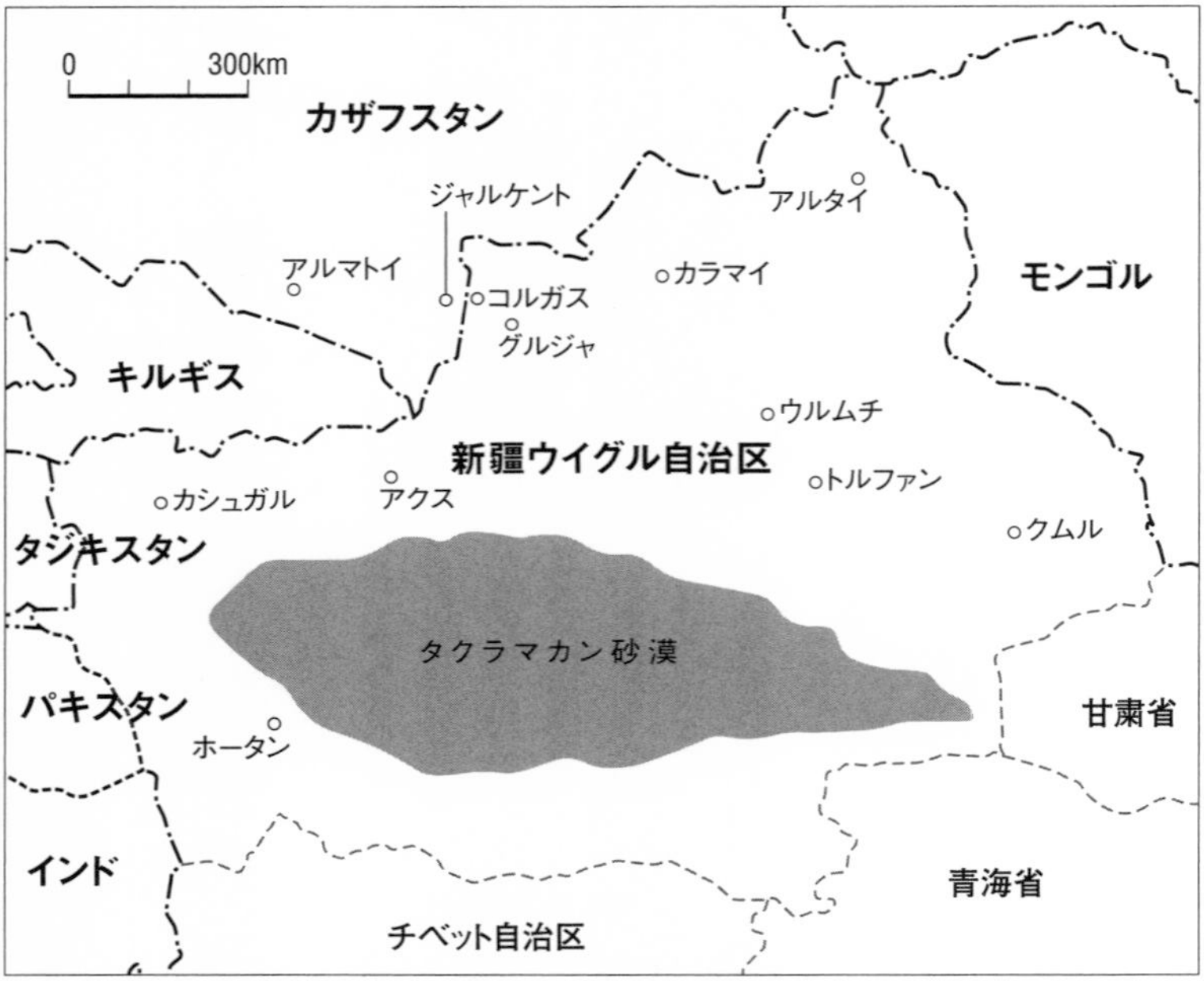

新疆ウイグル自治区

＊地図作成＝千秋社

第1章　過去の亡霊

助けを請う娘たち

ベッドを囲んで娘たちが声をあげて泣いている。毎晩そんな夢が続く。どの娘も黒い瞳を見開き、髪の毛は剃り落とされて丸坊主だ。「助けて」と娘たちが懇願する。「お願い、助けて」。独裁者が支配するところでは、どこだろうと真っ先に打ちのめされるのはいつも女たちだ。無力や羞恥心、良心の呵責につけ込めば、女たちを黙らせておくのは難しくはない。しかし、男たちに負わせられた傷を私たち女は恥じてはならない。いま私が課されているのは、真実を自分の体のなかに刻み込むことなのだ。だが、なんとか自分の足で立とうとしても、体はまるで死体のように冷たく凍りつき、思うように動いてはくれない。

収容所生活を体験してからというもの、ベッドからどうしても起き出せない日がたまにある。冷たいコンクリートの床で眠る夜が毎日続いたせいでリューマチを患い、四肢と関節がいつも痛む。収容所に送られる以前は病気らしい病気にかかったことはなかったが、四三歳になったいま、私は病を抱える一人の中年女性にすぎない。浅い眠りに落ちてつかの間、うとうとしたとたん、決まって悪夢にうなされて眼が覚めてしまう。

有刺鉄線が張りめぐらされた高いフェンスの向こうにいる女性や子供、男性や老人たちは何か罪を犯したわけではない。カザフ人やウイグル人、あるいは中国西北部の省区でイスラム教を信じるムスリムの少数民族として生まれたことを除けば。それとも、「ファティーマ」や「ハッサン」というムスリムの名前を持っていたからなのかもしれない。

私の名前はサイラグル・サウトバイ――既婚者で、収容所に入る前には五つの幼稚園を運営していた。そして、自分の家族をなによりも愛している。私たちの家族が暮らしていたのは中国西北部の新《しん》疆《きょう》ウイグル自治区で、そこはドイツやフランス、スペインの三カ国を併せたよりも大きく、北京から直線距離でざっと三〇〇〇キロは離れている。七〇〇〇メートルを超える山々に囲まれ、モンゴル、ロシア、カザフスタン、キルギスだけではなく、アフガニスタン、インド、パキスタンなどと国境を接し、接している国の数では中国のどの省区よりも多い。そして、中国が目指しているヨーロッパにいちばん近い土地だ。

古くからたくさんのウイグル人が住んできた土地で、ほかにもモンゴル人、キルギス人、タタール人が暮らし、私たちカザフ人は二番目に大きな民族集団を形成している。かつてここは東トルキスタン共和国と呼ばれていた。だが、それは一九四九年までのことで、隣国の巨大帝国中国が侵攻してきた結果、東トルキスタンは併合される。ここは戦略上の要衝の地で、非公式ではあるが中国は〝西洋への出口〟と見なしてきた。毛沢東はここを新疆ウイグル自治区（「新疆」とは「新たに加わった領域」の意）と名づけたが、私たちにとってこの土地はいまだに東トルキスタンであり、先祖からの故郷の地である。ここで暮らす先住民には、自治と独立と自由な意志が表向きには認められているものの、北京政府は私たちを植民地の奴隷のように扱っている。

二〇一六年以降、私たちの自治区は世界最大の監視国家に変貌した。国際的に活動する専門家は、ここには一二〇〇を超える収容所が網の目のように配置されていると推定するが、一方で、地下収容所の存在を指摘する報告が増えつづけている。現時点ではおよそ三〇〇万の人間が収容所に拘留されていると考えられているが、誰も裁判は受けておらず、実際に罪を犯した者は一人もいない。ナチス・ドイツの強制収容所以来、これほどの規模で特定の民族が組織的に拘留されたことはかつてなかった。

私は東トルキスタンの悪夢のような収容所で職員として働いていた。そこで見聞きしたあらゆることについて、いっさい口外してはならないと共産党の幹部に命じられ、「さもなければ命を失うことになる」という誓約書にサインすることを迫られた。私は文字どおり、自分の死亡証明書に署名するほかなかった。しかし、あらゆる障害があったにもかかわらず、収容所という名の世界最大の刑務所からなんとか逃れられ、最後にはスウェーデンにたどり着くことができた。

私が置かれていた状況が特殊だったのは、こうした収容所のひとつで教師として働くことを命じられていたからである。教師という立場から、この収容所が中心部でどのように機能しているのか知ることができたのだ。そこで目にしたのは、北京から送られてくる厳密な指示にしたがって作動する官僚機構の一端であり、それは一分のくるいもなく、徹底的に考え抜かれた末に機能していた。その指示とは、手順どおりに繰り返される単なる拷問や屈辱、洗脳ではなく、ひとつの民族そのものを意図して根絶やしにすることにほかならなかった。

私たちがこうして座っているいまも、西側諸国の大企業は新疆ウイグル自治区での取引で大きな利益を得ている。しかし、これら企業のビルのすぐそばで、子供や女性、男性、老人を問わず多くの人間が動物のように檻のなかに閉じ込められ、言葉にするのもはばかられるような手口でさいなまれているのだ。

人権擁護機関の調査では、現在、私の故郷の自治区で暮らすムスリムの一〇人に一人が収容所に拘留されている。この数字は私の経験とも一致し、私自身、二五〇〇人の拘留者とともに収容所で暮らしていた。新疆ウイグル自治区イリ・カザフ自治州にあるモンゴルキュレ県の中心部——中国人はこの県を昭蘇《チャオスー》と呼び、一八万人が暮らしている——には、二つの巨大な刑務所と三つの収容所が存在する。もとは党の学校だった建物と廃屋だった建物を改築して建造された。収容者の規模が同じなら、私が暮らしていた小さな県ではおよそ二万の人間が拘留されていたことになる。現在、あらゆるムスリムの家庭がこうした拘束の影響を受け、新疆では誰もが何人もの血縁者を失っている。

収容所の存在を裏づける証拠は山ほどある。衛星写真、目撃証言を記した文書、さらに最近では内部告発で政府の公文書「中国電報《チャイナケーブルズ》」が流出し、それまでずっと否定してきた収容施設の存在について中国政府もついに認めるにいたった。しかし、政府の高官は直接的な言い方を避け、この施設は〝職業技能教育訓練センター〟だと言い張り、大量のプロパガンダ映画を制作した。映画に登場する訓練生はきれいに化粧し、かわいい服を身につけ、にこにこ笑いながらダンスに興じている。設備の整った、明るくてきれいな教室で指導を受け、「再教育を通じて、さらにすばらしい人間」になろうとしている。中国政府の公式見解では、「悪意に満ちた嘘を広げている」のは国外のメディアで、「訓練生」はいずれも自分の意志にしたがって入所しており、いずれにせよ大半の者はすでに施設から退去している。

この種の見解を聞いたとき、では、私の友人や隣人、知り合いは全員収容所をあとにしているはずだと思った。だが、解放されているのに、電話をかけても誰にもつながらないのはなぜなのだろう。

さらに、北京政府がかたくなに言い張るように、これらの収容所が本当に〝職業技能教育訓練センター〟なら、小さな子供たちが家族や学校から引き離されて施設に送られているのはなぜなのだろう。中国共産党が主張するように、「寄宿学校が親の代わり」をする必要がなぜあるのだろう。八四歳の老婦を相手にした〝再教育〟とはどういうものなのだろう。作家や大学教授、社会的に成功した実業家や芸術家が、鉄条網の向こう側で「継続的な教育課程」を受けなければならないのはなぜなのだろう。彼らはみな、高い教育をすでに受けた人たちばかりだ。

東トルキスタンの収容所についてありのままを話した者は、誰でも外国のスパイや嘘つき、あるいはテロリストの烙印を押される。ＳＮＳに収容所の話を投稿しても、検閲官は即刻すべてを削除し、情報を書き込んだ国内の人間は、誰であれ、書き込んだまさにその翌日に跡形もなく消えてしまう。二〇一九年秋のように、西側の代表団がジャーナリストをともなって東トルキスタンに入るという声明を出すと、中国政府は再教育収容所をただちに普通の学校に変えてしまった。

フェンスから有刺鉄線が消え、入口に立っていた重装備の警備員はさっさと姿をくらます。学校を追われた元教員が強制的に徴募され、派遣団の滞在中、ふたたび授業を始める。元教員たちはいま、道路の清掃員や工場労働者として働いている。カザフ人とウイグル人の生徒でいっぱいの新しいクラスがたちどころに編成され、テレビで放映するために明るく、色とりどりの映像が撮影される。

当時、この地区を訪れた友人がいる。友人は母親の葬儀に参列するために訪問許可を得ていた。彼の話では、西側の訪問団に聞かせるため、教師と生徒の全員が党の用意した文章を暗記しなくてはならなかった。一文字あるいは句読点ひとつでもまちがえた者は、収容所に消えていった。生徒に対して当局は、「過去数年間、実際に何が起きていたのか話すことは許されていない。お前たちに許されているのは、党がいかにすばらしいか、ここでの暮らしがいかに快適なのかという話だけだ」と指示していた。いまや私たちは、中国共産党が演出する芝居とイリュージョンの道具に使われている。私たちは子供のころから彼らと耐えながら生きてきたのだ。

自分の過去を振り返ると、私はいつも吐き気を催す。嘔吐はどうしてもやまず、自分の体のなかに異物が棲みついているみたいだ。スカーフを頭にきつく巻きつける。そうしなければ頭が破裂しそうだ。たぶん過去の記憶のせいなのだろう。もしかしたら、拷問の後遺症かもしれない。しかし、自分の経験を語ることがどれほど苦痛であろうと、世界に向かって声をあげるのは私に課された義務だと考えている。とはいえ、身の毛もよだつ犯罪の責任は中国の国民にあると非難しているのではない点は、はっきり言っておきたい。責めを負うのはまぎれもなく北京の中国政府と中国共産党だ。

この独裁制度の内部事情について、私は最も重要な証人として自分が知ることをほかの人たちに伝えてきた。それは、私自身のためでもあるが、強制収容所に捕らえられたあらゆる人たちの名のもとにおいて語られ、中国という独裁政権下で生命の危機を感じている人たちのために語られている。私たちにとって自由は当たり前のものではない。肝心なときに守ろうとしなかったばかりに、私たちは自由を失ってしまった。断末魔にあえぐ時期に陥ると、自由はまたたく間に消え去り、もはや自由でありつづけるのは不可能になる。「中華帝国」を自称するこの国は、何十年も前からいくつもの計画を進めてきた。開かれた社会にともなう機会につけ込み、徐々に民主主義を蝕《むしば》んできた。北京政府が支配する環境や、世界がまだ見たことのない超監視国家で生きるとは何を意味するのか、私は身をもってそれを体験した。

自由がない世界で生きていくには、地獄の底で逃げつづけながら、なんとか命をつないでいかなくてはならない。

ドイツに向かう夜

なんとも奇妙な状況だった。スウェーデンで夫と娘に別れを告げ、一〇歳の息子ウラガートを連れてドイツに向かい、私はインタビューを受けることになっていたのだ。ジャーナリストのアレクサンドラ・カヴェーリウスは、その話をもとに、私の体験を記した本を出版する計画を進めていた。

フェリーの出港時間は夜一〇時五五分。しかし、私たちは四時間も前に家を出た。家から港まではわずか一五分の距離だ。夫のワーリと一四歳になる娘のウキライもいっしょだった。しばらくして、夫と娘が不意に黙り込み、つかの間、何か言いたそうな顔をした。

私と息子はバス停で、港に向かうバスの到着を待っていた。「どうして二人とも急に黙り込んだの？」。私の上着を引っ張りながら、息子は夫と娘が口をつぐんだ理由を知りたがった。「二人を残して、僕たちだけで行くので驚いているのかな？」。そう言って父親のほうに駆けより、「僕たちがここにいたほうがいい？」。ワーリは首を横に振り、息子の黒くて厚い髪をなでた。「違うよ。そんなことはないさ。こんな機会はめったにあるものじゃない。小さな子供にとって、これは夢のような話なんだ。お前もこれからは一人前の大人だ。だから、お母さんの面倒をちゃんと見てやらなくてはいけない。お母さんがお茶を飲みたがっていたら、お前がお茶をいれてやるんだよ。薬が必要になったら、お前がお母さんに薬を飲ませなくてはいけない」

子供たちは二人とも、私が収容所を出て以来、病気で苦しんでいるのを知っている。しかし、私ほど体を損なわずに収容所を出られた者はほかにはいない。収容者と血を分けた者の多くも病に倒れ、何カ月も何年も愛する者を待ちつづけ、心配で身をすり減らしていく。愛する者が生きている証《あかし》の存在に希望をつなぐが、虚しい結果に終わる。だから、私の子供たちは一刻も早く大人にならなければならなかった。

バスが到着したとき、娘は私に背を向け、声をあげて泣き出した。バスが到着して悲しくなったからではない。暗い記憶が不意に気泡となっていっせいに湧き上がってきたのだ。自分たちがカザフスタンに逃げ込んだときのことは娘も息子も記憶していた。父親はいっしょだったが、母親を国境の手前で残していかなければならなかったのだ。それから二年半、いっさいの音信がとだえた。

以来、私たち一家はつねに脅えながら一日一日を過ごしてきた。ある場所から次の場所へといつも逃げまわっていた。港に向かったこの日の夜まで、心穏やかに過ごした日はなく、ほかの家庭のように自由に暮らしていくこともできなかった。突然、バスのドアが音を立てて閉まった。バスが走り出した瞬間、スマートフォンが鳴った。「調子はどうだい」。夫のワーリからだった。「困ったことはないかい。体には十分気をつけるんだよ」と言っていた。

ドイツにて

バスや列車で制服を着た検札官の姿を見るたび、いまでも私は、「違う。私は拘束などされていない」と自分に言い聞かせる。それどころか、いまの私はほかの市民のように、自由に世界を旅することができるのだ。スウェーデンにきて私が最初に向かった目的地のひとつはストックホルムにあるこの国の外務省で、それからブリュッセルの欧州議会（ＥＰ）にも足を運んだ。私はそこで重要証人として自分の収容所体験について証言した。

おそらくドイツこそ、この本が最初に刊行される国としてはいちばんふさわしい国なのだろう。ファシズムの支配について、ドイツは悲劇的な歴史を持つ国だが、中国とは異なり、ドイツはいまわしい過去と勇敢に向き合い、なぜあんな事態をもたらしたのかを調べ、過去の過ちから学んできた。一方中国は、自国の歴史を書き直しただけにすぎない。歴史を修正しなければ、党と政府にとって危険だったからである。ドイツはきわめて有効な政治制度を備えた力強い国だ。その政治制度は、国際的に活動する無数の政治家だけでなく、さまざまな人権擁護機関の支援によるものであり、私たち一家も、こうした機関のおかげで自由の国で新しい家庭を築くことができた。

私たち人類は、地球という同じ惑星で、二十一世紀という同じ時代を生きているが、私の出身国で暮らしている人々の大半は世界から切り離され、人間としての基本的な権利を拒否されて生きている。民主主義と人権を当然のものと考えている人には、東トルキスタンで生きる私たちが、日々どのような現実と向き合って生きているのかおいそれとは理解できないだろう。

中国で大人気のテレビ番組『西遊記』には、私たちが置かれている状況がものの見事に描かれている。共産党は物語の主要人物になぞらえて党の優位性を誇示している。党こそ最も賢く、あるいは強い存在だからだ。ドラマでは、菩薩様の命を受け、仙術使いが西域の数々の国を旅して、行く先々の国の習慣や生活ぶりを調べていく。そこで描かれている西域の国々はぶざまである。後進的で争いばかりを繰り返し、どの国も劣っている。混乱と殺戮に明け暮れている。

仙術使いが棒を振るって円を描けば、その円のなかにいた者は一人残らず、仙術使いの呪文にかかってしまう。危険を冒してまで、円の外に出ようとする者はいない。円に閉じ込められた者は、もはや自由に行き来できなくなり、自由に考えることもできなくなる。自分が当たり前の権利を持った人間だという事実さえ忘れてしまう。生《い》け贄《にえ》の子羊のように、何をされてもすべてを受け入れるだけで、それ以外に選択の余地はないのだ。それでも彼らはなんとか生き延びようとしている――その姿は中国北西部の新疆ウイグル自治区で生きる人たちとまったく同じだ。

監視されずに外を出歩き、家のなかを動きまわれる感覚に私はいまでもなじめない。尊厳を持って生きることが許されている事実を、私は自分の人生ではじめて目にし、経験できた。東トルキスタンでは、たわいない話でもあらゆる情報が管理されている。検閲を受けていない本や雑誌はもちろん、フェイスブックやワッツアップのようなSNSは禁じられている。スウェーデンで暮らしはじめてすでに数カ月が経過したが、心労を感じずに過ごせた日は一日としてない。祖国の親戚はもちろん、夫や子供たち、そして自分の身におよぶ危険にいつも脅えている。町の通りを歩いているときなど、不安に駆られ、肩越しに思わず振り返っていることがよくある。「うしろを歩いている、あのアジア人風の人は何者？　もしかしたら、中国の秘密警察――」。中国共産党の力は世界中におよんでいる。どこにいても反体制派の人間を見つけ出し、それはドイツも例外ではない。

東トルキスタンの先住民は、不条理がはびこる狂気の家で暮らしているようなものである。罰せられるのを恐れ、まちがえないように絶えず周囲の様子をうかがっていれば、なぜかと問いただす余裕はなくなる。私がいま自由の身となり、このような重大な疑問を口にできるようになったのは、ひとえに神様のおかげだ。だから問いたい。なぜ、何十万人もの罪なき人たちが拷問されたり、命を奪われたりしているのに中国では騒ぎにならないのか。どうすればほかの人間に対して、彼らはあのようなおぞましい行為ができるのか。考えられる理由はただひとつ、中国人が、自分たちは途方もなく優れており、はるかに価値ある民族だと思い込んでいるからである。それは中国共産党と総書記の習近平が、異様なほど強烈な愛国心とともに説きつづける考えにほかならない。今日、世界中の国々はたがいに密接に結びついているが、人権をないがしろにするこのような行為に対し、どの国も野放しにしているのはなぜなのだろう。私が切に願うのは、今後、正義を重んじる国が介入して、こうした行為を阻止することだ。

ほかの国の人々が中国に抱いているイメージは、たいていの場合、高度に文明化され、しかも先端的で経済でも大きな成功を収めた国だろう。そんなイメージを抱いていても驚きはしない。むしろまともな国であり、しかも最新のハイテク社会だという印象を与えるため、世界最強のプロパガンダ組織によって巨額の資金が投じられているからだ。こうした見せかけの裏にひそむ、邪悪で不都合な真実について、国営メディアはひと言も触れようとしないが、水面下では膿《うみ》のようにただれた害毒を流しつづけている。政府はしきりに嘘をつくと中国の国民も気づいてはいるが、西側の人たちもその事実には気づいているのだろうか。それとも、きらびやかな外観に惑わされたままなのだろうか。

大勢の人たちに、中国政府の正体と意図についてきちんと理解してもらうことを私は願っている。独裁国家の脅威から自分を守り、自国の民主主義を強化しなくてはならない。収容所から逃れて以来、私の世界観は一変した。それまでの私はとにかく周囲に合わせ、規則を破らないことばかりを考えていた。そうすれば罰せられはしないだろう。

中国の政治運動が最終的に目指しているのは、世界のすべての国を政治的に支配することだ。世界のあらゆる国に向かって、私が「東トルキスタンから目をそらさないで。自由を守ることを怠れば、将来、あなたの子供や孫たちは私たちと同じ世界で生きていかなくてはならなくなる」と忠告しているのもそうした理由からである。現在の中国は世界最大の貿易国だが、友好的な国際関係や開かれた交流は進めていない。中国共産党という不透明な政治世界では、あらゆることに表には出せない、秘められた動機がひそんでいる。

そして、北京政府の影響力が増していく場所では、どこであっても虚偽は雑草のようにはびこり出し、真実はやがて息絶えて死んでいく。

脅迫と希望

スウェーデンの新しい家での生活が始まったころ、私たち一家は本当に心細い思いをしていた。友人も親戚もみんな遠く離れた祖国で暮らしている。しかし、近頃ではそんなふうに感じている暇もなくなった。私の収容所体験を取材するために大勢のジャーナリストと会うようになり、すでに約四〇カ国の記者が私の家を訪れた。しかし、自分の経験について本書ほど詳しく語った機会はこれまでになかった。

インタビューを終えて記者が帰ると、直後によく電話がかかってくる。脅迫の電話だ。「さっさと黙らないか。子供のことを考えろ」。男たちはスウェーデン語で話す場合もあれば、カザフ語のときもある。中国語で脅されたこともある。スウェーデンの警察はそのたびに「心配にはおよびません。ここは中国ではありません」と安心させてくれる。彼らはいつも私たち一家を励まし、「どうか普通の生活を送るように努めてください。あなたたち一家には、ほかのスウェーデン人と同じ権利があります。周囲にパトカーが見えなくても、警察はあなたたちを守っています。パトカーが見えないときは、ご一家には言えない任務にかかわっているだけですから」と言ってくれる。

やがて私もひるまずに、電話の向こうの見知らぬ相手に対して、「こんな電話で嫌がらせを続けられても、私たち家族には手を出せない」と言い返せるようになった。だが、それでも私の意志をくじこうとする手はゆるまない。最近、中国の秘密警察の一人が、あるウイグル人女性のフェイスブックのウォールにメッセージを残したという話を聞いた。「記者と話をするのはやめろ。さもないと、家の外のゴミ箱で細切れにされたお前の姿を記者は見ることになるだろう」。彼女こそ「中国電報」を公表した女性で、この資料は中国の当局者が彼女にこっそりリークした。勇気あるこの女性のおかげで、ムスリムの先住民に対し、収容所で組織的な弾圧が行われていた事実を示す、反論の余地がない生々しい証拠が明らかにされた。秘密文書の信憑性については、中国政府さえ異議を唱えようとはしなかった。

中国からもたびたび電話がかかってくる。ナンバーディスプレイを確認すると、北京の保安局からの電話もあった。「なぜ、電話をかけてくるの?」と問いただした。「お前が何をやろうとしているのか知るためだ」と男の声が返ってきた。「お前たちがどこに住んでいるかは正確にわかっている。新しい家には慣れたかな。子供はどうしている」。私は努めて冷静を保った。「ここの暮らしは万事うまくいっているわ。みんなとても幸せよ」

「万事好調なら、記者を相手に話をするのはやめたらどうだ。まだ生きていられることに感謝して、過去に何があったのか、これ以上話をするのはやめたらどうだ」

私は「絶対にやめない」と答え、「あなたも北京政府の人間なら、党のお偉いさんにかけあって、収容所でたくさんの人たちを拷問するのは金輪際やめろとどうして言わないの」と言葉を返す。このひと言に相手の口調は一変し、冷たくてとげとげしい声に変わった。「記者との話はいますぐやめろ。子供のことを考えるんだな」。彼らの電話はいつもこんな調子で終わる。子供のことを考え、私は毎日脅えながら暮らしている。私にとって、二人の子供ほど大切なものはこの世にはない。

当たり前のことながら、脅迫のせいで自分がどれほど無力かつくづく思い知らされる。「圧倒的な力を持つ敵を相手に、どれだけ勝ち目があるのだろう」と考える。しかし私は、収容所に捕らえられた人たちだけでなく、カザフスタンで私を支持してくれる無数の人たちにも真実を話す義務を負っている。カザフスタンでもたくさんの人が途方に暮れている。彼らの子供や親、老人たちが忽然と姿を消し、痕跡を残さないまま隣国中国の収容所に収監されている。敵がどれほど強大だろうが問題ではない。ここで声をあげるのをやめることなどできない。たぶんいつの日か、中国の身の毛もよだつような権力の濫用に終止符を打つ運動を始めることができるだろう。

自分は自由だと最後に感じたのはいつだったろう。私はカザフ人に囲まれて子供時代を過ごした。当時、カザフ人は独自の学校を営み、カザフの伝統にしたがって暮らし、カザフ語だけを話して暮らしていた。東トルキスタンの北西部は私たちカザフ人の祖先の土地だったが、中国人は「新疆ウイグル自治区」と呼んでいる。

自分の母国が奪い取られるなど夢にも思わなかった。

第2章

中国の侵攻と破壊——輝く未来と生活の安定を夢見て

幸運を授ける娘

「生まれたか?」。天幕《ユルト》の入口を覆うフェルトの垂れ幕の脇から父は顔をのぞかせて母に尋ねた。父は三九歳、短く刈り込んだ黒い顎ひげをたくわえていた。羊毛のマットレスが敷かれたユルトをのぞき込んだ父は、母の腕に抱かれている赤ん坊に目を瞠《みは》った。長い黒髪が青ざめた母の顔を縁取っている。母は二七歳だった。よく笑う女性で、四人目の子供を産んだばかりには決して見えなかった。出産は手慣れたもので、私のときも軽くすませることができた。

一九七六年九月一六日、両親はワシミミズクの羽根を私の寝床にぶらさげた。この羽根は邪悪な魔法から人を守り、幸運を授けてくれる。赤ん坊の私は目——丸い顔に、栗のような濃い茶色をした瞳——を見開きながら、炉から立ちのぼる煙がユルトのてっぺんのすき間から出ていくのを見ていた。夜になるとそのすき間から、毛皮にくるまれて眠る私たちの体に星明かりが降りそそいだ。

頂上に雪をいただく山から、世界屈指の大砂漠までと、東トルキスタンにはさまざまなものがそろっている。そして、私が生まれたのは、イリ自治州のモンゴルキュレ県に置かれたパン籠のなかだった。私たちカザフ人は陽気な民族として知られ、踊りや歌、冗談が大好きで、科学者や詩人、そして革命に際し、侵攻してきた中国軍に抵抗した歴戦の兵士を輩出したことでも知られている。

「この子は幸運をもたらしてくれる」。父も母もそう信じていた。「この家だけではない。この村全部に幸運を授けてくれる」。そのころ、村は何カ月にもわたって深刻な日照りに苦しみ、食べるものがなくなり、飢えは怪物のように村人たちの胃のなかで暴れまわっていた。私が生まれるちょうど一週間前、中国の建国者の一人で〝偉大なる主席〟の毛沢東が死去していた。毛沢東はみずからの狂気に駆られ人権などおかまいなく、中華帝国を崩壊寸前にまで追い込んでいた。そして、私がこの世界の空気をはじめて吸ったその日、念願の雨がついに降り出し、田園はふたたび緑に変わった。

　両親の言葉に親戚一同驚いてうなずいていた。「本当におかしな赤ん坊だよ。むずかりもしないし、泣き声も聞いたことがない」。母は帯で私を寝床にしっかりと結びつけていたが、私は一度も目を覚ますことなく、九時間はぐっすり眠りつづけた。父と母がときどき私を揺り起こしていたのは、あまりにも泣き声をあげないので、この子は死んでいるのではないかと不安に駆られたからである。生後半年もたたないうちにお座りを勝手に覚え、母が山羊や羊、牛の世話をしているときは、ユルトのそばに座って一人で遊んでいた。

　のちになって父はよく、「お前は強運の持ち主のようだ」と口にするようになった。思い返してみると、父の言葉は正しかったと思う。身をひそめて死を免れたのは一度や二度のことではない。ここは息を飲むほど美しい草原の国だが、同時に森のなかでは狼がうなり声をあげている土地だ。ハーブが咲き乱れる牧草地、雪をいただいた山頂から谷底を見下ろせば、広々とした緑の谷には、色鮮やかなまだらの点々があちらこちらへと動いている。谷に点在するのはカザフ人の牛飼いたちである。草を食《は》んでいる羊や牛、ヤクのまわりを小さいが我慢強いポニーにまたがり、土煙をあげて走りまわっている。渓谷の上空はどこまでも青い大空で、大きな翼を広げてワシが弧を描いて飛んでいた。

天山山脈は海抜七〇〇〇メートルを超える山々が連なる長大な山脈である。私の村はこの山脈の麓《ふもと》にあった。この山々が昔からカザフの人たちを中国から守る一方、西に向かっては地味《ちみ》豊かなイリ渓谷が広がっていた。国境近くにあるカザフスタン最大の都市アルマトイからだとおよそ四五〇キロ、自治区の首府ウルムチから七五〇キロ離れた場所に私たちの村はあった。

そして、生後六カ月のとき、私は最初の命の危険に直面した。

九死に一生

私が生まれたころ、両親は半遊牧の生活を営み、季節が変わるごとにほかの家族とともに牧草地を移動していた。連れて移動するのはメーメーと鳴く羊、ブヒューと鳴くヤク、モーと鳴く牛の群れである。夏季は家畜に食べさせる草と水を求めて山に入り、凍りつくような寒い冬が山から降りてくると定住する放牧地に戻った。父は私たち子供にとって先生であり、ユルトを張った行く先々で勉強を教えてくれた。父は家畜を育てるかたわら、詞を書き、ドンブラという二弦の民族楽器を使って曲をつけ、私たち家族のために新しい曲をよく作ってくれた。

父の横に並んだ母は、やけに小さかった。色は白く、ほっそりとしているように見えるが、本当の母は肉づきのいい、生命力にあふれた人だった。父の身長は一九〇センチ、背が高いうえに力強く、浅黒い肌をしており、父より大きな人はほとんどいなかった。父と母が婚約したのは母がまだ赤ん坊のときだったという。父の母親が、赤ん坊だった母を見てすっかり気に入り、「この子はね、いつか私の息子の嫁になるんだ」と訴えた。そのとき父はまだ一二歳だった。幸いにもこの決断は、両家のあいだにすばらしい絆をもたらす。二人には選択の余地がなかったが、父と母はたがいに深く愛し合っていた。

石ころだらけの荒れ地を私たちは進んでいった。寒くて風が強い日だった。行く手に待ちかまえているのは、谷へと向かう苦しい旅だ。家畜を残らず引き連れ、家財道具いっさいを持って旅していく。私たちのようなカザフ人は三〇〇〇年ものあいだこうして広大な大地を動きまわってきたが、別の地方のムスリムのウイグル人は、シルクロード沿いの隊商ルートにできた都市や村に住み着き、やがて定住するようになった。言葉は両民族で異なるものの、語族は同じテュルク語なので何を話しているのかはたがいに理解できる。

父と母は、天まで届けとばかりにラクダの背に荷物を積み上げていた。家財とともに、ユルトの支柱や大きな包みも積まれている。ラクダのコブとコブのあいだに振り分けにして籠をぶらさげ、そのなかには、私のような赤ん坊や小さい子供が紐でしっかり固定して入れられ、双方の籠の重さができるだけ偏らないようにしていた。準備ができたらキャラバンの出発だ。一行は狭い坂道をくだっていく。道の片側のいたるところで深い亀裂が口を開けていた。

動物も人間も汗をかき、息を荒くして、一歩また一歩と慎重に足を運んでいたそのとき、私を乗せていたラクダが石だらけの斜面に足を取られる。ラクダはよろめいて膝をつき、鳴き声をあげながら前のめりに横に倒れた。積み荷は崩れ落ち、大袋が谷底に吸い込まれていく。小さな籠も転がり落ちていった。そのなかには紐でくくられた私がいる。誰もが息を飲んで落ちていく籠を目で追った。籠は宙返りをして、ゴロゴロ転がりながら落ちてようやく止まった。つかの間、誰もが息を忘れて耳を澄ました。赤ん坊の泣き声は聞こえない。静まり返っている。そのとき絶叫があがった。「いやだよ！」。母がこれ以上はないという大きな悲鳴をあげた。

父は父で「あの子は死んだ」と考え、茫然としていた。生きていくのは生やさしいことではない。どの家でもたくさんの子供を育てている。そのうちの一人が死んでも、「それが神様の思し召しなのだ」というのがここでは当たり前だ。それ以外に何ができるというのだろう。ほかの子供たちをなんとか育て上げなければならない。命は続いていく。こんな荒れ果てた場所でいつまでも泣きくれて死を悼み、ぐずぐずしてはいられなかった。

全員が斜面をくだって下におりていった。荷物を拾い上げ、死んだ赤ん坊をどこか適当な場所に埋葬するためだ。父はおそるおそる籠に近寄っていった。なかをのぞくと、丸い顔に穏やかに目を閉じた赤ん坊の姿を認めた。「まさか！」と父が声をあげた。「死んでいない。生きている」。母が籠のかたわらで泣きくずれた。「生きているなんて、お前はなんという子だ。危うく死にかけたのに、グッスリ眠っていたなんて」。ラクダも脚に軽い傷を負っただけですんだのは幸いだった。

キャラバンはふたたび前進を始めた。

ヘビの穴

からくも死を免れた二度目の経験は、私が二歳のときである。夕方、母が最後の牛の乳をしぼり終えると、父は馬に乗り、家畜を牧草地が広がる山の上に連れていった。そんなとき、父はいつも鞍の前に私を乗せて連れていってくれた。その日は特別な仕事が急に加わったので、「今日はみんなと家にいなさい」と言われた。

父は家畜に囲まれて速歩で出ていったが、私がよろよろとそのあとをついていったことには気づいていなかった。かなり遠くまでついていったとはいえ、馬のほうがはるかに速いのは当たり前だ。まもなく父の姿が見えなくなった。その晩、遅くなって帰ってきた父は五人の子供たちを不思議そうに見つめた。「ちび助はどこに行った？　家にいないのか？」。母は母で、私は父といっしょだとばかり思っていた。年長の兄や姉たちといっしょにユルトを飛び出し、「サイラグル、どこにいるの」と闇に向かって私の名前を呼んだ。

親戚や友人、知人全員に私がいそうな場所を尋ねまわったが、誰も首を振るばかりである。結局、みんないっしょに探すことになった。隅の隅までくまなく探すのに時間はかからなかったが、やはり見つからない。まるで地球に飲み込まれてしまったようだ。そのとき、みんなの頭にある思いが同時によぎった。「ヘビに襲われたんだ」

ヘビの扱いにはみんな慣れていたが、もちろん、できるだけ近寄らないようにしていた。ときどき、ユルトの天井からヘビがぶらさがっていることがあった。そんなとき母は牛乳をヘビの前に垂らし、それから床に点々と垂らして外に誘い出したものである。ヘビは牛乳を次々となめていった。

大人はよくヘビの穴の話をして、子供を死ぬほど怖がらせていた。「あっちには絶対に行ってはいけないぞ。あそこには毒ヘビがいる」。星空のもとで見つからなければ、きっと私はヘビの穴に落ちたはずだと誰もが考えていた。しかし、父は諦めなかった。ふたたび馬に乗ると、さきほどのコースを引き返していき、出会った牛飼いに、「小さな娘を見なかったか？　縁にワシミミズクの羽根を差した帽子を被っている」と尋ねた。牛飼いは明るい色をしたフェルト製の山の高い帽子を被っていた。着ていた革の上衣は袖が長く、胸のあたりがぴったりとしている。牛飼いは帽子の丸い縁を掲げながら、しばらく考え込み、「あっちのほうで、さっき黒い影を目にした。もしかしたら、あんたの娘だったのかもしれない」と答えた。

その言葉を聞いた父は「しまった」と舌打ちし、すぐさま馬の脇腹に蹴りを入れ、教えられた場所へと猛スピードで向かった。いた！　月明かりで白く輝く地面の上で、私は帽子を枕にして、黒いおさげの髪をショールのようにまといながら眠っていた。しかし、寝ている周囲の草むらにはヘビがうごめき、私のところにまで近寄れない。

父は馬からおりず、いったん引き返して人手を集めてくると、みんなで長い棒を使い、慎重な手つきでヘビを一匹ずつ取り除いていった。そうしているあいだも、私は身じろぎもせずに寝ていた。死んでいると誰もが思った。ヘビにかまれて死んでしまったのだ。

そのころになると、老人たちも馬に乗って駆けつけてきていた。ヘビの始末がつくと、「通してくれ」と私の祖父が声をかけた。息子同様、祖父も背が高く、白い顎ひげをたくわえていた。鍛え上げた体を見ればひと目でわかるように、かつて祖父はレスリング選手として知られていた。額にしわを寄せた真剣な面持ちで、祖父は私の顔に自分の顔を近づけると、「息をしている」と声をあげた。

家に戻ると祖父はまじない師を呼んだ。「祈りを捧げて、この子を占ってもらおう」。私たちが信じているのは、自然崇拝に異教徒の伝統とイスラム教の要素が融合した宗教である。しばらくすると、白髪の人物が私たち一家のユルトの前に現れた。狐の毛皮の被り物と動物の刺繍が施されたビロードの外衣をはおっていた。ユルトの入口には以前から悪霊を追い払うために動物の骨がぶらさげられている。まじない師は元気いっぱいの私の目をのぞき込み、さらに青ざめた頬に触れてから、「だいじょうぶ、ヘビにはかまれていない」と、様子を心配そうに見ていた人たちに念を押した。しかし、今後の災難除けのため、一家で野生のヘンルーダ（芸香《ルー》）をユルトでいぶして家そのものを清めた。父はよく「この子が死んだと思ったのはこれで二度目だが、この子はいつも眠っていただけだった」と話した。

この一件以来、私は強運の持ち主だと両親はますます信じるようになった。私が生まれてからというもの、貧しさを窮めていた村の暮らし向きも年を経るごとによくなっていた。毛沢東が文化大革命で唱えていた「四旧」——旧思想、旧文化、旧風俗、旧習慣——打破がようやく終わりを迎えていたのだ。集団化の強制、誤った指導、土地所有の禁止はすでに過去の出来事になっていた。人々はふたたび自主的に働き、自分の土地を耕せるようになっていた。賃金はあがり、自由が花開いて、社会は変化しているのだと感じられた。

私が三歳のとき、鄧小平指導体制の中国共産党は経済の自由化を始め、彼らが言う「改革開放政策」を導入した。もっとも、どのように変わろうが、核心的な部分ではこの国は独裁体制のままでありつづけた。「窓を開けば、新鮮な空気とともにハエも入ってくるものだ」。毛沢東の後継者は自身を批判する者にそう言って応じていた。

定住を始めた遊牧民

一九八一年、私たち一家をはじめ、およそ一五〇世帯の人間は天山山脈の麓に定住し、そこにアヒヤーズの村を作った。村はモンゴルキュレ県（中国語で昭蘇《ヂャオスー》県）に属していた。風光明媚なうえに豊かな水に恵まれた土地で、村はエメラルドグリーンに輝く二本の川のあいだにあり、山岳地帯の水晶のように透き通った水がこんこんと湧く泉があった。この水は私たちの飲み水で、バケツに汲んでは家に運んでいた。女たちは川の向こう岸の橋のたもとで洗濯をし、家畜は大草原で草を食み、私たちは農作物をたくわえ、納屋で牛や羊を育てた。

父は私たち家族が暮らす家を建てた。真っ黒でピカピカ光る屋根板の最後の一枚を貼り終えてからまもなく、父は村の人たちを集め、学校を作ろうと呼びかけた。父は村で一目置かれていた。裏表がなく、慎み深いうえに忍耐強く、寛大な人柄で、家族のためだけではなく、村人全員のために惜しみなく働いていた。高潔な人柄と校長代理だったことから、まもなく父は近隣の地区や町で開催される教育関連の行事に誘われるようになった。父の留守中、家の仕事は母が一人でこなしていたが、家事や家畜小屋、動物の世話に加え、思いがけない仕事にもなにくれとなく対処していた。なにごとも計画的でしかもそつなく、足もとで小さな子供たちが動きまわっていても、落ち着いてさばいていた。

騒ぎまわる子供の数が増えて、三部屋しかない家はとても手狭だった。両親は自分たちの部屋で眠り、もう一部屋には祖母に先立たれた祖父、子供たちは全員同じ部屋で寝ていた。一列目に三人の兄弟が眠り、さらに二列、三列目に私たち六人姉妹が寝た。朝起きて最初にやることは、めいめいが寝ていた羊毛のマットを巻き、部屋の隅に置かれた整理ダンスと箱の横に片づけることだった。弟や妹が着るものは兄や姉のお下がりが当たり前で、母はズボンや服の丈《たけ》を短くしたり、ほどいたりといつも大忙しだった。

夜になると、村のどの家の入口や窓からも楽しげな歌声と笑い声が聞こえた。やることがいつもいっぱいあった。おばさんやおじさん、それからほかの親戚や友だちが家々から出たり入ったりして、たくさんの食べ物を惜しげもなく手にしてふたたび現れる。いつもご馳走があり、お祝いをする理由にも事欠かず、強い連帯感で私たちは結ばれていたが、北京政府はこの連帯感にますます神経をとがらせていた。

家が建つ前、まだユルトで暮らしていたある日のことだ。その日、町から客が来るというので、私たちは焦がれるような思いで到着を待っていた。私と一歳下の弟のサウレットは大喜びで跳びはねていた。客たちは私たち子供にも、いつも小さなお土産を持ってきてくれるからだ。小さなガラス瓶に入った甘いジュースをもらって本当にうれしかった。

ジュースを飲み終えた私と弟――当時、私は五歳、サウレットは四歳――は、ユルトの向こうに広がる丘を越えてアクス川に向かって走っていった。二人とも綿のズボンとシャツを着ていた。川に行ったのはそこで遊ぶためだ。川の水を空き瓶に満たそうとしたが、手がすべって私は瓶を川に落としてしまう。拾い上げようと慌てて川のなかに入ったが、二、三歩行ったそのとき、流れに足を取られ、そのまま川の強い流れに体を持っていかれてしまった。

なんとか岸に戻ろうともがいても、流れはますます勢いを増していく。さほど遠くないところに滝がある。段差の大きな滝で、轟音とともに水が流れ落ちていく。「あそこから落ちたら死んでしまう」。死にものぐるいで川岸に生える草をつかもうとするのだが、そのたびに草はちぎれ、死にものぐるいで次の草に手を伸ばす。弟は流される私にしたがって、悲鳴をあげながら走ってついてくる。「サリ・メイ、お願いだからこっちに来て」と両手を口に添えて叫んでいる。

当時、私の肌はバターのように白かったので、家族は親しみを込め、私を「サリ・メイ」（バターの意）と呼んでいた。私がますます滝のほうに流されていくと、弟の懇願もますますやけくそになった。「サリ・メイ、早くこっちに来て！　もう二度と絶対に困らせないから！」。しかし、その懇願に応じようにも応じることができない。服が水を吸ったせいで、さらに下流へと引っ張られていく。水を飲んでしまい、せきが止まらない。「サリ・メイ、早くこっちに！　おもちゃも、もう絶対に独り占めにはしないから！」

五人の姉妹とは違い、弟はやんちゃな腕白小僧で、私によくケンカをふっかけていた。「サリ・メイ！」。泣きそうな声をあげている。「ぼくのおもちゃで遊んでもいいよ」。しばらくして、こんなことを言いつづけても助けにはならないことに弟も気づいた。ユルトに戻って人を呼んでこようと、子供の短い足で必死になって丘を越えて走っていく。そのころには、水辺の大きなハッカの木にしがみつくことができた。私の体重が支えられるほど、根もしっかりしている。ゼイゼイあえぎながら、砂利だらけの岸にやっとはい上がれた。

そのとき、家族と客が必死の形相で走ってくる姿が見えた。父と母が先頭にいる。母の髪は私と同じように黒髪でツヤツヤしており、ゆるく巻かれたヘッドスカーフにくるまれていた。「サイラグル！」と悲鳴をあげ、父と母が同時に抱きついてきた。私はずぶ濡れで服からは水が滴っていた。

家に戻ると、母は乾いた服を出し、薪《まき》ストーブの前に私を座らせた。兄や姉がとがめるような暗い目をして見ている前で、私は父にさんざん叱られた。「川のほうに行ってはいけないと何度も言い聞かせてきたぞ。あそこで遊んではいけない。どうして瓶を拾おうとしたんだ。気でも違ってしまったのか」

父はめったに怒らなかったが、怒ったときでも感情的にはならず、大きな声をあげることもなかった。説教が終わって普段どおりの父に戻ると、私の肩に大きくて温かい手を置き、「サイラグル、自分をもっと大切にしなさい。まだ五歳だというのに、今日の一件でお前は、これでもう三度も死にそうな目に遭ったのだ」と言った。つかの間、天を仰いだ母は手を合わせ、「神様、ありがとうございます」とつぶやいていた。

しつけには厳しかったが、父や母は愛情にもあふれていた。手をあげたことなどまったくなく、またあげる必要もなかった。父も母もこれ以上ないほど村人から敬愛されていた。二人が口を開けば、子供たちは静かになって話に耳を傾けていた。いちいち指図されなくても、私たちは母に素直にしたがっていた。

両親が言い争っている声など聞いたこともない。息子たちが取っ組み合いのケンカをしそうになると、「静かにしなさい。お父さんに言うわよ」と母が言うだけで、騒ぎは収まった。「お父さんのことを考えて、静かにしなさい。つらい一日を過ごして、ゆっくりしたがっているのよ」と母は口癖のように言っていた。

しかし、カザフ人の家庭で最も権威があるのは「アクサカル」、つまり白いひげをはやした一家の長老である。何か重大な決定をしなくてはならないとき、両親は祖父に意見を求めた。一家のパーティーのときには上座に座り、肉のいちばんおいしい部分はいつも祖父が食べていた。

決して嘘をついてはならない

馬に乗って隣村に向かった祖父は、いつも鞄に砂糖の小袋を入れて帰ってきた。私たち子供は、広大な草原では点のようにしか見えない祖父の姿を認めると、脇目も振らず祖父のもとへ走っていった。

祖父は敬虔深く、私たち孫にイスラム教の掟を教えてくれた。それらの掟は『聖書』に書かれている十戒と基本的に大差はない。「盗むなかれ」「殺すなかれ」「自分がしてほしいと望むように隣人にも施せ」である。一番上の姉がお茶を注ぎ、私が薄焼きのパンの用意をしているあいだ、日焼けして、幾多の困難に耐えてきた祖父の顔がほころぶ。目のまわりには太陽の光のように無数の小さなしわが現れる。「子供たちよ、人にはいつも思いやりをもって接しなさい。愛情深いイスラム教徒は、ほかの人たちを傷つけるような真似は決してしないのだよ」

カザフ人は男と女を別々の部屋に分けたりはしない。ごちそうは男も女もいっしょに食べて祝っている。西側世界の人たちとまったく同じだ。私たちが信じているイスラム教はとても穏健で、年配の女性は何世紀にもわたって伝統的な白いヘッドスカーフを被りつづけてきた。スカーフには入念な絵柄の刺繍が施されており、どれも一針一針たんねんに刺されている。アラブ諸国や中東のほかの国のムスリムの女性が普通にまとっている、長くて黒いベールやブルカは着用しない。しかし、二〇二〇年、「温厚な家長」と中国共産党が持ち上げる総書記の習近平によって、刺繍で飾られたヘッドスカーフさえ禁じられる。

祖父は一日五回の祈りを捧げ、モスクにも訪れていたが、私たち孫にも同じようにしろとは言われなかった。父や母が祖父のように祈っている姿も見たことはなかった。食事のあとみんなで手をつなぎ、家族や客、この世に生きる人たちみんなの祝福と幸運を願った。「神様、感謝いたします」と唱えるだけの場合もあった。

本当に小さなころから私は、両親と祖父が私に向けた期待に沿って生きていきたいと心から願っていた。ほかの人たちには、思いやりと尊敬をもって接しようとしてきた。父はそんな私を喜んで、「この子はやはり私の娘だ。父親そっくりだ」と笑いながら自慢気に話していたものである。

一日中動きまわっていたので、ズボンと革のブーツという男の子みたいな格好ばかりしていた。三つ編みの髪は膝まであったが、裾の長い服は走ったり、馬に乗ったりするときには邪魔でしかない。何かにつけて父の仕事の手伝いにも精を出し、薪を集めたり、羊の世話をしたりした。大きくなってからは、購入したばかりのトラクターのハンドルを握らせてもらった。

ほかの姉妹も同じように一生懸命働いていたが、両親は姉や妹に対しても私のことを褒めていた。「ほらごらん、サイラグルはもう一人前だよ」。そんなふうに少しでも褒められると、もっといい子になろうとますますがんばったものである。もちろん、毎回毎回うまくいくわけではない。小学校二年生のとき、私はクラス委員をしており、ある日、先生から今日一日クラスの面倒を見るように頼まれたことがあった。その日先生は、自分の子供の結婚式があったので、学校を休まなければならなかった。「同級生を静かにさせ、いたずらをさせないように気をつけるんだぞ」

しかし、じっと静かにしているなど、まだ幼い同級生には懲罰にも等しい。しばらくするとみんなのおしゃべりが始まった。「一日中、なんにもしなくて座ってなんていられないよ」と黒い巻き毛のもじゃもじゃ頭の男の子が抗議の声をあげた。「それじゃ、どうしようかしら?」と問い返した。布でボールを作ろうという話になった。袋のなかに砂を詰め、そのボールを使って教室で遊ぶのだ。なるほど、悪い提案ではないと思った。ほかに選択肢があったわけではないので、私も賛成するしかなかった。

数分もしないうちに、子供たちの手から手へとボールが飛び交った。教壇の前に立つ私のところにもボールが飛んできて床に落ちた。教室のうしろに立つ女の子に向けて投げようと、私は大きく振りかぶり、全身の力を込めてボールを放った。しかし、まずいことにボールはそれて飛んでいき、その子のうしろのガラス窓に当たってしまう。ガラスは一瞬で粉々に砕け、私はその場に立ちすくんだ。季節は冬、気温は零下一五度、たちまち骨までしみる寒さに震えた。

同級生は、私がその場にゆっくりと崩れ落ち、床にへたり込んでいく様子を見ていたが、私をかばおうとしてくれた。「本当は僕たちみんなの責任だ。やっぱりこれはみんなで思いついたんだからな」。

そして、私が先生に怒られないようにしようと、いつも問題を起こしている少年に責任を押しつけることに決めた。それから布の切れ端で窓をふさいだ。

わが家では問題や不満、何か欲しいものがあるときなど、子供たちはいつも母に相談していたが、私だけは真っ先に父親に話を聞いてもらっていた。「今日、学校で悪いことをしてしまったの」と顔を両手で隠しながら、私は父に打ち明けた。父は縮れた顎ひげを思案気になでながら、この窮地から抜け出すには本当のことを話すしかないと断言した。

その夜、私はひと晩中、寝返りを打っていた。翌朝、先生が「誰が割った」と生徒一人ひとりを問いただしていた。聞かれた生徒は全員首を横に振り、「僕ではありません。あの子です」と答え、クラスの問題児を指さしていた。その子も言われるままに責任を被ろうとしていたが、次に私が立ったとき、「全部私のせいです」と涙ながらに思わず本当のことを口走った。

どこから見ても深く悔いている私の様子に、先生も怒るに怒れなくなったようだった。「お前のことは罰したりはしない。それは、ひとえにお前が正直だからだ。しかし、ほかの生徒はみんな嘘をついた。それは罰を受けるのに値する」と言い、先生は私を除くクラス全員に明日、少額のお金を持ってくるように命じた。そのお金でガラスを入れ替えるのだ。

放課後、学校を出ると同級生に取り囲まれた。みんな、私が白状したのをカンカンになって怒っている。逆に窮地に立たされて、裏切られたと誰もが考えていた。「どうして、あんなことを言ったんだ。僕たちはお前を助けようとしたんだぞ。裏切り者！」。そうまで言われても、私にほかに何ができたのだろう。嘘を口にすることは、恐ろしい罪だと両親から叩き込まれてきた。神様は常に人の行いを見ている。

どうにかなるような状況ではなかったが、家では父が優しそうにうなずいてくれた。「よく打ち明けた。みんなも最後にはきっとわかってくれる。心配しなくてもいい」。そうは言われたものの、それから泣きくたびれるまで、私は延々と声を出して涙を流しつづけるしかなかった。

苛酷な環境のもとで

厳しい生活を強いられていたが、それでも私たちが生きていけたのは、ひとえに村の結束のおかげだった。子供も老人も寄り添って暮らし、たがいに助け合い、頼り合って日々を送った。老人たちは、天候の予測や家畜の飼い方、作物の育て方に関する何十年分もの知恵を授けてくれた。ただ、私の家は大半のカザフ人の家とは異なり、男の子だからといって優遇されることはなかった。私たち子供はいずれも平等で、心から大切にされていると感じていた。

姉妹の仲はよかった。とくに一番上の姉は私にとってこれ以上ない見本だった。父に似て、この姉も慎重な人柄で勉強もよくでき、本当に賢いうえに、母のように決して不平は口にしない。精緻なアラビア文字を書き、私をはじめ、兄弟姉妹全員がそんな文字を書ける長姉をうらやんでいた。

自分もいつか一番上の姉のように、しとやかで美しい女性になりたかったので、できるだけ姉のそばにいて家事を手伝った。料理や服にできた穴のつくろい、家の掃除に家畜の世話、川に行って洗濯をするなど、やることは山ほどあった。

客が訪れて暖炉の前で飲み食いしているとき、おなじみの話を何度も聞かされたものである。「男の子には勉強を続けさせ、女の子には家の仕事をさせておけ。どっちにしても娘に学問は必要ない。最後には嫁に行き、嫁ぎ先の家の面倒を見ることになる」。礼儀をわきまえ、父も母もその場では相手の言うことを黙って聞いていた。

しかし、客が帰ると、両親は私と五人の姉妹に慌てて念を押した。「あの人たちがなんと言おうとかまわないが、父さんたちはそうは考えていない」と言って、私たちの丸い顔と切れ長の目を見すえた。「お前たちにも、兄さんや弟と同じきちんとした教育が必要だ」

実際にその言葉に嘘はなかった。その後、この家の子供全員が大学に進んで学位を取っている。

お祭りのとき

小さなころから私は、踊ったり、文章を書いたり、歌を歌ったりするのが大好きだった。とくに待ち遠しかったのは大草原が紫やピンクに色づくころで、この時期になるとクロッカスの花が咲き乱れ、私たちは三月二一日と二二日の二日間、新年と春の到来を祝っていた（イラン暦の元日として知られる「ノウルーズ」の祭り）。祭りの準備は、村人総出で何日も前から始めていた。

森や草原では、子供たちが帽子に飾るため、人目を引きそうな立派な鳥の羽根や動物の歯を探しまわっている。これという気に入ったものがなければ、誰かほかの人が譲ってくれるし、商人から買うこともできた。

女たちは花や花綱で家を飾り立て、それから家中をピカピカに磨き上げる。七種の材料を使った特別なスープの用意を始め、客が来たら春の到来をともに寿《ことほ》ぐためだ。翌日、村のはずれに広がる広大な草原にみんなが集まってくる。子供もいれば老人もいる。富める者もそうでない者も村の人が残らず集まってくるのだ。音楽が鳴り、踊りが始まり、大きなかがり火が燃やされる。

男や女が騎射の腕前を披露する。私の三人の兄弟もほかの男の子に交じって、レスリングの腕前を披露している。私たち女の子はこの日のため、すでに学校で踊りの練習をしており、当日はグループごとに歌も歌った。膝まである黒い三つ編みは頭の上で巻き上げ、ピンでとめてある。

誰もが色とりどりの民族衣装に身を包んでいた。母が作ってくれた花の刺繡で彩られた高価な民族衣装を着て、私は何度も何度もクルクル回りつづけた。こみ上げてくる笑いとうれしさでめまいがするまで回りつづける。回るたびに帽子にあしらわれたワシミミズクの綿毛がゆらゆらと揺れていた。ノウルーズの祭り、イド・アル＝アドハー（犠牲祭）、断食月明け《ラマダン》の大祭イド・アル＝フィトルの三大行事は、イスラム暦の頂点を極める祝日なのだ。

二〇一七年以降、私たちが伝統としてきた宗教的な祭りは、中国政府によってすべて禁じられてきた。そのかわりに祝うよう強制されているのは、春節などの中国の祭りだ。祭りに合わせ、中国の様式にしたがって家を飾らなければならないが、邪鬼や醜いしかめ面を用いた中国人の意匠は、私たちカザフ人にはどぎつくておどろおどろしい。かといってそれを拒んでしまえば、過激主義者の烙印を誰もが押されて収容所に連れていかれる。

心に暗い影を落とした文化大革命

一日の仕事を終えると、老人たちはよく私の家で祖父を囲んでおしゃべりに興じていた。祖父たちはカラフルに装飾された羊毛のカーペットに座り、私たち子供は入口の近くであぐらをかいて老人たちの話を聞いていた。話が中国に対して蜂起した一件になると、老人たちは私たちを部屋から追い払った。子供にはふさわしくない話だからだ。

ほかの〝白いひげ《アクサカル》〟の老人と同じように、祖父もかつては抵抗運動の戦士の一人だった。一九三〇年代と四〇年代、短い期間だったが、土地の住民は中国軍の侵攻を押し返した。祖父もその戦いに参加し、当時、東トルキスタンに独立政権が樹立された。その地こそ、カザフ人が何世紀にもわたって住み着いてきた新疆ウイグル自治区だった。私たちは現在、当時の独立運動にかかわった者の名前はもちろん、独立運動そのものについてさえ口にすることは許されていない。

中国のくびきのもとで、東トルキスタンの先住民は常に抗い、そのくびきを断固として振り払おうとしてきた。だが、占拠を続ける中国の人民解放軍はそのたびに力ずくで抵抗を押しつぶし、捕虜を処刑したり、眼球をえぐり出したり、頭の皮を剝ぎ取ったりしていた。祖父と両親はその光景を目の当たりにした。だが一九五五年、飢えや困窮に苦しむ中国の状況を考えると、毛沢東にはムスリムに自治を認め、戦乱を鎮めるよりほかに手段はなかった。

何世紀にもわたり、私の家の男たちは一族の高位の階層に属してきた。富には恵まれなかったが、文化大革命のときにはそれが幸いして、祖父はなんとか生き延びることができた。歴史書では文化大革命は一九六六年に始まり、一九七六年まで続いたことになっているが、東トルキスタンではそれよりもはるか以前から始まっていた。紅衛兵は地元の人間に羊、牛、馬を政府に引き渡すことを強要し、その見返りとして大農場を整備すると約束していた。家畜の押収後、中国共産党は残った土地と所有物を取り上げ、農場を設立するという約束は果たされなかった。この時点で、私の一族の者は自分の命のほか、文字どおりすべてのものを失っていた。

一九六二年、中国は大飢饉に見舞われていた。中国史上最大の飢饉で、およそ四〇〇〇万人もの命が奪われた。毛沢東によって人為的に引き起こされた飢饉でありながら、毛沢東はソ連に責任を押しつけ、ソ連は中国に対して負債の返済を迫ることで、中国を崩壊の危機に追いやろうとしていると非難した。この策略は功を奏し、人民の怒りの矛先をそらすことはできた。

「どの家でも毛沢東の大きな肖像画を掲げなければならなかった」と祖父は暗い顔で当時を振り返る。「一日三回その肖像画の前に立ち、神のように崇めろと言われた」。食事中でさえ、家族は崇拝する目を肖像画に向けなくてはならなかった。紅衛兵の説教は執拗に続いたので、その言葉が父の脳裏に不意に浮かんでくることがあった。「われわれは資本主義制度を打破しなくてはならない」。こうして偉大なる地ならしが始まり、人民のあいだにはもはやいかなる違いもなくなる。人より多くのものを所有する者は誰もいなくなる。もちろん、毛沢東のような大富豪には別のルールが用意されている。

「そうとも」と体を前後にゆすりながら、すかさず祖父が応じる。「それから連中は、村人がたがいに密告し合うように仕向けていった。できるだけ多くの友人や隣人を資本家だと糾弾することが私たちみんなの義務だとされていた」

「嫌な時代だった」と父が言う。「大勢の人が密告に加わっていた。そのほうが有利な立場が得られたからだ」。腕に巻かれた赤い腕章でそうした人間の見分けがつき、彼らが話すことといえば「西側に買収された」敵のスパイの話ばかりだった。勝利の行進では、無残に殺された遺体を引きずりながら通りを練り歩いていたという。

生き延びた人たちの心に恐怖政治は暗い影を落とし、生涯にわたって消しようのない恐怖を残した。かつての亡霊がふたたび目覚めるのを恐れ、私の家族は自分たちの過去について話すことはめったになかったが、家族にとって幸いだったのは、私が生まれた直後、中国共産党史上最も自由な時代を迎えていた。だが、父や祖父は「もしも声をあげてしまえば、共産党は敵性思想を理由に一家全員を罰するだろう」と脅えていた。父たちの不信感はそれほど根深かったのである。

両親は中国人についてめったに口にしなかったが、私たちも子供心に中国人は危険な人たちだと考えていた。そしてまもなく、中国人自身がその事実を毎日のように思い出させる日々が始まろうとしていた。私たちの村はカザフ人だけの故郷ではなく、少数だがウイグル人やキルギス人、標準中国語を話すムスリムの中国系ドンガン人も住んでいた。だが、村に暮らす者は誰もがカザフ語を流暢に話し、偏見とも無縁で、みんなこの村の一員だった。当時、私は中国人とは直接会ったことはまだなかった。

「この土地こそ私たちが根を張ってきた場所だ」。これこそ私たちが学んだことだ。自分の家系を暗記して七代前ぐらいまではスラスラ言えるようでなくてはならない。名前だけでなく、生誕地も含めてである。それが言えなくては、親なし子と同じで、本当のカザフ人ではなくなってしまう。一家の子供たちは自分たちの祖父や曾祖父、さらに四代以上前までの先祖の名前を暗唱できるのを誇りにしていた。

恐怖政治の生きている亡霊

ミシンを使うとき、そこに貼られた古いシールを見ると、私はいつも落ち着きをなくしていた。シールには、「中国共産党が存在しなければ、この新中国は存在しなかった。毛沢東」の言葉が記されていた。

どの家でも、スターリン時代のロシアが犯した犯罪と毛沢東が手を染めた犯罪について声をひそめて語られることが時にはあった。スターリンも毛沢東も私たちの風景のなかに、血まみれの足跡を刻み込んでいたのだ。その影響は当時でもはっきりと目にできた。私の村は毛沢東時代の恐怖政治の亡霊に取りつかれていた。少なくとも私の目には、白髪を振り乱したその老婆の姿は生きている亡霊として映っていた。当時、その老婆は七〇歳だった。文化大革命のせいで、彼女は正気を失ってしまったのだ。

かつて裕福な家に暮らしていた。だが、紅衛兵は彼女の家の財産を残らず没収しただけでは飽き足らず、夫と子供たちを刑務所に入れて拷問を繰り返した。ある日、監房で首を吊っている夫の姿が見つかる。「お前の亭主は自分の罪を認め、みずから命を絶った」と当局の人間は素っ気なく言い放った。彼らに殺されたことは誰でも知っていた。それからしばらくして、今度は子供たちが野外で処刑された。子供たちの血の気を失った脚が、牛が出産で使うロープの下で揺れていた。人殺したちは彼女の家族全員を一人また一人と殺していき、ついには彼女だけが残った。

以来、彼女は狂女のように村を走りまわり、家々に飛び込んでは助けを求めて大声で泣きわめく。なだめようと、村人たちはなにがしかの食べ物を与えていた。子供を殺され、絶望に打ちのめされた人間の姿を見るのは苦しかった。悲しくて胸は張り裂けそうだったが、同時に、彼女にこんな仕打ちをした人間への激しい怒りが私のなかで脈打つようになる。

まさに今日と同じように、当時も殺された者、失踪した者について不平を口にすることは禁じられていた。「毛沢東にとって、犠牲にまさることほど偉大な行為はない」からだ。偉大なる領袖に命じられれば、祖父も両親も「その身を地に横たえ、骨は粉々に砕かれ」なくてはならなかった。

私の子供時代は、中国が世界第二位の経済大国に向かって驚異的な成長を遂げていく時期に重なるが、東トルキスタンはそれまでと変わらず、依然としてあらゆることが中国共産党の絶対的な支配下に置かれつづけていた。仕事は割り振られ、価格と生産割当はあらかじめ決められていた。

「中国人がやって来る」

「中国人だ」――むせぶような叫び声が村人の口々からあがった。一九八〇年代前半、何台かの軍用車両が村を通過して川にかかる橋で停車した。だが、車両は「兵団」と呼ばれる新疆生産建設兵団のものではなかった。「兵団」は東トルキスタンに設置された巨大な準軍事的政府組織で、のちに自治区のあらゆる産業部門を支配し、私たちの広大な綿畑やブドウ畑も自分たちのものにしていく。しかし、現れた部隊は、兵団とは別組織に属している特別な任務を帯びた部隊だった。

兵士たちはただちに巨大な兵舎を作り、周囲を有刺鉄線の高いフェンスで囲った。さらに兵舎の後背に広がる丘にレーダー基地を建設した。まもなく完成というころ、野営地のゲートが開かれ、一〇〇〇名の中国人兵士を乗せたトラックが流れ込んでいくと、ゲートはふたたび固く閉ざされた。あっという間に現れ、あっという間にフェンスの向こうに姿を消していった。私たちがなかに入ることは禁じられていたので、「あそこで何をやっているのか」と誰もがいぶかしんだ。

村人はとてつもない不安に脅え、頭を寄せ合って話し合った。川にかかるあの橋は私たちにはとても大切な橋で、牧草地に家畜を連れていく際、どうしても渡っていかなければならない。だが、どこから来たのかわからない兵士たちは、到着したその日から問題ばかり起こしていた。「どこか別の場所を探せ」と言い放つと、銃を向けて村人を追い払っていた。

部隊の到着が意味したのは、村の平和がこれで終わってしまった現実だった。兵士たちは持ち主の目の前で平然と家畜を盗み、野営地に追い立てていった。馬に乗った牛飼いが自分の羊が処分されるのをフェンスの近くで見ていると、激怒した兵士たちが兵舎からハチのように湧き出てきて、「ここで何をしている。とっとと失せろ」と怒鳴って牛飼いを袋叩きにした。

この一件以来、自分の家畜をどこにやったのかと意を決して問いただした者はもちろん、羊泥棒から自分の羊を守ろうとした者は誰彼かまわず脅されるか、叩きのめされるようになった。これが、私がはじめて間近で見た中国人の姿だった。村人は茫然として立ちすくんでいた。私は小学校の三年生だった。

それからというもの、私の家では子供たちが羊を牧草地に連れ出すときにはいつも身をかがめ、遠くから兵士の様子をうかがうようになった。短いリードにつながれた獰猛な番犬が兵士を引っ張っていこうとする。本当に恐ろしくて、全身をさらして見ることなどできず、逃げるように通りすぎていくしかなかった。

「やつらは私たちを殴るだけで、口を利こうともせず、何を聞いても答えてくれない」。ある日の夕食時に祖父は苦々しくつぶやいた。「何をやっても、責任もうしろめたさも感じていない」と母が言う。「独裁だ」と諦めたように父が言った。「しかし、私たちにいったい何ができる」

最初の入植者――「中国人を恐れるな」

しばらくすると何人かの中国人が住み着くようになり、青物店と写真館、自動車の整備工場を始めた。村人にとってははじめてまじまじと見る中国人だったが、私たち子供は依然として怖がっていたので、彼らには近づかないようにしていた。やがて彼らの家族や親戚が少しずつ加わっていった。

新たに入植してきた中国人たちは、村人が何をいちばん必要としているのかまもなく気づき、それらを提供してくれた。村人には彼らの正体がよくわからない。彼らは友好的なのか、それとも自分たちに敵意を抱いているのか。彼らは中国語しか話さず、商売についてよく知らない村人の純朴さにつけ込んだ。私たちが作った牛乳やチーズや肉を買いたたき、大きな利益を乗せてほかの中国人に売りつけていた。

兵士たちは兵営の周囲で巨大な穴を掘りはじめた。その穴に家畜が落ち、もがき苦しみながら死んでしまうことがよく起きていた。彼らは掘り出したものを建築資材として使い、やがて略式命令で私たちの牧草地を徴用していった。「どうして中国人ばかりが増えつづけるの?」。ある日、不安そうな弟のサウレットにそう尋ねられたが、私自身、どう答えていいのか見当もつかなかった。

中国人の経営者は、あっという間に村一番の金持ちになっていったが、村人は貧しくなる一方だった。放牧地はまったくなくなり、家畜は激減して収入はみるみる減っていく。まもなくどの家も経済的に苦しくなりはじめた。「羊や牛が兵舎に近寄らないようにして。あそこは危険すぎるから」。毎朝、両親はそう警告してから私たちを送り出した。

そうこうしているあいだも、北京政府は国と人民を挙げてあるキャンペーンを進めていた。「中国人を恐れるな。中国人によって新疆は、経済的繁栄を遂げた夢の国に生まれ変わる。仕事と豊かな生活が手に入る」。新しいブラウン管テレビの前に座りながら、それが本当かどうか私たちは考えあぐねていた。最近の出来事からうかがえるのは、それとは正反対のことばかりだった。私たちは何も得られず、すべてのものを失っていた。

そのころ、村で大流行していたのが写真だった。家族もカップルも老人や子供もみんな自分の写真を欲しがっていたが、村に一軒しかない写真館に出向く者は誰もいない。中国人が経営する写真館だったからである。

しかし、当の経営者にはそんなことはどうでもよかったらしい。厚かましい人物で、許しも請わずに私たちの家に勝手に入ってきた。家の居間に突然中国人が立っていたのである。それから、脅える子供たちからピカピカに磨かれた収納箱や鍋まで、室内のあらゆるものを写真に撮りはじめた。その翌日か翌々日だったと思う。写真館の経営者がやってきて母の手に写真を押しつけて大金を請求した。母はどぎまぎして床を見つめている。父親は律儀なので支払いを拒めない。

入植早々から、よそ者たちはすさまじいほど傲慢で尊大な態度で私たちに応じていた。続いて押し寄せたのは、中国人の養蜂家たちだ。やって来るや、好き勝手な場所に柵をめぐらして、残っている土地を自分たちのものにしてしまった。「誰がこんな許可を連中に与えたのだ」と憤懣《ふんまん》やるかたない祖父は声をあげた。だが、どこに問い合わせればいいのか、私たちはそれさえ知らなかった。

つかの間の幻影

中国人に対する法律と私たち先住民に対する法律が同じではないことは最初からはっきりしており、痛ましい事件が起きたことも一度や二度ではなかったが、村の十代の若者や子供の多くは高をくくって気楽に考えていた。私たちの心はまだ若々しく、現実に対してすぐに鍵をかけることはできなかった。父は入植者の恥知らずな言動についてあれこれ口にするのは避け、そのかわり自分の子供たちの将来をもっぱら考え、「お前たちは一生懸命勉強して、将来はきちんとした仕事につくのだ」と言っていた。

子供の知らないところで父は、いずれ将来、私たちがさらに不当な扱いに直面するのを見越して、その対策をすでに始めていた。自身も屈辱を受けていた父は、みずからに対する自信とカザフ人文化に対する誇り、そして高い教育を授けることで、子供たちを苦難に耐えられる強い人間にするために力を尽くしてくれた。

父は当時、現役を退いたばかりで、母とともに小さな農場の経営と家の増築に力をそそいでいた。状況は好転しているようにも思えた。私は一二歳になり、徐々に思春期を迎えつつあった。体も娘らしくなってきたので、父は部屋数を増やし、最初の二部屋、それから三部屋を成長した姉や兄の寝室として増築した。その年の夏、村のディスコの向かいで野外映画の上映が始まった。私たちはムスリムの中国系ドンガン人から安いチケットを買い、『スパルタカス』や『アルカトラズからの脱出』といった外国映画を夢中になって観ていた。

この村で、私たちは外界から閉ざされた泡のなかで暮らすような毎日を送っていた。世界で何が起きているのか、私たちの耳には伝わってこなかった。学生たちがさらなる自由を求めてデモを行い、腐敗した政権や自分たちの利益だけを図る強欲な金持ちに抗議している事実もまったく知らなかった。一九八九年六月三日の夜に軍用車両の集結が始まると、翌四日未明には天安門広場に戦車が乗り入れ、学生たちを押しつぶしたことも全然知らなかった。兵士は罪のない見物人に発砲し、銃剣で突き刺していた。この話を聞いたのはずっとあとになってからで、私が大学生になり、同級の学生がささやき合っているのを小耳にはさんだ。

「君はウーアルカイシというウイグル人の話は知っているか？　彼は天安門広場で僕たちの権利のために戦った」。ウーアルカイシは、彼らにとって英雄だったが、その後、香港に逃れて現在は台湾で暮らしている。今日になってもなお、このときの事件で何百人、あるいは何千人の人間が死んだのか私たちは知らない。いずれにせよ、民主化運動は鄧小平によって事実上葬り去られてしまった。

同じように、一九九〇年代に東トルキスタンの別の地域で起きた蜂起も私はほとんど知らなかった。

その蜂起ではとくにウイグル人が差別と圧政に反旗を翻したが、結局、残忍な暴力によって踏みにじられた。中国のメディアは一九四九年の建国以来、政府に管理されつづけ、耳を傾けても中国政府の途方もない成功物語をだらだらと垂れ流しているばかりだ。ウイグル人に対して、サッカー大会のようなイベントがなぜ禁じられているのか、カシュガルから三〇キロのバリン郷に新たなモスクを建設することが、〝反体制的〟という理由でなぜ禁じられているのか、それらについてはいっさい触れようとしない。そのかわり、「危険な犯罪者を包囲する」ため、思いきった措置が講じられるという話は即座に紹介する。そうではあったが、ソ連崩壊の事実は誰からも隠すことはできなかった。

一九九一年一二月二一日、カザフ・ソビエト社会主義共和国〔現在のカザフスタン共和国〕の首都アルマ・アタ〔現在のヌルスルタン〕でソ連解体が宣言され、中央アジアの共和国はいずれも独立国家共同体（ＣＩＳ）に移行した。私たちは政権移行を村中で祝い、この機会を利用して、大勢の人たちが国境を越え、カザフの親戚に会いにいった。単なる物見遊山や好奇心に駆られただけだったかもしれないが、情報交換や相手の意見を聞くことができた。一方、北京政府はこの独立宣言は誤った判断だと執拗に唱えつづけ、自国内の独立の気運は徹底的に封じ込めていた。

私たちの地方にもカザフスタンの作家や知識人、歌手が次々に訪れ、別の文化に触れる機会だとしてコンサートを催し、作品を贈呈してくれた。カザフスタンに向かった人たちは、書店で長い列を作って本を買い求めていた。ロシア文学に触れられる唯一の方法で、マキシム・ゴーリキーやアントン・チェーホフのほかにも外国文学を読むことができた。

父がそうだったように、私も知識に飢えており、こうした古典文学や西側諸国についてもっとたくさんのことが知りたかった。有名な女優、あるいはテレビの報道記者や司会者になれば、いつか自分も西側の国に行けるかもしれない。メディアは常に中国共産党の〝発声器官〟ではあったが、政治的には比較的拘束がゆるかった時代で、カザフ人でもラジオ局やテレビ局を運営できた。

中国政府は私たちをわざと無知なままにしておくことで、自分は自由なのだという幻想をカザフ人に持たせつづけた。長いあいだ、東トルキスタンの地で、カザフ人は他の民族集団とは異なる、独立した民族だと考えてきた。私たちには土地があり、自由に吸える空気がある。だが、自分たちがすでに巨大な牢獄のなかで生きている現実に私たちは気づいていなかった。私たちを囲む塀はすでにじりじりと間合いを詰め、ゆっくりとその高さを増し、もはやどれほど高いのか見当さえつかなくなっていたのだ。

私の大学生時代——一九九三〜九七年

息子や娘が成長するにしたがい、両親はますます不安を募らせていった。毎年一人の子供が大学に進むために別の町に移っていく。その費用をどう工面すればいいのだろう。大きな町でいったい誰が娘たちの面倒を見てくれるのか。都会は犯罪の温床で、弱肉強食の掟が支配しているのではないか。いつから金と欲がすべてになってしまったのだろう。それまでの価値観などおかまいなしに、国全体が恐ろしいほどの勢いで変わりつつあった。新しい生活の流儀は私たちの村にもおよび、とりわけ年配の人間にすれば不安でしかたがなかった。

父は、「娘たちから絶対に目を離さないように」と母に命じていた。だが、そんな必要はなかった。母はすでに私たち娘に十分な釘を刺しており、「誤った道に踏み込んではいけない」と念を押していた。家族の名誉を汚すような真似などするつもりはもちろんないし、まして罪を犯すなど金輪際考えたこともなかった。出会った男子学生にもまったく興味はなかった。当時の私にとっていちばんの問題は自分のキャリアだった。両親が誇りに思える娘になりたかったし、自分なら両親の今後の生活を助けられるとも考えていた。

地元の学校を首席で卒業した私は、クラスでただ一人、イリ地区にある大学に進む資格を得ることができた。医者になりたかったが、当局は西洋医学ではなく中国の伝統医学を学ぶように指示した。父にともなわれ、入学手続きのためにイリを訪れたころは、ムスリムでも容易に大学の学籍が得られた。学部長のなかには先住民の先生もいて、町全体の九〇パーセントはカザフ人だった。現在では、民族の土地でありながら、中国人のせいでカザフ人は少数民族にされている。

はるか遠くのイリに向かうため、六〇〇キロの旅に一人で向かったのは、私が一七歳のときである。はじめて訪れたときと同じように、私はポカンと口を開け、建ちならぶ高層ビルをバスの窓から眺め、ビルの軒先に連なる昔ながらの茶店に目を凝らしていた。店ではおばさんたちが道を急ぐ通行人に、湯気があがる手作りの麵料理を提供していた。通りや店の上に掲げられた看板は巧みに装飾され、「いらっしゃい」とカザフ文字で大きく描かれていた。その下に同様の意味の中国語が小さく書かれていたが、現在では中国語だけである。中国人は私たちの言葉も完全に消し去ってしまったのだ。

最初の数カ月、私にとって都会生活は苦しかった。通りは人だらけで騒々しく、どうしてもなじめなかった。六〇〇〇人いた学生の三〇パーセント、講師の七〇パーセントが中国人で、私は田舎出のあか抜けない少女にすぎなかった。夜、見慣れない八人の女の子と二段ベッドで寝ていると、自分が村からも両親からもはるか遠く離れた場所にいることを実感した。上のベッド、横のベッドで眠っている娘たちはいずれも中国人だった。

ホームシックはひどくなる一方で、胃の底さえ引きつるほどだった。故郷の山々、家のなかに漂う野生のヘンルーダの香り、飼っている馬のことをずっと考えていた。カザフ人にとって馬はかけがえのない存在で、カザフ語には馬の毛並みの色や模様を表す五〇もの言葉がある。寮にはダイアル式の電話が一台しかなく、いつも長い列ができていたので、私は手紙を書いていた。涙の跡が残らないよう、「みんなの顔が見られなくてとてもさみしい」と注意しながら書いた。

学生寮には店やレストランがあり、寮自体が小さな宇宙のようだった。誰もが競争心を剝き出しにしていた。なんとしてでも成功したいと考える人間であれば、中国語はかならず覚えなくてはならなかったが、「どうして外国の言葉を覚える義務があるんだ。中国人こそカザフ語を覚えるべきだろう」と、ムスリムの生徒のなかには声をひそめて言う者もいた。

村で暮らしていたときと同じように、大学では、中国人とかかわらずに生活することはできなかった。私たちのあいだには、最初から不信感が壁のように存在しており、中国人の学生が前にいるときには自分の一言一句に注意していたが、そもそも中国人の学生は私たちにはあまり話しかけてこなかった。オープンに議論することがタブーとされていた。北京政府の権威主義的な方法をやんわり批判でもしようものなら、「中国がこれほど成功しているのがうらやましいだけ」という傲慢な返事がいつも返ってきた。彼らから常に見張られていると感じていたので、たいていの場合、私たちカザフ人学生は自分の殻に閉じこもってばかりいた。

とはいえ、彼ら中国人学生がモンスターでないことは理解していた。「いちばんいいお金のやりくりは」「親の金銭的な負担を軽くするにはどうすればいいの」「どうすればいい成績が取れるの」など、彼らも当たり前の悩みを抱えたごく普通の人間だった。

グループAの試験でいい成績が収められると、ポイントを獲得して国家から金銭的な支援と補助金が得られた。食事の無料券が支給されることもよくあった。私はたくさんのポイントを獲得していたので、お腹を空かせずにすんだ。まもなく私は、履修課程の最年少の学生ではなく最優等生になっていた。

さみしくてしかたがなくなると、週末、バスに飛び乗って姉のもとを訪ねた。姉は近くの町の大学に入学していたので、姉妹でよくなぐさめ合っていたのだ。まもなく弟のサウレットが私たちに加わる。弟は機械工学を専攻する予定だった。弟が入学したその年、母は二カ月ごとに私たちのところに来るようになった。三人がキップを買って帰るより、そのほうが安くすむ。母が来るたび、私たちは入口の階段で辛抱強く待ち、あたりを行ったり来たりしながら爪先立って遠くを見やった。母の土産は愛情だけでなく、少しのお金とたくさんの伝統料理も持ってきてくれた。実家では、荷物を詰めた母の鞄を見るたびに父がさびしそうなため息をつくので、今度は父さんにきてもらうと母は言っていた。

しばらくすると、私も新しい生活に慣れた。幸運なことにカザフ人の女子学生の一人、グリナと無二の親友になれた。私とは違い、グリナは長い金髪で背も高かったが、二人の性格はとてもよく似ていたので、私たちは姉妹のように感じていた。二人とも課された義務をきちんと果たし、野心的でたゆむことなく打ち込み、力を振りしぼって見事に目標を果たしたら、さらに次の目標へと向かった。その意味では二人とも典型的な中国人だったと言えそうだ。

しかし、幸せは常に二人の一歩先へと逃れていった。

蘇った毛沢東

なんの前触れもなく、中国共産党があらゆる場所に出現するようになり、映画館だろうが文化的なイベントだろうが関係はなかった。毛沢東が共産主義のために果たしたとされる偉大な事業を党は誇示するようになった。彼らが口にする話の大半は理想主義と自己犠牲に向けられた人民の意志についてだったが、毛沢東が残した不安と恐怖については口を閉ざしたままである。私は懐疑的だったが、年配のカザフ人から聞いたこの物語をめぐる暗い側面についてはうすうす気づいていた。

先鋭的な学生は声を抑えて話していたが、そのせいであまりにも穏やかな話になり、私はおぼろげにしか意味が理解できなかった。「今度の個人崇拝はいい兆しとは言えない」「過去に真っ直ぐ続く扉を開いた」「過去を再編すれば、党は過去と直面しなくてすむ」。こうした意見に対し、「毛沢東が本当に偉大でも優秀でもなければ、教科書やテレビで党はそう言いつづけはしないはずだ」といきり立つ者もいた。こうした議論の最中、私はうしろに身をひそめ、黙って話を聞いていた。

共産主義は、あらゆる者にとってすばらしい制度で、社会的にも有益で役に立つ。そんな話を繰り返し聞かされていると、やがて何が真実なのかさえわからなくなる。そもそも、両親も教師も過去の恐怖についてきちんと説明してくれなかったので、その恐怖は古い白黒写真のように褪色し、またたく間に靄《もや》のなかに溶け出していった。

大学の教科書を開くと、最初の数ページには毛沢東やレーニン、マルクスについての記述があった。課題についてレポートを書くとき、あるいはそれをほかの学生の前で発表するときには、彼らのイデオロギーに触れてから始めなければならなかった。そうしなければ、よい点数を取れなかったからだ。おそらく、毛沢東のやったことの七〇パーセントは正しかったのだろう。中国最大の敵をこの国から追い払った。彼の過ち、つまり残りの三〇パーセントはほんのささいな誤謬《ごびゅう》にすぎない。党の公式見解どおりに、教師たちはいつもわめき立てていた。

「偉大なる指導者は、社会に対する忠誠、党に対する忠誠、そして国家に対する忠誠を人民に教えてきた」と次のレポートに私は書いた。誰もがまずそう書き出し、自分の論旨はそのあとになるのは、私には当たり前だと思えた。個人ではなく、まず社会である。だが、それではなぜ、毛沢東はあれほどむごい方法で、あれほど多くの人の命を奪ったのだろう。だが、そんな疑問を投げかけ、わかったつもりになってもなんの解決にもならず、新たな疑問が頭をもたげてくるだけだった。私は政治に関心がなかった。心穏やかに勉強したいというのが唯一の願いで、「繁栄し、また栄えよ」というこの国の信念に忠実でありたかった。

しかし、好むと好まざるとにかかわらず、口にしてはならない疑問に絶えず出くわしていた。「これだけの数の健康な臓器が、どこで用意できるの?」。はじめての手術実習のとき、遺体安置台を前にして、友人のグリナがあえぐように声を出した。その声が聞こえた瞬間、ほかの学生は一人残らず、グリナの疑問など消えてなくなったように応じ、何も聞かなかったふりをしていた。

目の前の安置台は健常な肝臓や心臓でいっぱいだった。医学生として自由に使える臓器が異様なほど豊富にあった。私たちは押し黙ったままメスを取り上げ、手元の課題作業に集中した。東トルキスタンでは誰もが「法輪功」という宗教団体の信者について話していた。当時総書記だった江沢民によって法輪功は邪教と定められ、その意図のもと、東トルキスタンの住民と同じように、白昼堂々と拉致されるケースが増えていた。中国では、自主的な臓器提供者をはるかに超える件数で臓器移植が行われている事実はよく知られている。二〇〇九年、衛生部副部長の黄潔夫《こうけつふ》は、「政府は死刑を執行された囚人の遺体の三分の二から臓器を摘出している」と明らかにした。高額で取引される中国の臓器売買は、闇市場の犯罪集団ではなく、中国共産党によって行われている。

商才ひとつで大儲け

夜になると、私とグリナは狭いベッドに二人で寝て、ひと晩中、自分の将来の夢について話した。夢はお金持ちになり、人から尊敬されることだった。お金持ちならなんでも買えると思い込んでいたのだ。自由さえ手に入る。くたくたになるまで働きつづけている両親の姿を私はいつも考えていた。両親は倹約を続け、子供のためにお金を貯め、自分のために使おうとはしなかった。私とサウレットに続いて、さらに四人の子供が大学に入学した。妹たちの進学に必要なお金も貯めなければならない。ある晩、「そうだ、いい考えがある」と私は思いついた。大学の勉強を続けながら、お金を稼げるうまい方法があることに気づいたのだ。「しかも、この方法なら両親にも気づかれない」

その方法とは、簡単に言ってしまえば、週末、バスでカザフスタン国境に向かい、そこで数ある卸売り屋の一人からフォルダーやペン、ノートなどの文具を大量に買い入れ、利益を上乗せして、夜一時間の自由時間に同級生に売るという商売だった。成績がトップだったので、私はほかの学生から一目置かれており、商売は最初からとても好調だった。さらに商品を広げ、女子学生向けに金色の模造ジュエリーも扱うようになった。

私のポケットは大金で膨らみ、妹たちの学費の援助を欠かさずに続けることができるほどだった。驚いた父に、「そんな大金をどうやって手に入れたんだ？」と問われたが、「それは、私が優等生で、しかも一生懸命働いて手に入れたお金よ」と答えていた。顔を赤らめもせずに言えたのは、半分は作り話だったが、もう半分は事実だったからだ。

両親だけは絶対に失望させたくなかった。本当は決して安全とは言えない商売だった。若い娘が一人でバスに乗って出向き、男性ばかりの場所で、市場で作物を売る農家のように値段や売り物の交渉をやっているのだ。両親が知れば、まちがいなく私の評判を気にしたはずだ。第一、そんな事実を知れば、自分たちには十分なお金さえ稼げないと考え、父も母も恥じ入ってしまう。私にこんな真似をさせたのは、自分たちのせいだと考えるはずだ。

私たち子供は、年に二回、学期の終わりが近づくと故郷の村に帰った。帰省するたびに、かつてあれほど美しかった田舎の風景が痛めつけられていく姿を目にした。大地はショベルカーで掘り起こされ、山は鉱山としてくり抜かれた。縦横に交差しながら道路は広がりつづけ、その道路を車が走っていく。建設計画が新たに始まるたびに、村のために優しげに水をたたえてきた泉はますますかれていった。

一九九七年——泉がかれた

北京政府はますます多くの入植者を東トルキスタンへと計画的に送り込みつづけた。それは、中国で最も豊かな鉱物資源に恵まれた周辺地域を「漢化《シニサイゼーション》」していく事業の一環でもある。風景は入植によって変わり、それればかりか村人たちの様子にも暗い影を落としていた。

道端で立ち止まり、おしゃべりをしている者はもう誰もいない。表情は閉ざされ、その心は過剰に開発されつくした周辺の風景と同じように苦汁に満ちていた。自分の家のなかでさえ、両親は私たちが不安を口にするのを禁じた。

老人たちはすっかりふさぎ込んでいた。「中国人が通ったあとには、草一本生えない」。年老いたカザフ人に、中国人が与えていた影響はそれほど壊滅的だった。まもなく深刻な災厄が訪れることが、私の祖父にははっきりわかっていた。そして、悲しいことに、祖父の予感は正しかった。

その次に帰省したとき、村の泉はすでにすっかりかれ果て、村人は飲み水を失っていた。川の水位もさがり、死んで腹を見せて浮かぶ魚でいっぱいの、腐敗臭を放つ細い流れに変わり果てていた。飲み水にも事欠くようになり、冬のあいだ、村人は山から雪を運んで不足分を補った。山の氷を一層ごとに削り取り、ロバの背に積んで山を降りていく。「いったい、どうなってしまうんだ」。何がなんだかわからず、父も母もうろたえていた。祖父はしわだらけの手で白い顎ひげをなでながら、「山や水は聖なる生き物だ。決して中国人のようなやり方でガラクタや糞便で汚してはならない。水は常に清浄でなくてはならず、そうでなければ水の精霊は怒り出す」とつぶやいた。母は、「だから、水の精霊は私たちを見放そうとしているのね」とうなだれていた。

この時期、ますます侵食されていく宗教の自由と自由な文化を求め、東トルキスタンでは抗議運動が繰り返されていたが、振り返ってみると、当時、私が何を知っていたのか、何を忘れていたのか、いまとなっては自分でもよくわからない。一九九七年三月八日、党大会の席上で東トルキスタンの情勢について、耳には心地いいが、嘘だらけの報告がなされているとき、北京市内で何台もの路線バスが爆破されていた事実を私は何も知らなかった。人民を抑圧すればするほど、人民はさらに激しく抵抗する。にもかかわらず北京政府は、それまで以上に大規模な抑圧と暴力で応じた。

私たち家族は苦しみには慣れていた。まるで嵐のさなかにいるように、家族は身を寄せ合い、飛んでくる瓦礫《がれき》が頭に当たらないように願った。しかし、嵐が過ぎ去ればただちに仕事に戻り、牛の乳をしぼっていた。貧困と欠乏から家族を守ることで、日々の暮らしをなんとか耐えていくために全力を尽くした。ほかの兄弟や姉妹とは異なり、私は自分の家庭を持つために時間をむだにはしたくなかった。一日でも早く試験に合格し、高い給料が保証されている仕事につきたかったのだ。

患者への治療差別

つつがなく試験に合格した私は、ただちにモンゴルキュレ県（昭蘇県《チャオスー》）の中心都市にある大きな病院で医師として働くことになった。高給が保証された仕事だったが、母は「若い娘がたった一人で、大きな町で暮らすのは無理」と頭から決めてかかり、ほかの人になんと言われるかわからないと心配していた。

父は父で、母方の遠く離れた親戚の家で世話になるのがいちばんと考えていた。この町で家族を持つ男性の親戚で、私のためにアパートの一室を提供してくれるという。伯父と伯母は上級公務員として働き、評判はすこぶるよかった。双方にとって都合のよさそうな話なので私は了解した。私は部屋代と食費が節約でき、親戚の家ではお手伝いさんにお金を使わずにすませられる。私が家事を手伝い、さらに小学校に通う二人の息子の勉強を見てあげる。

複雑な心境を抱えながら初出勤の日を迎えた。職員の約八〇パーセントが、政府によって東トルキスタンに送り込まれてきた中国人だ。中国人職員は、尊敬に値する同僚として私を受け入れてくれるのだろうか。先住民として、私は誰よりも優れていなければならないという覚悟を抱いてきた。そうでなければ、すぐに「カザフ人は怠け者で、しかも頭が悪い」と言われてしまう。

その夜、家に帰ってきた私はホッと息をついた。「働きやすそうな職場です」と私は伯母に話した。

彼女は私を台所に案内してあれこれ質問した。私は一家のために食事を律儀に用意し、テーブルに料理を並べた。「私もうれしいわ」と相手は言ってくれるが、心からのようには見えなかった。私は相手の気遣いに注意を払っておらず、自分の新しい仕事にばかり気を取られていた。

患者のベッドを囲んで、治療方針について打ち合わせをしているとき、中国人の同僚医師は私たちカザフ人医師を友人のように扱ってくれた。彼らがあからさまな偏見を示さなかったのは、私が高等教育を受けており、彼らの言葉と文化を知っているからだが、その態度から、自分たちのほうが優れていると見なしているのはわかった。中国人のほうが能力にまさり、頭もいい。私たちカザフ人を、中国人は決して一人前として扱おうとはしない。何かに秀でていても、それ以外は劣っていると考えているとしか思えなかった。

彼らは、オウムのように政治の言葉を繰り返しているだけにすぎない。北京政府は「われわれ」と「彼ら」を分かつ明確な一線を引いたことで、中国人の頭のなかに私たちに対する否定的な考えが植えつけられていった。彼らはその考えとともに育ち、それらの考えが彼らの現実を形作ってきた。そして、偏見が説かれるところでは、時を置かずに暴力が生まれる。こうして「われわれ」対「彼ら」が現実のものになっていく。

ときどき、病気を抱えたカザフ人やウイグル人が治療のために村を出て、はじめて都会にやって来る。広大な院内は迷路のようなので、地元の言葉で職員に「お願いです。どこに行けばいいのか教えてください」と助けを求める。

こうしたお願いに中国人の職員は黙殺で応じる。先住民など、彼らには存在しないのも同然なのだ。患者はますます必死になって質問を繰り返して症状を訴える。「気分が優れません。腸には潰瘍がいっぱいできています――」。だが、目さえ向けてもらえない。

患者はとうとう諦め、しかたがないと片隅に退き、そこで待ちつづけることになる。そうしているあいだも、白衣を着た職員がせわしなく通り過ぎていくが、立ちつくす彼らには目をくれようともしない。そうでなければ、「見て、あの汚い虫けら」とでもささやき合っているのだろう。なかには普段着で来院する農民がいた。しかし、そんなことは人を辱める理由にはならないはずだ。単に、相手が異民族だからではないのか。

見捨てられていた患者を見かけるたびに、私は駆けより、相手の腕を取って目的の場所にまで案内した。こんな差別にはじめて出くわしたとき、私は激しい怒りを覚えた。

腰に手を当てて、中国人の同僚医師に正面からこの問題をぶつけた。「どうして、この患者を粗末に扱うのですか。ここは病院です。私たちの仕事は、ここに来る弱った人たち、病気を抱えた人を助けることで、患者を差別してはならないはずです」。同僚の反応はいつものように驚くべきもので、「そうか。あの患者は君の親戚だったのか。だから、力を貸してやりたいのか」という言葉が返ってきた。首を横に振って私は答えた。「いいえ。あの患者は私とは何も関係がない、ただの人です。あの人たちは中国語を知らないし、病院のルールも知らない。だから、助けてあげたいの」

本来、医師と看護師は共通する規範に縛られている。その規範とは、「人間はみな同じ価値を持つ」という考えに根差している。政府によるネガティブキャンペーンの影響が、病院のような友愛が尊ばれる場所にさえうかがえるとすれば、市中ではその影響がどれほどあからさまかは容易に想像がつくだろう。

市場やレストランのような場所では、さらに辛辣な扱いに先住民は直面している。中国人の店主から侮蔑の目を向けられるなど当たり前のことだった。「この店になんの用だ」と言って背を向けるか、つかつかと寄ってくるなり、「ムスリムなど、どいつもこいつも馬に蹴られて死んでしまえ」と面と向かってののしられる。

たまにとはいえ、同僚とは夕食に招待しあっていたが、そんなとき彼らとの大きな隔たりをはっきりと感じた。なぜか彼らは、決まってカザフスタンの話を聞きたがった。カザフスタンには私の親戚も何人か暮らしている。彼らは純粋な好奇心から聞いているのではなく、自分たちの偏見を確かめるために聞いていたのだ。

「中国とは違い、向こうでは手に入る商品もごく限られている」とか、「カザフ人は貧しくて病人が多く、ひどい条件のもとで小屋やスラム街で暮らしているのでしょう?」などといった質問をしてくる。「いいえ、そんなことはありませんよ」と私は怒りもせず、穏やかに相手の思い込みを正していた。「カザフ人も高いビルが建ちならんでいる大都市で暮らし、ちょうどこの町で暮らす人たちと同じです」。同僚たちは、私が中国についてどう考えているのか探ろうとしていた。もしかしたら、カザフの愛国者かもしれない。ひょっとすると、祖国中国に対する反逆者なのかもしれない。

私はできるだけ無難な発言をするように努めていた。「カザフスタンはヨーロッパとアジアを結ぶ国です。世界最大の内陸国でもあり、たくさんのチャンスに恵まれています」。こんなことを口にする私を彼らは見下していた。彼らにとって、カザフスタンは未開発の貧しい後進国だったのである。「カザフ人は会社も経営できず、コンピューターも使えず、ビルなど建てられるわけがない」。東トルキスタンのように、ひとえに中国の援助のおかげで、カザフスタンもまもなく開発と進歩の成果を謳歌できるだろう。

いまになって思うと、彼らはすでにこのころから私に関する情報を集めていたようだ。二〇一七年、共産党幹部は、私がこのように話していた時期の発言を先住民が〝体制の敵〟である明らかな証拠として見なすようになり、多くの場合、逮捕する理由に使われた。党の方針によれば、カザフスタンのシンパと見なされた者は誰であれ、〝危険な感情〟を抱いていることになる。〝脱急進化〟を図るために収容所に送るには十分な理由だった。

西側の国の人たちには、今日でもこんなことが起きている現実が想像できるだろうか。招待した客をお茶とビスケットでもてなし、わざと特定の話題について触れ、一八年後、当局に訴え出るため、相手の返事をこっそり書きとめておく。「この人物は危険かもしれない。逮捕せよ。彼らを拘束して破壊してしまえ」

東トルキスタンで暮らす中国人が訪れてきた客に外国について質問を始めたら、たいていの場合、それは善意に基づくものではなかった。その事実に気づき、まもなく地元の人間は、中国人と政治について話してはならないと学んだ。結局、私たちからもはや何も聞き出せなくなったとき、彼らが必要としたのはただひとつ、パスポートに押されたカザフスタンのスタンプだった。それだけで〝過激主義〟を証明するには十分だった。

祖父の死

患者の脈を確かめているときだった。電話に出るように看護師に声をかけられた。母からの電話だった。「早く帰ってきて。お祖父さんの調子がよくないんだよ」。祖父は孫全員と親戚をベッドのかたわらに集めると、「自分の命もあと数日だ」と告げた。

「そんなことはない」と驚き、「まだまだこの先もずっと生きていけるわ」と言い返した。馬に乗り、祖父が近隣の村に住む友人に会ってきたのはつい最近の話だ。生涯一度も医者にかかったことはなく、薬を処方されたこともない。歯は一本も失っておらず、真っ白に輝いている。一八九七年に生まれ、年齢は一〇〇歳に達していたが、家族全員が祖父の死に言葉を失った。すでに長い人生を生きてきたが、この先も私たちといっしょにずっと生きてほしいと心から願っていたからだ。

どれほど貧しくても、カザフ人は亡き人を称えるために追悼の宴を盛大に催す。女たちは故人のために哀歌を歌いながら料理を用意し、生前、祖父に指名された男たちは遺体を清め、祈りを捧げたあと、亡骸を白いリネンに包んだ。ほかの者は遺体を木棺に移して、見事に飾り立てられた墓に埋葬する。村の墓地は山腹にあり、メッカの方向を確かめてから棺を墓に納めた。

さみしかったが、家族といっしょにずっと喪に服してはいられない。仕事に戻らなくてはならない。だが、しばらくのあいだ、患者の治療に専念できる心の余裕はなかった。自分にとって祖父の存在がどれほど大切で、その祖父を失い、大きな喪失感を抱えているのか私は痛感していた。いつもどおりに働けるようになるまで何日もかかった。祖父には山々の水をこんこんと湧き出させていたあの泉のような、無垢《むく》で清らかな美点があった。

カザフ人にとって、故人が埋葬された墓が神聖なのは、先祖が埋葬されている場所こそ私たちの家だからである。だが、いまの私に祖父の墓を見つけることはできるだろうか。祖父の死から二〇年、北京政府はイスラム教にかかわるものはすべてテロに関連していると決めつけ、二〇一七年には、イスラム教を象徴するものはひとつ残らず排除するよう先住民に命じた。排除の対象は、イスラム教のシンボルである三日月と星から故人の墓石にまでおよんだ。

カザフ人のなかにも、一家の墓を進んで取り壊そうとする者がいた。とくに古参の共産党員に多く、党の機嫌を取るためだった。そのせいで一族のあいだで深刻な対立が生じ、多くの人間関係が引き裂かれた。

このとき破壊の波を逃れられた墓地は、その後、町の業者によって大半が更地にされてしまった。多くの大都市では「もっと土地が必要」であることを理由に、当局は自分たちの決定を正当化していた。遺体を墓から掘り起こし、中国式の墓地に埋葬しなおすよう強制された地区もあった。こうして、祖先が残してきたあらゆる痕跡が消し去られてしまった。

私たちが気づくはるか以前から、老人たちは、地平線上に砂嵐の到来を告げる暗雲が立ち込めている事実に気づいていた。危険が迫りつつあったにもかかわらず、私たちの世代はそれに気づくのがあまりにも遅すぎた。

はじめてのキャッシュカード

胸を高鳴らせながら、私は生まれてはじめてキャッシュカードを受け取った。口座にはすでに毎月の給料五〇〇元が預金されている。しばらく前から病院の夜間勤務を始めていたので、月額給料のほぼ半分の金額がさらに稼げるようになり、うれしいことにその分については、銀行の窓口で現金で渡されていた。

私には口座のお金は必要なかったので、バスに飛び乗ると実家に帰り、父の困惑した顔などおかまいなく、「この口座に毎月の給料が振り込まれるの。このお金で欲しいものはなんでも買って」とその手にキャッシュカードを握らせた。父は心からの感謝とともに、そのお金を妹たちの学資として使った。

かわいい服や贅沢品を買えるだけの給料はもらっていた。友だちのなかでは、いちばんおしゃれだと思われ、「本当にあなたらしいスタイルだわ」とよく褒めてくれた。たしかに私は自分らしいおしゃれを心がけていた。高価な生地を使った服をいつも着ていたのではなく、トルコの商品を扱っている友人が営む店で、自分の好みに合ったちょっと変わったデザインの服を着ていた。

知人の女性の大半は、高価なブランド物の服やグッズに憧れているので、結局、みんな同じように見えてしまう。私はほかの人たちに差をつけたかったので、周囲が暗い色の服を着ていれば、明るい色の服を好んで身につけ、短いスカートが流行《はや》れば、逆に長いスカートをはいていた。友だちからよく、「そうした服はどこで手に入れているの。私も一着欲しいわ」とうらやましそうに聞かれた。

ショーウインドウに映る自分の姿を見たり、学界の司会をしたりしていると、時折、自分のかつての夢はジャーナリストになって、世界中を旅することだったと考えるときがあった。ひょっとしたらこれから別の道を歩み出せるかもしれない。しかし、そうした夢は文字どおり〝遠すぎた橋〟のように思え、その後の人生のある時点で、そうした夢はどこかに埋めた。おしゃれが好きという点を別にすれば、そのほかのことにお金を使っている時間はなかった。

仕事が終わると、寄宿先の家の家事で慌ただしい時間を過ごしていた。親戚夫婦は要職にあったので、夕食会や結婚式に頻繁に招待され、週日の夜や週末はたいてい家を留守にしていた。「ちょっと行ってくるけど、すぐに帰るわ。二人の子供の面倒と部屋の片づけをお願いね」とよく言われた。

めったになかったが、自由に過ごせる夜もあった。そんなとき私は、伯母の許可を得て外出していた。私が大の踊り好きで、品行方正な人間であることは彼女も十分に知っていたので、何も言わずに許可してくれた。だが、彼女は私に言うかわりに、実家の両親に電話して自分の不安を口にしていた。「お父さんたちはどう思います? サイラグルは夜の八時に友だちと二人でクラブに踊りに出かけたがっています。彼女のことで、私たちがあれこれ言われるのだけはどうしても避けたいし――そんなことになれば、私たちの世間体にも傷がついてしまう――」。娘たちの生活も評判も、父母のもとでいっしょに暮らすことで保たれていた。その両方を危険にさらせはしない。

すぐに私の携帯電話が鳴った。母からだ。母の確認が始まり、いっしょに行くのはどんな家の娘で、どこのクラブに行くのか、二人とも何時に帰ってくるのか。「わかったわ。でも、行儀よくしていなさいよ。それから遅くならないように。一〇時前には帰ってきなさい」と電話の向こうで母が何度もため息をつくのが聞こえた。

家を出てから何年もたち、私は二二歳になっていたが、両親はいまだに娘の評判を守ることに汲々としている。娘の名誉にちょっとした傷でもつこうものなら、汚名は親にもおよぶ。友人のグリナと私は精いっぱいおしゃれをしていた。真っ赤な口紅に、たっぷりのマスカラ、とかした髪の毛はツヤツヤ輝いている。お気に入りの服を着て、靴はハイヒール、その姿でクラブのフロアに出ていく。色とりどりの明かりでライトアップされたドライアイスのミストのなかで、私たちは大好きな「モダン・トーキング」の曲に合わせて踊った。

フロアで踊っている最中にも電話が鳴った。「時間を忘れないでね。お世話になっている伯母さんを心配させないでね」と母は言う。結局、踊っているあいだ、何度も時間を確認した。一〇分がたった。シンセサイザーとエレキギターに合わせ、「君は僕の心で、僕の魂だ――」と歌う声が聞こえる。ディーター・ボーレンとトーマス・アンダースが組んだドイツのポップデュオ「モダン・トーキング」は当時、私の大のお気に入りで、私にとってドイツといえば、モダン・トーキングを意味していた。中国では現在、政治と無関係な西側の音楽がふたたび禁止された。言論の自由、自由な討論とともに、西側はまたもや中国の敵だと見なされている。自堕落な快楽にふける西側は彼らの非難に値した。

困難な時代に備えて

病院の仕事に私は全力を尽くしたが、勤務を終えたら今度は寄宿先の掃除や料理、さらに夜遅くまで子供に勉強を教えなくてはならなかった。伯母のような傲慢な人物の目には、私がどれだけやろうが彼女の眼鏡にかなわないことに私自身、なかなか気づけなかった。

おそらく伯母の不満は、私事は二の次で、まず政府と共産党、社会に忠誠を尽くす大切さを説くこの国の政治に根差していた。党はそうした考えを、歌を使い、学校に入る前からこの国の人間に徹底的に叩き込んできた。こうした教えのせいで、人によっては自分に正直な人間を疎んじ、本人も気づかないまま、自分を見習えと他人に押しつける者もいたのだ。

遠縁の者の家で暮らすという問題を抱えていたが、私自身は献身的に仕事に励み、誠実さと野心を忘れずにいた。悩ましい勤務後の問題については、なるべく考えないようにしていた。私は自分に対し、きわめて高い規範を課していた。努力をすればするほど、人は私を評価して大切にしてくれる。私はその事実を子供のころに学んだ。それに、優秀な人間の一人になりたいといつも願っていた。日々成長して、自分をさらに高めていきたかったのだ。

「今日の夜は外出してもかまわないわよ」と伯母が気前よく言ってくれた。「あなたのお父さんはここにいて見ていないのだから」と冗談めかして言って、「一二時までには帰ってきてね」と許可してくれた。だが、私が外出すると、伯母は喜々として母に電話をかけた。自分が許したにもかかわらず、わざわざ母を起こしてまで、私がクラブに行ったと告げていたのだ。「もう一〇時だけど、サイラグルはまだ帰ってこないのよ――」

もちろん、母は驚いて何度も電話をかけてきたが、その夜、私はあまり注意を払っていなかった。踊ることに夢中で、しかもクラブには音楽が鳴り響き、電話がかかってきたことさえ気づかなかった。着信を知ったのはクラブを出たあとで、時間はまもなく深夜一二時になろうとしていた。やつぎばやの質問だった。「どこにいるの。心配で眠れなかった。お前の電話をずっと待っていたんだよ。どうして電話を寄こさないの。伯母さんもおろおろしている。あの人は私たち親のことをどんなふうに思っているだろうね」。今夜の外出を母が知っていることに不意を突かれ、私はとたんに気がとがめた。

「母さん、落ち着いて」

「サイラグル、お前が夜出歩いていると、お母さんはもう心配で眠れないんだよ」

この一件以来、クラブに行くことは諦めた。自分の行状のせいで親たちに迷惑をかけるわけにはいかない。親に逆らうなど考えもしなかった。夜遅く帰宅して、家族に不名誉な思いをさせたことで、気の滅入る日が何日も続いた。

一二時間の夜勤を終えて帰宅すると、私は寄宿先の一家全員の洗濯をして、さらに買い物に行って料理を用意してから、ようやくベッドに入って泥のように眠った。ほかの人たちがいる席では、伯母は私のことを褒めちぎった。金のアクセサリーで飾られた手を私の肩に置き、客に向かって、「きれいな子でしょう。本当によく面倒を見てくれる姪よ。この子がいてくれて心から感謝しているわ」。

そう言われて私も悪い気はしなかったが、しばらくすればふたたび伯母の気紛れに翻弄されることになる。

「もっとちゃんと働いて。もっといい点が取れるように、子供たちの勉強を見てちょうだい」。あるいは「家の掃除はもっとていねいにやって」。息子たちの勉強についてはできる限りの面倒を見て、掃除も徹底的にきれいにした。だから、こんな不当な要求は素直に認められなかったが、もしかしたら、自分がまだ至らないせいなのかもしれない。すっかり自己嫌悪にとらわれ、いろいろなことを考えているうちに袋小路に入り込んでしまったが、伯母には決して言い返したりはしなかった。自分の怒りは常に押し殺すようにしていた。言い返してしまえば、取り返しのつかないことになってしまう。

一家は私を道具、つまり自分たちのほうが強者だと確認する道具として私を見なしていた。振り返ってみると、彼らと過ごした日々は、その後の私の人生に降りかかるさらに高いハードルや障害を乗り越えようとするとき、得がたい訓練になったと思える。中国のような社会で生きていくには自分を甘やかしてはならない。みずからの手で問題の解決に取り組まなければならないのだ。

西側の国で暮らすようになってから、甘んじて受けてはならない屈辱もあると考えるようになった。とはいえ、父や母のためには、なにごとも最善を尽くしてきたと心から信じている。カザフ人にとって、家族にまさるほど大切なものはない。その家族のために自分がやってきたことに対して、私は後悔などしていない。自分が体よく利用されたとか、ほかの兄弟や姉妹たちのほうが優遇されていたなどと考えたこともなかった。それどころか、十分な援助ができたのかどうかいつも考えていた。

それでもなお、あの伯母たちとの暮らしを考えると、さっさと荷物をまとめて家を出てしまい、自分の自由をもっと意味あるものに使うべきだったと考えてしまう。しかし、失った時間は取り返しようがない。

再出発

ある日、前触れもなく父が私を訪れてきた。顔色が優れない。やつれたように見えた。「お母さんが重い病気になってしまった。家に帰ってきて、面倒を見てやってもらえないだろうか」。兄や姉たちはいずれも結婚して、別のところで暮らしている。妹たちはまだ学生で、こちらも面倒を見てやらなければならない。判断に苦しむ状況だった。

どうすればいいのかわからないまま、勤務表を父に見せた。「見て。勤務時間は一カ月前に決まってしまうの。バスで毎日通勤することはできないわ」。勤務先の病院まで村からおよそ五〇キロ。解決策はひとつしかない。「病院を辞めたほうがいいようね」と私は口にしていた。

白髪が増えた頭を父は悲しそうに振り、「サイラグル、お前にそんな決断をさせることはできない。そんなことをお前にさせるわけにはいかない」と言った。だが、もはや考える必要はなかった。実家がある村をはじめ、どこにいてもかなりの給料は稼げるだろう。しかし、しかるべきときに助けてあげられず、そのせいで母に何かあったら悔やんでも悔やみきれない。高い給料をもらい、仕事を心から愛して大切にもされていたが、医者として二年勤務してきた病院を私は退職した。

カザフ人には、子供は親を絶対に見捨ててはならないという不文律がある。普通、いちばん年少の息子か娘が生活をともにして年老いた親の面倒を見る。

幸いなことに私は、自分が失ったものに対してすねたり、いつまでもふさぎ込んだりするようなタイプではなかった。

故郷に帰る

母の容体は芳しくなかった。体がだるく、胃の痛みを絶えず訴え、スープを飲むのもやっとだった。痩せ衰えてベッドに横たわり、生気が感じられない。慎重な手つきで枕を整えると、その夜、私はかたわらで見守っていたが、母の眠りは浅く、寝たり起きたりしている。翌朝、父に「きちんと看病できる時間がいるわ」と話した。働くなら、時間の融通が利く仕事でなくてはならなかった。

村では医者の募集はなかったので、私は教員訓練をただちに受けることにした。教師を選んだのは単純明快で、中国語を話せる地元の人間ならどこでも引く手あまただった。以来、私はアヤズの小学校で六歳から一三歳のカザフ人の子供を相手に中国語を教えた。私は副校長だった。

そうしているあいだも、私は母を連れ、大都市の病院を行き来していた。しかし、どの医者も母の潰瘍を治せなかったので、モンゴルの伝統医療の治療師を探し出した。「潰瘍はバクテリアが原因だ」と診断をくだすと、各種の薬草とお茶を配合した薬を処方してくれた。一週間後、母の潰瘍は治った。

西側世界の人たちには奇異に聞こえそうだが、二〇〇一年九月一一日にイスラム過激派がニューヨークのワールドトレード・センター・ビルを攻撃した事件について、私たちの村ではほんの断片的な情報しか伝わらなかった。いまにして思えば、その後北京政府が世界的な対テロ戦争を始める際、この事件は東トルキスタンにそれまで以上の苛酷な弾圧を加えるうえで、取って付けたような根拠を授けることになった。イスラム教を弾圧するまたとない口実に使われた。

それまで、先住民には中国共産党に入党するかどうかの選択権があったが、このころから公的機関で働く若者にはもれなく入党が義務づけられることになる。私も二〇〇一年七月一日の時点で、嫌々ながら党員に加わっていた。

東トルキスタンのウイグル人にイスラム過激派だという烙印を押すことなど、北京政府にとってはわけもないことだった。ウイグル人のなかにはきわめて篤い信仰心を持つ人たちも少なくなかったからである。北京政府はこうした信者の存在に巧みにつけ入り、少数派であるムスリムを一人残らず抑圧する道を用意していった。

蹂躙されていく母なる大地

中国人が東トルキスタンに目をつけたのは地政学上の理由だけからではなく、この地に眠る膨大な資源が理由でもあった。原油、ウラニウム、金鉱、鉄鉱石、世界最大の石炭鉱床がここには存在している。そして、東トルキスタンは労働力と鉱業、綿花栽培の中心地でもあった。

軍隊はだいぶ前に村から撤退していたが、二〇〇〇年前半以降、今度は中国の建設業者が山から原材料を奪っていった。黒い鉱物を採掘すると、兵士たちを使って無人の兵舎にそれらを運び込んで加工していた。

「給料のいい仕事があるぞ。希望者はいないか」。新しく来た建設会社の人間が村人に声をかけていた。そのひと言を聞いただけでおかしいと警戒すべきだったのは、たいていの場合、割のいい仕事は中国人が独占して、そんな割のいい場所で働けた村人は一人もいなかったからである。しかし、村の若者にはどうしてもお金が必要だった。彼らはその話に乗り、昼夜を問わずに働き、三交代などおかまいなしに働きつづけることさえ珍しくはなかった。

壮健な若者はたちまち体を壊してしまった。粉塵まみれの空気が彼らの肺を蝕み、せき込むたびに血を吐いた。屈強な若い体は老人のように弱って痩せ衰え、白目は黄色く濁っていった。肝臓は毒素をすみやかに排出できないほど弱っていた。まもなく、彼らのほとんどは、最も簡単な仕事さえできなくなった。そして、そんな状態から回復できた者は一人もいなかった。

中国企業は村を破壊しただけではなく、ダイナマイトを使い、背後にそびえる山さえ少しずつ吹き飛ばしていった。

しかも爆破は二四時間おかまいなしで続けられた。轟く衝撃と爆破音のせいで生きた心地がしない。テーブルの上のコップはガタガタ震え、爆破と同時に砕石物を積んだトラックがうなり声を立てて村道を往復し、車の往来は昼夜やむことがなかった。

山の富に対する中国人の執着は尋常ではなく、化学薬品にさえ手を出すようになった。ある日、何の前触れもなく、なんとも言えない異臭が風に乗って山から降りてきた。村人は脅えて、「毒だ」と口々にささやき合った。それからしばらくして一本の川が干上がり、村はまたしても貴重な命綱を失ってしまう。

どこを見ても、破壊され、傷ついた大地しか残っていない。「何もかもなくしてしまった。牧草が消え、家畜もいない。平和も、聖なる山々も消えてしまった」と老人たちは嘆いていた。この村で暮らしていくことは、文字どおりできなくなり、多くの村人がリュックサックを担いで土地をあとにした。だが、私たち家族は村を離れなかった。

私たちにとって、山々と土地の風景は侵してはならない神聖なものだった。私は亡くなった祖父のことを考えていた。「ここはわれわれの故郷だ。自分の家のような土地を、誰がずたずたに破壊することができるのだ」と祖父は怒っていた。多くの人が静かに涙を流し、失われた母なる大地を悼んだ。何世紀にもわたり、この大地は私たちの祖先を養ってきてくれたのだ。

私は物思わしげに窓の外を眺めていた。私が子供だったころ、この草原は野生のチューリップや香り高いハーブ、ポピーが見渡す限り咲き乱れていた。松の枝や葉陰には無数の鳥や生き物が暮らしていた。鳥も動物もみんなどこに行ってしまったのだろう。夏になるとこの肥沃な土地で農民は果物や穀物を育て、牛のために干し草や藁《わら》を用意した。しかし、本書の刊行準備を進めていた二〇二〇年以降、こうした耕地の大半が休耕地になり、雑草が生い茂っている。畑を耕す農民がほとんどいなくなってしまったのだ。共産党はそれほど多くの農民を収容所に送ってきた。中国人たちは、投資することによってこの地への侵略に乗り出し、彼らが通ったあとは破壊が急速に進んだ。

同じ二〇〇〇年代前半ごろ、友人たちはカザフの高名な歴史家ハジホマル・シャブダンが書いた有名な小説『罪』をひそかにまわし読んでいた。「読んでみて」と親友のグリナがささやいた。「私たちの国について語られている物語には、二つの物語があることがわかると思う」。ひとつは東トルキスタンについて書かれた真実の物語、そしてもうひとつは中国によって捏造《ねつぞう》された東トルキスタンの物語で、新疆は昔から中国の一部であり、中国と分かちがたく結びついている。私も子供のころからその話を聞かされ、話にまちがいはないとずっと思い込んでいた。

驚いたのは、中国人が見せしめのため、カザフの英雄の首を橋から吊したという話を読んだときだった。一九三三年に建国された東トルキスタン共和国の崩壊が、いわゆる「グレート・ゲーム」と呼ばれた時代のことで、東トルキスタンの帰属をめぐり、イギリス、中国、ソ連が覇権を競い合った事実を知った。共和国の崩壊から一〇年後の一九四四年、ウイグル、カザフをはじめとするムスリム勢力が結集し、第二次東トルキスタン共和国の独立をイリで宣言する。第二次東トルキスタン共和国は、この国の主席が前触れもなく謎の失踪を遂げるまで存続した。

自分たちの真の歴史を私ははじめて垣間見ることができた。この有名な本の著者は五〇年以上の年月を獄中で過ごし、短い期間だったが自由の身になれたものの、二〇一一年にタルバガタイの刑務所で死亡している。この本を書いたことによる受難の死だった。

自由が認められている国では、自分たちの過去に向き合う機会――自己批判したり、原因について何年もかけて調べたり、その過去を悼むこと――は当たり前のものとされているが、それは私たちには認められていない機会だった。

独身を貫く決意

結局、私には物事を前向きに考えるほかに術《すべ》がなかった。楽観的に考えなければもがき苦しむか、やがて身動きが取れなくなっていたかもしれない。当局は絶えず障壁となって私たちの前に立ちはだかっていたが、「だいじょうぶ。私ならきっとうまくいく」と自分に言い聞かせていた。「本当にそう?」と疑う内心の声が聞こえることも何度かあったが、とにかく前向きに考えてそんな声を抑え込んできた。

やはり、私は根っからの強運の持ち主だった。カザフ人の子供に教える新しい仕事を心から楽しめたからである。そして、教員訓練を受けていなければ、夫のワーリとも出会えなかった。二〇〇二年七月、四週間の予定で行われる教員訓練を受けるため、私はイリ地区の中心都市グルジャ市に向かった。イリ地区にある一一の行政区の教師が訓練のためにこの町に集まっていた。

それから何年も過ぎたころ、ワーリは二人の子供に、私たちがどんなふうに出会ったのかをよく話して聞かせた。「お父さんが仲間といっしょに研修センターの外に立っていると、先生たちを乗せた車が入ってきた。車から降りてきたお母さんをひと目見て、お父さんは呪文にかかったようにうっとりしていた。信じられないくらいきれいで、この人は誰だろうと考えていた」

私がどんな服を着て、どんな靴をはいていたのかまでワーリは正確に覚えていた。「ふんわりとした長いサマードレスで、とても洗練された色とりどりの柄だった。ハイヒールをはいていた。長い髪はつやつや光って、膝のあたりまであった」。当時の私の体形まで覚えていた。「ほっそりとして繊細で、アーモンドのような目で、きれいに化粧をしていた」

私はといえば、入口に立っている男の人たちには目もくれなかった。自分はたぶん結婚しないまま生涯を終えると、そんなふうに常々思っていたからである。自分の家庭を築くとは考えておらず、両親と妹たちのために全力を捧げるつもりだった。

私たちの教室には三〇人の教師がいた。そのなかから、私はワーリの存在に気づいた。どういうわけか、この人は特別だという直感があった。不思議なことに、彼の声には聞き覚えがある。だが、顔を見たのはこれがはじめてだ。まじまじと見ると——もちろんこっそりとだ——ほかの人よりも魅力的だ。背はどちらかと言えば高いほうで、髪の毛は真っ黒、丸くて人懐っこい顔をしている。赤いシャツに薄手の黒いジャケットを着ており、ジーンズに黒い靴をはいていた。休憩時間中には、長方形の小さなブリーフケースを小脇に抱えていた。当時、流行っていた鞄だった。

四週間の研修が終わると、どの教員もそれぞれ担当する学校へと帰っていった。ワーリと私は並んでバスに乗った。彼の目的地はバスで二時間ほどのところにあるはずだが、彼はそこでは降りず、さらに四時間乗りつづけて私の村までやって来た。「どうしたのかしら」と思ったが、「たぶん、この村で何か用事でもあるんでしょう」。

その日、彼は夜になってもまだ村にいた。翌日も村で彼を見た。この村に住む彼の知人の家で過ごしていたという。その日は休日だったので、別に不思議な話ではないだろう。何度か彼から電話があった。「家にいるの？　よかったら会わないか」「村に何か用でもあるの？」と聞いた。仕事の関係でこの村に残っているはずだと私は考えていた。ほかに理由は思いつかない。ワーリは別のことを考えていたようだが、彼が女性としての私に関心があるなどまったく思いもしなかった。同じ教師として、気をつけて帰るように電話で伝えた。

八月になると、彼は毎週のように私のもとを訪れるようになった。何カ月も続くこの訪問を村の人たちは好奇心でワクワクしながら見ていた。もっとも二人が話すのは、仕事や生徒への教え方といったごく普通の話ばかりだった。私たちは基本的な部分でとてもよく似ていた。彼は親切で誠実な人柄で、自分の考えを率直に語っていた。しかし、私は友だち以上の感情は彼に対してはまだ抱いていなかった。

それから数週間、私は別の用件で慌ただしい毎日を過ごしていた。実家を全面的に改修して、さらに増築工事をしていたからである。この増築のために、私と弟のサウレットは以前からお金を貯めてきた。もちろん、村の誰かが何か新しいことを始めれば、ほかの村人もとたんに興味に駆られて同じことを始める。村のいたるところで、金ヅチや杭を打ち込む音が響くようになった。

工事が終わると、それに合わせてすべての部屋に新しい家具や電化製品を置き、インターネットを引いて、薄型の大きなテレビを設置した。そんなことで時間を取られていた。

ワーリが勇気を出して、私に対する深い思いを告白したのはその年の一二月だった。いまでもそのときのことを思い出すと、私は吹き出さずにはいられない。私たちは向かい合って座り、二人ともガチガチになって顔を真っ赤にしていた。

そのころには二人ともすっかり打ち解け、たがいのものの考え方や気質を理解し合っていたが、彼がはじめて結婚について触れ、ていねいにも二人とも結婚するには十分な年齢に達していると指摘してくれたとき、私はついうっかり、「じゃ、すぐに結婚しなくてはならないわ」と答えていた。

そう口にした瞬間、恥ずかしくなって私は下唇を噛んだ。「いけない。こんなとき、どう答えたらいいのだろう」。友人の多くはすでに結婚して子供もいる。それに、彼という人間が申し分ないのは疑いようがない。動揺から立ち直った私はにっこり笑うと、少し考えさせてと彼に答えた。

二人のことがすでに村中の噂になっているのは気づいていた。私にはためらう理由はなかった。まもなく私たちは婚約者同士のようにふるまうようになり、パーティーや公的な集まりにいっしょに出向くようになった。このころの私は本当に幸せだった。自分の部屋でモダン・トーキングの曲を大きく鳴らし、ひたすら踊っていた。ただ、私の知らない事実がひとつあった。村のほぼ全員が知っていたが、実はほかに二人の若い女性がワーリを追いかけていたのだ。二人は結託していたわけではないが、私を追い落とそうと、ワーリは私ではなく、自分たちのうちのどちらかとまもなく結婚するという噂を広めていた。

恋のつばぜりあい

結婚もせずにキスを交わすなど、私たちカザフ人の文化では考えられず、抱き合うような親密な関係にもならなかった。そんなことにでもなれば、耐えられないほどの罪悪感と自責の念にさいなまれる。ワーリと私もぎこちなく手をつないだり、たがいの写真を撮ったりするのが精いっぱいだった。

私たちの仲を裂こうとしていた女性のうち一人は市の助役を務めていた。年齢は私よりたぶん五歳上で容姿にも恵まれ、しかもとても尊敬されている名家の出身だった。ワーリがアクスの町の学校で教えはじめ、自分の家を建てて暮らすようになった直後から、彼の勤勉ぶりが彼女の目をとらえた。

このころ、彼女はワーリのために料理や洗濯をしていたので、彼の花嫁レースでは、自分こそまぎれもない筆頭候補だと信じて疑わなかった。それどころか、彼女は詩を書き、歌を歌うなど、芸術的な才能にも恵まれていた。これほどの女性からの求婚に抗える男性はいるのだろうか。だが、状況は彼女が考えたようには進まなかった。仲介者を通して彼女から私にメッセージが届いた。自分はワーリと結婚したいから、ただちに彼から手を引くべきだという話だったが、私は無視した。

それからしばらくして、教師の会合が別の町で開催された。私はもちろん、彼女もその会合に出席しており、講堂でばったり出くわした私たちは話を始めた。彼女から、「ワーリからはもう結婚を申し込まれているのよ」とあっけらかんとした調子で打ち明けられた。私は地面が裂けるような衝撃を受けた。ショックが収まらない。「それが本当なら、これ以上ワーリとつきあうつもりはありません」と私は答えた。肩をがっくり落としていたが、声が震えないよう必死にこらえていた。「私は人の仲を裂くような人間ではありません」。こんな話が父や母の耳にでも伝わったらと考え、私はいたたまれなかった。自分の娘たちに対して、父と母が生涯にわたって教えてきたのは、謙虚さと礼儀正しさだった。「自分の行いにいつも考えをめぐらし、自分のひと言ひと言についてきちんと判断しなさい」。自分や自分の家族が非難されるような言動は、決してしてはならなかった。

会合が終わると、私たちは礼儀正しく言葉を交わして別れた。大急ぎで家に帰った私は猛烈な勢いでワーリに怒りをぶつけた。「それほど彼女が好きでプロポーズをしたのなら、私たちの約束はたったいま終わりにしましょう」。彼は首を激しく振ってこう言った。「違うよ。そうじゃない。彼女の話は嘘だよ。君にはなにひとつ隠し立てはしていない」。実際、家事を手伝ってもらったことはあるが、自分にとって彼女は家族のような存在で、「君のように結婚したいと思わせる女性ではない」とたどたどしく説明した。「わかったわ」と私は昂然として答えたが、その声がうれしそうに聞こえないかと心配した。

それからしばらくして、学校の用事で都会に出ることがあった。用事の前に軽い食事をすませようと店に入って席につき、フォークで麺料理を食べようとしたそのとき、私のもう一人のライバル——ワーリを慕っている女性がほかにもいるとは知らなかった——が、私のほうにつかつかと向かってきた。グルジャ市の学校に通う女性で、怒りのあまり顔が蒼白だった。「なんて汚らしい手を使うの。ワーリは私の婚約者よ。あの人と結婚するのはこの私なの。これ以上、手を出さないでちょうだい」

背が高く、ほっそりとしたとてもきれいな女の子だった。本当にきれいで、私など足元にもおよばない。私と同じように、彼女も長い黒髪をしており、その髪を背中からゆったりと垂らしている。気がとても強いタイプの女性であるのもひと目でわかった。その点でも私は彼女の足元にもおよばなかった。

「何度言えばわかるの。ワーリは私のものなの。手を引かなければ、あの人たちに本当のことを話してもらうわよ」と言って、店の入口のほうを振り返った。そこにはシャツにジーンズ姿の柄の悪そうな二人の男が立っていた。私は用心深く周囲に目をやった。ほかの客たちはなにごとかと私のほうを見ている。

彼女がなんとわめこうと、私は自分とはなんの関係もないふりをしていたが、実際はこれ以上ないほど警戒していた。こめかみの血管がズキズキと脈打っていたが、なにごともないように食べつづけることに専念した。音を立てないようにフォークを使って口に運び、ゆっくり嚙んでから飲みくだすように努めた。

「消え失せたほうが身のためよ。さもなければ、私の友だちが承知しないから」と相手は片方の手を腰に、もう一方の手は頭のうしろに置きながら声をあげた。ほかの娘ならすぐに逃げ出してしまうだろう。しかし、私はそれほど簡単に怖じ気づきなどしない。私は怖いもの知らずだ。父からはどんな状況でも、落ち着きを失ってはいけないと言われて育てられてきた。そして、その冷静さが明らかに相手の怒りをますますかき立てていた。「私の話が聞こえないの」。それでもなお、相手のことなどまったく意に介さずにフォークを使いつづけていた。そのときだ。彼女は料理が載った私のプレートをつかみ取り、それをほかの客が見ている目の前の床に叩きつけたのだ。

周囲の人は聞き耳を立てており、何が起きているのか気づいている。耐えがたいほど気まずい瞬間だった。衆人環視のなか、私の顔は警告灯のように紅潮していたはずだ。みんなが私の顔を覚えた。一人の男をめぐっての大騒ぎだ。私はジャケットをつかむと、煮えくり返る思いを抱えたまま店を出ていった。

家に帰っても、怒りはいっこうに収まらない。私は机に向かい、紙を突き刺すような勢いでワーリに手紙を書いた。「この前の話はいったいなんだったの。今度の女性と何か関係があるなら、いますぐに来てきちんと説明をしたほうがいいようね。それまで関係は絶ちます」。「関係を絶つ」という言葉が雷鳴のように頭のなかで鳴り響いたが、心のなかで私は依然として怒鳴り声をあげていた。「後悔して当然、天罰よ」。大勢の人の前であんな扱いを受けたのも、もとはと言えば彼のせいだった。そのせいで私はあんな恥をかかなければならなかった。

それから数日、私は手ぐすねを引いて待っていた、ワーリが良心にさいなまれ、私の慈悲にすがる姿を想像していた。しかし、彼はいっこうに現れず、時間だけが過ぎていく。考えないようにすればするほど、ますます「どうして」という思いにとらわれる。どうすればいいのだろう。心のなかで彼の顔を思いつづけた。どうしても忘れられない顔だった。

なぜ、連絡を寄こさないのだろう。そのとき、私は突然気づいた。私が欲しいのはこの人であって、ほかの誰でもない。嫉妬の火が全身の血管を貫いた。まんじりともせずに夜を過ごし、胸の鼓動は高鳴りを続ける。こんな思いに駆られたことはそれまでになかった。ワーリは私がはじめていっしょにいたいと願った人であり、いっしょに人生を築くことを思い描いた最初の人だった。二人の関係をこんなふうに終わらせるなど決してできない。

どうしても彼と話をしたかったが、自分のプライドが許さない。彼の電話番号を記したメモを取り出し、受話器を手にして番号を押すが、そのとたん熱湯に触れたように慌てて受話器を戻した。もう一カ月も顔を合わせず、言葉も交わしていない。

ポケットをいっぱいに膨らませた男の子が私の部屋に現れたのはそのころだった。

小さなメッセンジャー

その男の子は懇願するような表情で私の前に立っていた。「お姉ちゃん、お願いだよ。お姉ちゃんと話したいという人が外で待っているよ。行って、会ってやってちょうだい」。たぶん暇を持てあました近所の人なのだろう。たいした用事とも思えなかったので、私は断った。「だめだめ。忙しいから、いまは無理。あとにしてね」。その子は泣き出しそうな顔で膨らんだ自分のポケットを叩いた。「お姉ちゃん、お願いだから僕といっしょに来て。連れてこないと、このお菓子を全部返せって言っているんだ」

かわいそうになったので、いっしょに家の入口に向かった。ドアの隅からワーリが笑いながら顔をのぞかせていた。

「謝ろうと思ってやって来た」と彼のほうに向かっていく私に、ワーリはそう声をかけた。「すべて君の望みどおりにしてきた」

私は心から喜んでいたが、そんな思いを悟られないよう、何も聞こえないように眉をあげ、昂然としてその場に立っていた。狼狽したワーリは自分から話を始めた。「たしかにあの娘のことは知っていた。何回か会ったことはあるが、特別な関心を彼女に感じたことはない」。私が顎を上にそらすごとに、彼の口からますます慌てて言葉が出てくる。「彼女とは誓って何もないし、自分の気持ちをあらためてはっきり伝えておいた。お願いだ。もう許しておくれ」

正しい言葉を必死になって探している。この人は私が願っていたものをすべて備えている。職業は申し分ないし、性格もいい。それに加えて憎めない愛すべき人間だ。私よりも容姿や社会的地位にはるかに恵まれた女性が彼との結婚を望み、いまでも彼を追いつづけている。ほかの誰にもこれほどの男性は譲れない。私の表情も徐々に和らぎ、目に生気が戻ってくるのがわかった。「いいわ。それじゃ結婚しましょう」。そんな言葉が口を突いて勝手に出てきた。

私たちは時間をかけてつきあってきた。出会ったのは二〇〇二年七月、しかし、結婚したのは二〇〇四年の六月だった。女性は父親を彷彿《ほうふつ》させる男性を無意識のうちに求めているとよく言われるが、それはやはり正しいと私は思う。ワーリと私の父は多くの点で似ていた。落ち着きがあり、冷静な判断ができた。私にとって二人はこのうえない助言者で、いちばんの支援者だった。もっとも、父が生きているあいだ、父は私の最も身近な相談相手であり、父に助けてもらうことによって、私はあらゆる障害を乗り越えてきた。

婚儀のしきたり

ワーリが私に気があることは、当然ながら両親もほかの人たちもずっと以前から気づいており、内心ではみんなやきもきして、なぜワーリはさっさとプロポーズしないのかと不思議がっていたはずだ。だが、私自身、とても頑固な一面があったので、私がどんな決断をくだすのか両親も確信が持てなかった。両親は結局なりゆきに任せることにして、機が熟すのを待った。

カザフの結婚式はとても複雑で、いくつもの祝宴が長々と続く。花嫁は自分の両親に結婚の意志を直接伝えられないので、私は義理の姉を両親の使者に立てた。そうやって次にワーリが彼の親戚に自分の意志を伝え、その親戚が私たち一家を訪れる。

私の兄がたまたまワーリについて知っていたので、使者を出迎えたその席で、「彼は本当に立派な人物だ。彼ならまちがいなく私たちの大切な妹を幸せにしてくれるはずだ」とうれしそうに声をあげた。この話を聞いて、すぐに私の婿選びの正しさが認められた。結納金と結婚式の日取りが決められ、それから結婚を祝ってみんなで杯を乾した。

カザフ人は、結婚式には惜しみなくお金を使う。お金がなければ、どこかから借りてきて両家でそれぞれ分担して準備する。二、三週間後、ワーリの親戚一同がもう一度私の家を訪ねてきた。両親への結婚祝いとして小さな馬を引いている。錆茶色の見事な馬で、口元の端綱《はづな》にはふわふわしたワシミミズクの白い羽根が飾られている。馬は怪訝《けげん》そうに耳をとがらせていた。私たちの結婚が正式に告げられ、料理や音楽、踊りでふたたび祝った。

数週間後、今度はワーリの両親が自分たちの村で次の披露宴を行ったが、花嫁の出席は許されていない。婿側の一族と知人は、結婚生活が楽に始められるよう、ワーリにお金をはじめ、テレビのような家財道具をお祝いとして贈った。

最後に私の家では、嫁入りのために入念な準備が始まった。友人や親戚が何百人も招待される予定だ。花嫁は夫の家に入るものとされ、逆の場合だと婿は笑い者にされ、意気地なしと呼ばれる。だが、嫁入りは両親との長くてさみしい別れを意味していた。

両親との別れ

花嫁の見送りは二〇〇四年六月一九日で、本番の結婚式とほとんど変わらないほど盛大なものだった。私はその日、飾りとして花をあしらった、蔓《つる》の刺繍が施された白いドレスを着ていた。両親の家の庭で、たぶん四〇〇人から五〇〇人の訪問客と嫁ぎ先の客と私の結婚を祝った。

この日のために、何頭かの馬と羊などの家畜が処分され、山と盛られた料理のせいでテーブルはたわむほどだった。お祝いのあいだ、客たちはずっと土地の歌を歌い、お祝いの言葉を述べたり、詩を朗読したりしていた。夜は夜で大きな会場を借りて祝宴が催された。主に若い人たちが集まって食べたり、踊ったりしていたが、私の自慢の両親も義理の親たちも参加していた。

祝宴が終わったあとも、さらに数日、家にとどまることが許されていた。毎朝、テーブルが置かれ、ほかの知人や親戚が訪れてきては私の無事を祈ってくれた。

明日、村をあとにするという最後の日の午後、家族はみな押し黙って物思いにふけっていた。父や母と同じように、私は未来永劫両親とともにこの家で暮らすものと、まったく疑わずに考えてきた。しかし、その私が明日この家を去っていく。しかも永遠にだ。家の空気は重く沈んでいた。両親にとって唯一のなぐさめは、弟のサウレットが二人といっしょに暮らしたがっていたことだ。

最後のお別れの儀式では、誰もが涙で頬を濡らしていた。楽団が演奏を続けるなか、客たちが新生活のために最後の贈り物をしてくれる。お礼を言う私の声は普段よりも甲高くて早口だった。まぶたが震えつづける。グリナも私の手を握りしめてくれた。彼女もしばらく前に結婚したばかりだった。そうしているあいだも、母は落ち着きなく行ったり来たりし、自分の目の届くところに私がいるのかを確かめていた。少しでも長く自分の娘の姿を目にとめたがっていた。娘を手放すと考えただけで母の気持ちは重くなり、娘の私も頭をうなだれてしょげ返っていた。

翌日の朝早く、ワーリと彼の親戚はアクスにある自分の両親のもとに私を連れていった。私たちが乗った車のうしろには、長い車列が続いている。伝統にしたがい、父だけは家にとどまらなければならなかったが、さみしい思いをさせないよう、妹の一人がついていた。付き添いとしてうしろの車に乗っているのは、母とほかの兄弟や姉妹だけである。いちばん最後のトラックには嫁入り道具が積まれている。

「これでようやく正式な夫婦になれる」と期待に胸を高鳴らせて考えたが、はじめての夜を迎えるまでは、まだまだ何日も大変な日を過ごさなくてはならなかった。

結婚式の日

二〇〇四年六月二六日、嫁ぎ先へと向かう四時間の旅の途中、周囲の山々や木々の緑は車列の背後へと徐々に消えていき、土地はますます平坦になって、乾燥したほこりっぽい風景に変わっていった。アクスの夏は実家の村よりも暑かった。以前からこの土地のことをよく知っていたのは、母方の親戚がたくさん暮らしていたからである。

一行はワーリの両親の家の前で停まった。広々とした中庭には、大勢の人たちが美しく飾られたテーブルを囲んですでに集まっていた。義理の母親は私の到着に合わせ、獣脂を火にかけて温めていた。私が到着したら素手で脂を取り、その手で私の顔に触れて挨拶をするためだ。私はにっこり笑った。それは自分が歓迎され、家族の一員として迎えられたことを意味していた。

ついに結婚式の当日である。赤のロングドレスは私のほっそりした腰を際立たせていた。頭にはビーバーの毛皮で飾られた、魔法使いの帽子によく似た先のとがった帽子を被っていた。帽子の高さは花嫁の純潔を象徴している。眉墨《まゆずみ》と口紅を塗った顔はベールで覆われている。ワーリは青いベルベットのジャケットを着ていた。ジャケットには動物をモチーフにした刺繍が施されている。魔法をかけられたおとぎ話の主人公のように、私たちはたがいに愛し合っていた。

歌うたいは、演奏の余韻がまだ響くなか、二弦のドンブラを脇に置いた。彼の前にひざまずき、私は嫁ぎ先の先祖たちのことを考えて緊張していた。周囲では親戚たちが全員頭をさげている。歌うたいが長い棒を使って、私のベールをゆっくりと持ち上げていく。

祝宴は挙式をあげたばかりの夫婦のダンスで幕を開け、夕方になると演奏や群舞、競技やゲームなどが繰り広げられる。夜の午前二時、全員でウェディングソングを歌い出した。その歌に送られ、親戚たちは私たちを家に案内していく。これがしきたりだが、その夜の手配はいささか普通の結婚式とは異なる。

実を言うと、招待客が全員帰るまで、新郎新婦がいっしょに過ごすことは許されていない。私の妹や親戚はワーリの実家に泊まっていたので、私もその部屋で眠って新婚初夜はまだ先の話だった。正直に言えば、私はあまり驚いてもいなかった。とにかくくたくたに疲れ果てていたので、横になったとたん、私はすぐに眠りに落ちた。

今日、実家の村境で撮影した結婚式の日の写真をあらためて見直すと、それが現実にあった話だとはどうしても思えない。二人ともとても若く、とてもきれいで、なにより本当に幸せそうだ。手をつないでたがいに見つめ合っている。写真の後景には、天山山脈の山と草原が広がっていた。

そして、私たちの結婚式のような伝統的な祝いの儀式が、それからまもなく禁止されるとは、そのときまったく考えてもいなかった。

奇妙な偶然

翌日、朝起きて花嫁として最初にする仕事は、客たち全員の朝食を作り、お茶の用意をすることだった。そのときだ。台所から義理の母親が大きな叫び声をあげた。「サイラグル、早く。あなたの家から至急の電話よ」。義母の声には胸が張り裂けそうな驚きが感じられ、私は不安に駆られた。

受話器を取ったが、妹が何を言っているのかひと言もわからない。泣きじゃくるばかりで、妹は声が出せなかった。「お父さんが倒れて、体中の痙攣《けいれん》がとまらないの」。昨夜、実家でいちばん立派な乳牛が倒れて死んでいるのが見つかった。そればかりか、結納として贈られた錆茶色の馬と犬が行方不明になっていた。激しいショックを受けた父は、その晩脳卒中に倒れた。顔面は麻痺《まひ》して、頭部は片側にゆがんでしまったという。

寝耳に水の知らせに、私たちは震え上がった。私の家族は朝食もとらずに大至急家へと帰っていった。母といっしょに帰りたかったが、私たちのしきたりではそれは禁じられていた。嫁いだ娘が実家に行くには、両親が私とワーリのために羊を処分して、正式な招待がなければ出向けなかったのだ。しきたりに背けば、私たち全員に災いが降りかかる。

しきたりを守ることは、不測の事態に遭遇したとき助けになるものだが、この場合、そのせいであらゆることが混乱を極めた。ワーリと私は彼の実家から動けずに、打ちひしがれていた。「サイラグル、お前にとってこれほどつらいことはないのはわかっている」と義父は言い、私たちがワーリの家で暮らすことを許してくれた。実家がある村にはあの家のほうが近い。「少なくともお前たちはいっしょにいられるだろうし、あの家だったら親戚から新しい話が聞きやすい」と義母もそう言って元気づけてくれた。

ひどく動転しており、ワーリの家にいてもはじめての夜とかロマンチックな口づけどころの話ではなかった。翌朝、父を病院に連れていく途中、弟のサウレットが立ち寄ってくれたので、つかの間だったが父に会えた。顔の半分が麻痺しており、それでも必死に何かを言おうとしているが、出てくるのは涙と何を言っているのかわからない声だけだった。悲しみのあまり、私は父の体を両手で抱いて、父娘ですすり泣いた。「もういいかな」とサウレットが割って入り、「いまはこの家で待っていたほうがいい。新しい知らせがあれば、あとで連絡するから」。

数日後、兄から連絡があった。「何が原因なのか、医者にもわからない」と言う。私はますます落ち着きを失った。ふたたび電話が鳴った。父についての新しい知らせかと期待したが、かわりに教えられたのは、父ばかりか母までもが重い病気になってしまったという連絡だった。「私にできることは何もないの。この家で手をこまねいて待っているしかないの」とワーリと私は絶望的な眼差しを交わしていた。

姉の一人が、名医がいると評判の第二七兵団区医院に母を連れていくことになった。病院に行く途中、私も合流した。車のなかで私と話をするくらいの元気はあったが、一人では立ち上がる力がないほど母は弱っていた。「体中から生気が抜けてしまったよ」と母は弱々しい声で答え、ため息をついていた。

病院の職員はすべて中国人だったが、姉が医師の一人と同級生だったので、その伝手《つて》のおかげで母もほかの患者と同じように治療が受けられた。治療が終わるまで姉は二週間付き添っていたが、私は二日後、母が立ち上がれるようになると車で家に戻った。

私も混乱していたが、それはワーリも同じだった。結婚式が最後まですんでいないので、私たちはまだ正式な夫婦ではなく、キスをすることも許されていない。そんな私たちを親戚たちが救ってくれた。「実家に戻り、もう一度結婚式をやり直せばいい」。案ずるより生むがやすしだ。私たちはもう一度お客を招き、祝宴の準備をした。

同じころ、サウレットが獣医に頼んで乳牛が死んだ原因を調べてもらっていた。「おそらく結婚式のすきを狙って、誰かが毒を飲ませたのだろう」と弟は考えていた。しかし、若くて、健康にもまったく問題がなかった牛の死因は意外にも心臓麻痺だった。その事実に誰もが驚いていた。弟は家の裏に遺骸を埋めた。馬と犬のほうは不思議なことに依然として行方不明のままだった。

結婚式のために実家は留守同然だったので、それを幸いに誰かが馬を盗んだ可能性が考えられた。犬はそのあとを追いかけていったのかもしれない。しかし、牛が死に、父と母は病に倒れた。一種異様な偶然だったが、私には説明のしようがなかった。

父は病院で二度目の発作に見舞われた。退院して家に帰ってきたが、以前のような父ではなかった。私たちは伝統医療の治療師に両親の容体を診てもらい、その結果、両親はなんとか回復することはできたが、二人とも完治とはほど遠いものだった。

尽きせぬ不安

実家の外では両親と会っていたが、正式には父と母のもとを訪れることは許されていなかったので、父はこの問題をなんとかすることにした。「しきたりにしたがい、羊を一頭処分して、お前たちをこの家に招待することにした」。この儀式以降、定まった手続きを踏むことなく、私は行きたいときに実家に行けるようになった。

ようやく元通りになり、落ち着きを取り戻そうとした矢先だった。私とワーリがおそるおそるキスを交わそうとしたそのとき、ふたたび電話の音に邪魔をされた。外はすでに暗くなっている時間だ。今度は母からの電話だった。「早く家に来て。お前の妹がひどい事故に巻き込まれたの」。ワーリに話を伝えると、彼は信じられないという顔をしていた。私の周辺でこれほど不幸な出来事が続いているのに、不思議なことにワーリは、自分にとって私が運命の女性であることにまったく疑いを抱いていなかった。

一六歳の妹は意識を失ってベッドに横たわっていた。私の結婚式のために学校を休んで実家に帰ってきていた。急なお使いのために原動機付き自転車に乗って出かけたところ車にはねられ、かかとの半分が引きちぎられていた。車の脇見運転であるのは明らかで、現場にいあわせた人たちが重傷を負った妹を家に運び込んでくれた。

その夜、ワーリと私、母の三人は、意識が戻り、いまは激痛にあえぐ妹をただちに車に乗せて地区の病院に向かった。妹を診た医師は残念そうに首を振り、「足を切断しなくてはならない。このままでは、一生歩くことができなくなる」と言う。痛みと恐怖に圧倒され、「私の人生はこれで終わりだ」と妹は悲鳴をあげていた。

「だいじょうぶ、そんなことにはならないわよ。かならずもとの体に戻れるから」と私たちは妹をなだめ、セカンドオピニオンを求めることにした。

インターネットで私は、南京を拠点に働く中国人の外科医を見つけた。この医師は妹には別の手術が必要になるが、施術の前に一度検査の必要があると言った。こちらに来てもらうための費用は払う必要はなかったが、手術を行った場合、二万元の費用を払わなくてはならない。私たちはお金をかき集めた。

連絡したその翌日、医師はグルジャ市に飛行機で訪れ、町にある病院で私たちの到着を待っていた。検査を終えた医師は、「運よくいけば、また歩けるようになるでしょう」と言ってくれたが、かならず成功するとは保証してくれなかった。ワーリと母は車で村に帰ったが、私は付き添いのためにそのまま残った。

家に帰ったワーリは、アクスの町の役所に申請して、私が彼と同じ学校で勤務できるように手続きを進めていた。精神的な緊張と混乱の連続だったにもかかわらず、私は五日間だけゆっくりしてから、新しい職場で働きはじめた。ワーリは副校長、私は彼の部下として働くようになった。職場は自宅から歩いてわずか一〇分のところにあった。

結婚式と一連の不幸な出来事から半月が過ぎ、私たちははじめて二人きりで、なにごともない時間を持つことができた。七月一〇日、私たちはようやくテーブルで向かい合って座り、長々と話していた。抱き合ってキスを交わしたあと、はじめて幸せな新婚夫婦のようにふるまえた。二人の生活が始まったその瞬間から、ワーリは信じられないほど愛情深い、優しい夫だった。たがいに、すべてのものを捧げる心の準備はできていた。

一カ月後、「検査のために、妹を町の病院まで連れていってくれないか」という電話が母からあった。

そして、このときの小旅行での出来事が、その後の私の人生に計り知れない影響を与えることになった。

不思議な出会い

町へは乗り合いのミニバンで行くことにした。うしろ側の四つの座席を使えば、妹は横たわることができた。体を起こして座っていることがまだできなかったのだ。事故前の妹は明るい子で、いろいろな話をいつも楽しそうにおしゃべりしていたが、事故を境にすっかり内にこもるようになっていた。口を開けばいつも同じ質問で、「これから私はどうしたらいいの。歩けなくなれば、就職もできないし、みんなの重荷になるだけ」。もともとほっそりしていた妹だが、もうひと吹き風に吹かれようものなら、どこかに飛ばされていきそうなほど弱っていた。後部シートで横になりながら、妹は痛ましい表情を浮かべていた。

私は前の席の窓側に座り、隣の席は開けておいた。途中、一人のカザフ人が乗ってきた。四十代か五十代の年格好で、黒々とした髪と目をしており、フクロウのような聡明で知的な顔をしていた。私はうしろに流れていく外の景色を黙ったまま眺めていた。しばらくすると、この男性がじっと私を見つめている気配を感じた。まるで指でじかに触れられているような感じだった。意を決し、「どこかでお目にかかったことはありますか？」と尋ねた。

相手は私から目を離さず、「最近結婚されたようだが、その後、実家はさまざまな不幸に見舞われているようだな。それは、お前が家を出るときに、あの家のエネルギーと力をすべて持っていってしまったからだ」と言う。私は息を飲んだ。相手は穏やかに話しつづけた。「お前はいつもあの家の中心だった。その中心をなくし、家の安定が崩れてしまった。凶事が続くのはいずれもそうした理由からだ」

私は目を丸くして相手を見た。「どうして、それがわかるんですか。あなたは祈禱師《シャーマン》、それとも予言者？」。質《たち》の悪い手品につきあっている時間は私にはなかったが、しかし、横に座るこの人物は明らかに違う。特別な何かを持っている。私はためらわずに妹の事故について話し、月に一度検査のために病院に行かなくてはならないことを打ち明けた。「妹は元通りの体になるでしょうか？」と私は尋ねた。

不思議な力を持つ見知らぬ人は目を閉じ、頭をのけぞらせ、うめき声をかすかにあげた。何か不吉なものに目を凝らしているようにも見える。そして、体を前に戻すと、ゆっくりとまぶたを開けた。「妹さんは治る。だが、時間はかかるだろう。やがて家庭を持ち、幸せに暮らしていく」

感極まった私は、さらに助言を求めた。「実家がもとのように安定を取り戻すために、私はどうすればいいのでしょうか?」。ふたたび目を閉じてから、相手は私の問いに答えてくれた。「この次に両親と会うとき、微笑みながら家に入り、微笑みとともに家をあとにするのだ」と言ってしばらく口をつぐんで、その言葉をじっくりと考えていた。

「誰かに傷つけられようとも、相手に痛みを悟られてはいけない。ひどいことをされたとしても、憎悪を自分の心のなかに入れてはならない。それができれば、常に力に満ち、耐えられない困難はなくなってしまうだろう」。そして、少し間を置いてから、「自分の体を大切にするのだ。毎回毎回、妹さんに付き添わないほうがいいだろう。お前はもう一人ではない。お前は二人なのだ」と話してくれた。

意味がよくわからず、私はとまどいながら相手を見つめた。相手は頭をさげ、その様子からすでに話し終えたのだと悟った。次のバス停でこの不思議な人物は降りていった。四日後、赤ちゃんを身ごもっているのを知った。私は二八歳だった。ワーリと私にとって、これ以上すばらしいニュースはない。二人とも信じられないほど幸福だった。予言はすべてそのとおりになったのだ。二年の年月がかかったものの、妹は回復してふたたびちゃんと歩けるようになり、いまではいい仕事にもつき、妹にふさわしい相手と結婚して二人の子供にも恵まれている。

あの不思議な出会いをきっかけに、私はなにごともゆったりと構えるようになった。以前の私なら、中国人の役人に「明日出直してこい。まず、中国人の申請を先に進めることになっている」とでもあしざまに言われれば、そのたびに激怒していたが、そうした怒りさえ放っておけるようになった。同じように、身近な人間が悲しんでいるとき、彼らの痛みを自分の痛みとしてすかさず感じられるようになった。

それからというもの、手ひどい扱いを受けているときでも、私は努めて笑みを絶やさないようにしてきた。娘との別れをさみしがり、すすり泣く母には、「さようなら」を言うつらさを隠して、「元気を出して、またすぐに来るわ」と言っていたが、それは私にとってもよかった。

奇妙な話に聞こえるかもしれないが、私の指針となったあの助言がなければ、それから数年後に迎える状況に私は耐えられなかったと思う。

黄金の未来を夢見て

レンガを積んだわが家は、アクスの町の中心を走る通りに面して建っており、隣には市場が置かれていた。夏になると、赤いトタン屋根の家はオーブンのなかにいるかのように暑くなったが、冬は暖かく、零下二四度にまで気温がさがった日でも寒さがしのげた。三つの部屋を暖めるため、私たちはそれぞれの部屋の釜に石炭をくべていた。家の外には大きな中庭があり、そのうしろにはリンゴ畑が広がり、小川が流れ、私たちはそこで野菜を育てた。

私のお腹が大きくなるにつれ、ワーリと私は将来の計画について考えるようになっていた。「生まれてくる子供には、自分たちよりもいい生活を送らせてあげよう」。その点で二人の考えは一致していた。ムスリムの少数民族出身の共働きの夫婦は、一九九二年以降、子供は第二子までと中国の法律によって定められていた。中国人が産める子供は一人とされていたので、第二子が持てる少数民族を中国人はうらやんでいた。「不公平ではないか。なぜ先住民は、中国人より多くの子供を持つことが許されているのだ」。北京政府の再定住計画が進められていたが、当時、この地区の中国人の人口構成はちょうど二〇パーセントだったのでそれほど高くはなかった。今日、中国人の占有率は四倍近くに達している。

「ええ、一生懸命働きましょう。いずれ何か事業を手がけて、たくさんのお金を稼ぎましょうね」。私はもみ手をして意気込んだ。人口五〇万を超えるアクスの町は新たに事業を起こすには格好の場所だった。ほかの大都市とは異なり、インフラが整備され、自治体の施設にも恵まれ、しかもきちんと組織されていた。

二〇〇五年四月一九日、私は刺すような激しい痛みをお腹に感じた。実家の母にともなわれて産室に入り、兄弟や姉妹、義父母たちはワーリとともに廊下でそわそわしながら待っていた。陣痛が三〇時間近く続く難産で、最後には私も汗だくになって疲れ果ててしまった。

そうしているあいだも、母は何度も廊下に出ていき、集まった親戚たちに経過を報告していたが、結局、最後には手を叩き「いったん家に帰ったほうがいい。もうしばらくかかりそうだ」と言った。

そう言ってみんながその場を去った直後、母はカザフ人に伝わる古いしきたりを突然思い出した。「出産の最中、一度家に戻って出直す場合、その場に身につけているものを残していかなければならない。そうしなければ、思わぬ災難が降りかかる」。母はただちに追いかけてみんなを呼び戻したが、私の弟の一人はすでに車で立ち去り、高速道路を走っていた。「あの子はどこだ。早く連れ戻しておくれ」と母はおろおろしていた。

携帯電話の電源を切っていたので、弟が姉の電話に出たのは二時間後だった。すでに家に着き、脱いだ上着を廊下にかけているところだった。「早くこっちに戻ってきて」。弟は当惑して不安を募らせた。「なぜ戻るの？　家に帰れと言われたばかりじゃないか」

「いいから急いで」と姉は命じるばかりで、それ以上の説明はしない。弟は何かとんでもないことが私の身に起きたのだと思い込み、車に飛び乗り、泣きながらハンドルを握って猛スピードで戻っていった。弟の脳裏にあったのは、いままさに息を引き取ろうとする私の姿で、息が絶える前に私にひと目会いたいという必死の願いだった。

いあわせた人たちは、打ちひしがれながら病院に駆けつけた弟にただちに事情を説明した。「身につけたものを何か残したら、家に帰ってもいいよ」

「いや、そうじゃない。何かあったんだろう？　嘘をついたってだめだ。本当のことを話してくれ。姉さんにどうしても会わなきゃいけないんだ」。「なんの問題もないわ。ただ、古いしきたりにしたがって呼び戻しただけよ」と総がかりで弟を落ち着かせた。ようやく納得した弟は大笑いしながら腕時計をはずして母に渡すと、ふたたび車に乗り込んでいった。

このころになると、医師からは「帝王切開に切り替えよう」と勧められていたが、母はこうした措置に深い疑いを抱いていたので、いきみつづけるように私を励ましてくれた。「お腹を切って取り出すより、普通の方法で産んだほうがいいんだよ」。二時間後、家に到着した弟が入口の鍵を開けたとき、私の娘が生まれた。手術の必要はなかった。弟はまたもや車に飛び乗ってアクセルを踏み込んだ。

全員が娘のウキライのまわりに集まり、にこにこ笑いながら、我を忘れて赤ん坊の顔に見入っていた。四月二〇日、五六年前のまさにこの日、私の母が生まれた。男の子だろうと女の子だろうとどちらでもよく、ただ健康な赤ん坊であってくれさえすればよかった。同じ日、結婚は彼女のほうが二年早かったが、友人のグリナも女の子を産んだ。出会ってから二〇年、私とグリナはやはり精神的に結ばれた双子だった。

今日、私は自分の最も親しい友人との接触をいっさい避けている。私のせいで彼女の命が危険にさらされてほしくないのだ。

第3章　口をテープでふさがれて

厳しくなっていく締めつけ

家の西側では作業員によって棟の基礎部分がすでにでき上がっていた。私たち夫婦は生活費の足しのために、ここに小さな飼育場を作ろうと計画していた。のちのことになるが、私たちはさらに隣接する区画を買い求め、飼育場を大きくしていった。娘のウキライが二歳になるころには四頭の馬と三〇匹の羊、四頭の牛を飼うまでになった。

私たち夫婦が作る食べ物は、市場で大変な人気だった。実は、地元の業者だけではなく中国人の業者も、中国製の食品、衣類、靴などさまざまな製品を買ってはならないと知人や親戚に警告していた。私たちもはじめは当惑して、「なぜなの？」と聞き返していた。「ありとあらゆる中国製品には、有害な化学薬品や可塑剤が含まれていて、慢性の肝臓障害や病気を引き起こしており、不妊の原因にもなっている」と誰もがそう言っていた。富裕な中国人が自分や自分の子供のために、ヨーロッパやトルコの商品を買いたがるのもそうした理由からだった。

事業は好調だったので、私たちは次の計画として、店員を一人雇い、近くの村に子供服の店を開くことにした。アクスにはすでに似たような店があるので、とても厳しい競争になってしまう。子供を持つ村の親たちは歓迎してくれた。

利益は一年ごとに大きくなっていった。ある年の春には、イラン暦の元日に「カザフノウルーズ《ノウルーズ》の祭り」を開催して、司会を務めるというすばらしい時間が過ごせた。このお祭りのために父は歌を作り、音楽の才能に恵まれた兄弟の一人はCDを出して多くの人に聞いてもらうことができた。

私たち一家は幸せだったが、ウイグル人と中国人の関係はますます緊張を高めつつあった。この地区で暮らすカザフ人はほかの地区の先住民に比べると穏健だったので、革命を唱える者はいない。そのため北京政府も、私たちについては、国家に敵対するイスラム教徒だと一律の烙印を押せなかった。そうではあったが、東トルキスタンのムスリムに対する政府の締めつけは日ごとに厳しさを増していった。二〇〇六年、北京政府は「双語教育」と呼ばれる母語と中国語の二言語を学ぶ、〝バイリンガル〟教育に関する法律を定めた。だが、私たちにとってこの制度はこれ以上ない不幸でしかなかった。それまで、とくに田舎で暮らす先住民は土着の母語だけを話し、中国語など彼らにはなんの意味もなかった。

新しい法律のもと、学校で新たに採用する教師の八〇パーセントは中国人にしなければならなくなった。有無を言わさない即時発効の法律だったので、たとえば、二〇名の採用募集があれば、そのうちの一六名分は自動的に中国人に振りあてられ、私たちムスリムは四名しか採用されない。実際には、ほかの公務員のように、教師の一〇〇パーセントが中国人によって占められるようになるまで時間はかからなかった。

勤めていた学校の校舎は多層階式で、そこでおよそ一〇〇〇人の子供たちが学んでいたが、全面的な法律の施行に生徒全員が影響を受けていた。この法律が導入された時点で生徒の約九七パーセントはカザフ人、残りの生徒はウイグル人とムスリムのドンガン人で、中国人の生徒は一人もいなかった。

長らく教師として働いてきた先住民の教師は突然学校から放り出され、警備員として働いて生計を立てていくしかなかった。それは、学者や作家も同じだった。若い教師には政府から再訓練が提供されていた。とはいえ、その訓練は無償ではなく、しかも先住民の教師が中国語を教えられるようになるまでには数年の時間がかかった。こうしたハードルを乗り越えたとしても、それ以降、彼らに許されているのは、自分にとって外国語でしかない言葉を教えることだけだった。

この破壊的な状況について、私もワーリも連日のように先住民の教師と話し合った。「これから、いったいどうなるのだろう」。双語教育の立法化は、私たち大人の将来はもちろん、私たちの子供すべての将来を左右する問題だ。それまで自宅では当たり前のように母語を話してきた。「私たちの子供たちはいずれ自分たちの文化とアイデンティティーを忘れてしまうだろう。この法律で子供たちは中国人になってしまう」。母親のなかにはそう考える者がおり、当時、誰もが抱えていた不安を口にしていた。

「われわれはみな、ひとつの同じ国民である」と共産党の幹部たちはいつもの調子で同じ言葉を繰り返していた。ワーリは出張先のウルムチであるポスターに気づき、それが気になってしかたがなかった。廊下に貼り出されていたポスターには、私たちの地区の人口構成が民族別に表示されていた。一位はウイグル人で一七〇〇万人、次いでカザフ人が三〇〇万人だった。

一方、北京政府はこのころ、ウイグル人一一〇〇万人、カザフ人一二〇万人だと決まって言っていた。その差何百万人もの人間はどうなってしまったのだろうか。血も涙もない同化政策を推し進めることで、無数の先住民がこの世界から消え、色とりどりの多様な地域を中国という均質な国家に変えてしまった。

泣きやまない子供たち

このころ、私は亡くなった祖父のことをよく思い出していた。祖父は生前、毛沢東が引き起こした残虐行為について語っていた。話を聞くたびに何度も背筋に悪寒を感じていたものである。だが今度は、さらに悪い事態になるのではないかと私は考えていた。しかし、中国共産党は相も変わらず、党が手がけるあらゆる事業は、私たちに最善の利益をもたらすと説き、自治州の住民は、一人も取り残されず、誰もが住む家と十分な職が得られるようになると私たちを納得させようとした。

「子供たちが党を愛するようになるよう教えてほしい」と校長は私たち教師に命じていた。ある日を境に、小さな子供が中国語で書かれたたくさんの教科書を持って学校に来るようになった。鞄に入りきらないほどの冊数だった。私たちのような地域では、まだカザフ人教師が多少は残っており、少なくとも週に一回は自分たちの言葉で教えていたが、それもまもなく中止になった。

党は大量の宿題を子供に課し、子供たちは深夜の一時まで起きてやりつづける日も少なくなかったが、それをやめさせることはできなかった。どうやってこれほどの宿題をこなすことができるのだろう。子供たちはひと言も中国語を話せないにもかかわらず、宿題や教科書は子供たちにとって謎の文字ですべて印刷されていた。農村部で暮らす一般の家庭がとくに大変だったのは、両親も中国語はまったくわからなかったからである。学校が子供たちに課す重荷は尋常ではなく、生徒の挙動はますます不安定になっていった。

教室では六歳から一三歳の生徒と向き合っていたが、どの子も極度に疲れきり、打ちひしがれ、発作的に泣き出して取り乱していた。来る日も来る日も、新たに覚えなくてはならない漢字と言葉があり、しかもますます早く覚えていかなくてはならない。子供たちから正気を奪っていくには十分だった。三六名から四〇名のクラスの子供の大半が絶望のあまり、ずっと泣きつづけている姿を想像してみてほしい。教える側にとっても苛酷だったのは、私自身がやがて限界に達して、子供たちがこんなペースに合わせていくうえで、どうやって助けてやればいいのかわからなくなったからである。

彼らの気持ちを落ち着かせるため、私は毎日全力を尽くしていた。「大変なときはいつか過ぎていくから心配しないで。あなたたちなら全部覚えられる。あなたたちならできるわ」。同じ問題は大人たちの世界でも繰り広げられていた。私たちの社会全体が途方もない緊張のもとに置かれていたのだ。「どうやら、カザフスタンに移住したほうがよさそうだ」。ワーリと私はこの件について以前から考えつづけてきた。しかし二〇〇六年、先住民の国外移住の手続きは一挙に難しくなっていた。以前は親のパスポートがあれば子供もいっしょに出国できたが、当局は子供にも本人のパスポートを所持するように方針を変えてしまったのだ。そして、当局はパスポートの発給を常に遅らせていた。子供がパスポートを手に入れるのは大変な作業になっていた。

二度目の再教育

中国政府の関心が教師の中国語能力だけでなく、先住民の教師を中国人教師に置き換えていく点にあった事実はすぐに明らかになった。私もその影響をじかに受けた。

校長に呼び出され、「教師としての再教育はすでに受けているのは知っているが、本当は医師なので、この学校での勤務の継続はできなくなると思う。継続希望であれば、もう一度再教育を履修しなくてはならない」と命じられた。

法律の変更にともない、私はこの町から約一〇〇〇キロも離れたウルムチにある教育機関で二年間過ごさなくてはならなくなった。頭のなかで火の玉が炸裂した。彼らは私を娘から引き離すつもりなのか。まだ幼い娘から母親を奪おうとしているのか。そんなことには断じて応じられない。私は反射的に顔を背けた。この命令に自分がどれほど動揺しているのか相手に気づかれたくなかった。

まだ二歳にもならないわが子を、自分から見捨てる母親などいるのだろうか。冷たくて、無情な世界にたった一人で放り出してしまうのだ。娘のウキライに必要なのは保護と世話であり、愛情あふれる母親の深い献身なのだ。いたいけな娘と離ればなれになると考えただけで胸が張り裂けそうになった。それに夫のワーリにもこれ以上の負担はかけられない。農場や店など、誰かが面倒を見なくてはならない。

ただ、ワーリはすでに教師としての正式な資格を満たしていたので、新しい法律の影響は免れており、私も正規の教員として採用されていたので、再教育の期間中の給与の支払いについては学校も同意していた。だが、それで私の気持ちが収まるわけではない。「かわいいウキライがそばにいなくて、私はどうやって生きていけばいいの」。両手で顔を覆い、そのまま身じろぎもしなかった。

そんな私を見て、ワーリはすべてを受け入れてくれた。「心配しなくていい」と言って私を励まし、「あの子を連れて学校に行くよ。職員もウキライの面倒は見てくれるさ」。ワーリはそのころ記録保管室に勤務しており、その場所は教室から離れた校舎の地下にあったので、ウキライがたまに泣くことがあっても誰の邪魔にもならなかった。

どうしていいのか自分でもわからないほど動転していたので、私は車に乗って実家に向かった。家に着くと父に、「二人きりで話がしたいの」と頼んだ。父は杖を使いながら、私の手を優しく取って庭へと向かった。ここなら誰の耳にも届かない。父こそ、中国の無慈悲な政策に対する憤懣《ふんまん》を包みかくさず話せる唯一の相手だった。

父は震える手で私の涙をぬぐい、「お前は私の子供のなかでいちばん賢く、目のなかに入れても痛くない宝物だ。あんな連中にやすやすと屈してはならない。堂々とふるまい、連中の命令にくじけないお前の姿を見せつけてやるのだ」。私はゆっくりと顔をあげた。

私はなんでも立派にやり遂げようとしてきた。いつも最善を尽くそうとひたむきに取り組んできた。しかし、娘の柔らかな唇にお別れのキスをしながら、私はすでにこの子が恋しくてたまらなかった。だが、歯を食いしばってその思いを抑えつけた。

少なくともウルムチの町には、会うことができる友人や知人、親戚が大勢いた。だが、家を離れて以来、心痛はどうしても消えない。私は悲しみのなかに沈んでいた。ポケットから一日に何度も娘の写真を取り出してじっと見つめていると、涙が込み上げてきて顔を濡らした。

ワーリから電話があり、しゃがれた声でウキライが重い肺炎になって病院にかつぎ込まれたと告げられた。その夜、ただちに家に帰る飛行機を予約した。病院に駆け込むと、ワーリは紙のように真っ白な顔をして寝ており、娘は頬を赤くほてらせて寝ていた。そんな状態にもかかわらず、私の首に腕をまわし、もう絶対に離さないといった様子でしがみついてきた。しかし、私にはその願いをかなえてやることはできない。痩せ細った腕をほどき、せき込んでいる娘を残したまま、私は飛んで帰らなくてはならなかった。

ウルムチにいたころ、ベッドに横たわり、ワーリとウキライ、そして私の三人で国境の向こう、カザフスタンで新しい家を建てている姿をときどき想像していた。二〇〇八年以降、先住民は旅行客としてカザフスタンに行けるようになったが、私のような公務員は国外に出ることが禁止されていた。

二〇〇八年五月一二日、大学の構内で叫び声があがった。「四川省で大地震だ」。この地震で約六万五〇〇〇人が命を失ったという。「何があったの。詳しく話して」と仲間の学生に問いただした。「たくさんの学校が倒壊して、その下敷きになって何千人もの子供が死んでしまった」と教えてくれた。

本当の原因は地震ではない。おざなりの手抜き工事と役人の汚職だった。共産党幹部はいつものようにたがいの不正行為をかばい合い、なにごともなかったように自分たちの怠慢をとりつくろっていた。自分を犠牲にして、党のために働く医師や救助隊員をめぐる心温まる話をメディアに報道させ、苦痛に満ちた日を称賛すべき祝祭の日にすり替えていた。抗議する父や母たちの声は、すべてなかったことにされた。

政府は全国民に黙禱を捧げることを命じた。被害の大きさに動揺しながら、大学に隣接する広場で私はほかの学生たちとともに頭をさげて祈りを捧げた。

今日、さらに多くの罪なき人たちが、中国政府が〝職業技能教育訓練センター〟と呼ぶ施設で命を落としている。しかし、中国共産党にとって、彼らの死は一日たりとも喪に服せと命じるには値しない。彼らは頭をさげることさえしないはずだ。

自国民の命など、彼らにとってそれほど価値のないものなのだ。

「この子はどうしても産む」

卒業証書とともに再教育を終えて家に帰ることができたが、このころから腹部に刺すような痛みを感じるようになった。医者は胆石を疑い、痛み止めの注射を打ってくれた。

経過観察のために四月に再診したときだった。「何か別の処置をしなくてはならない」と言いながら、医者は首を横に振った。なんの話かわからず、私は相手の顔を見た。「妊娠していますね。ですが、この三カ月間、深刻な副作用がある薬が投与されてきました。生まれてくる子供が重度の障害を負っている可能性はかなり高い」。そう言って、眼鏡越しに私に目を向け、「中絶されたほうがいいでしょう。自宅でご主人と話し合ってください。話がついたら準備を始めます」と告げられた。

帰り道は泣きどおしだった。家に着くとワーリが肩に腕をまわし、ハンカチを次々に出してくれた。「科学的にそれが正しく、医師もそう言っているなら、子供は諦めたほうがいいようだ」。だが、私は自分の考えにこだわった。中絶を望んでいないのは自分でもよくわかっていたのだ。

姉妹や母親、友人や知人に助言を求めつづけたが、誰もがワーリと同じ考えだった。「科学的にそれが正しいなら――」。すでに一カ月が経過していたが、私にはどうしても踏み切れなかった。

自分のお腹のなかで大きくなっていく命に、私はなぜそこまで固執していたのだろう。その理由はおそらく、私たちの日々の大半が自分の意志ではなく、外部からの命令にしたがって営まれていたからだ。しかし、今度はそうではない。それは私の最も深い部分、最も奥まった部分に訴えていた。私の体、私の魂、私の人生、私の愛にかかわる問題だったのだ。自分以外のほかの誰かに、こうしろと指示されたくはなかった。

もしかしたら、まちがっているのはみんなのほうかもしれない。私はほかの町の高名な医者たちに血液検査の結果を送った。だが、案に相違してどの医者も最初の医者の診断の正しさを裏づけ、中絶の必要を繰り返した。そんな返事など私は信じたくなかった。

毎日の生活を考えると、今回の妊娠ははじめから精神的には大きな負担だった。三歳半になった娘を朝七時に幼稚園に預けると、昼食のために迎えにいって自宅で手早く食事をとらせ、それからふたたび保育士に子供を預けて学校に戻り、夜の九時に引き取りにいくのも珍しくはなかった。

しかし、全世界が反対しても、二人目の子供は産む覚悟を決めていた。ワーリはとがめるような目で見ることがあった。「障害を抱えた子供が産まれたら、どうやっていくつもりなんだ。どうやって仕事を続けていくつもりだ。それもこれも僕たちのせいで――」とそんなことを二カ月ぐらい言いつづけていたが、私がもう誰の話にも耳を傾けなかったことと、予期しない運命の展開を迎えたことで口にするのをやめた。

心に空いた大きな穴

脳卒中で倒れた父だったが、完治することはなかった。その後も何度か入院を繰り返し、ワーリと私が交代で看病をした末に、七二歳のときに自宅で息を引き取った。二月一六日のことだった。

父の亡骸は木棺に納められ、四人の男性に担がれてムスリムの墓地へと運ばれていった。墓地に行くには、途中、中国人が自分たちのために整備した新しい墓地を通っていかなければならない。深い悲しみのなかで、私たちはつかの間、「これ以上生きていても意味はない」と考えていた。埋葬を終えたあとも、私たちは押し黙ったままだった。何もやる気がせず、出口の見えない暗闇に迷い込んでいた。

私の心のなかには、自分が幼かったころの父の姿が生きていた。父は、村の人々を集めて学校を建てていた。子供たちもまた粘土でレンガを作り、壁を積み上げた。その学校は私たち自身の国の誇りを体現するものであり、教師はカザフ語で勉強を教え、私たちにカザフ人の文化と伝統を伝えた。だが、中国人は一夜にしてすべてを踏みにじった。私たちの教育制度を破壊し、村の学校を奪い取り、私たちみんなのために父が作った学校だったにもかかわらず、いまでは中国語でしか授業は行われていない。

父の死後、私の心にはぬぐい去れない不安が残った。頭では父を失った現実に向き合えるのだが、感情が追いついていかず、まったく無力なままだった。祖父がそうだったように、父もまたごく早い時期から、私たちに災厄が迫りつつあることに感づいていた。「いいかい。どんなことがあっても、他人の前では泣いてはいけない。自分の弱みを見せてはいけない。あるがままに物事を受け入れてもなお、強く、正直でありつづけなくてはいけない」。突き詰めると、父はいつも私に同じことを諭していたが、その助言はかつて私が乗り合いのミニバンのなかで出会った不思議な人物が語ってくれた話と同じだった。以来私は、これまで以上にその助言を心に刻み込もうと努めた。

それまでの自分の人生において、父こそ私にとって最も大きな心の支えだった。その父がなんの前触れもなく逝ってしまい、あらゆることが根底からくつがえってしまった。私にとって父はそれほどかけがえのない存在だった。その後、寡婦となった母のもとを訪れるたび、「ちょっと散歩してくるわ」と口実を設けて家を出た。女が一人で墓地に行くことはしきたりで禁じられていたが、どうしても父の墓に行きたかったのだ。父の隣には祖父の墓があった。

大きなお腹の上に手を乗せ、父の墓石の前に静かにたたずみ、これまで何十年もそうしてきたように父に助言を求めた。こうした父との対話で落ち着けたのは、私が魂の目で父の姿を見ることができたからだ。耳を傾けて、父が私の話を聞いているのがわかった。父は常に私とともにいた。いまでもなお夢に現れ、父は私に安らぎを与えてくれる。

眠っているとき、私はよく独り言を言っていた。「だいじょうぶ、お父さん。決してくじけないと約束する――」。ワーリも私の寝言を何度か聞いていた。

「だいじょうぶかい?」と聞かれ、「誰と話しているの? こんなことが続けば、頭がおかしくなる。なんとかしたほうがいい」。本当はまったく逆だと私は考えていた。私が取り乱さずにいられたのは父の存在があったからだった。私はワーリに、「父さんは私に強さを授けてくれた唯一の人よ」と答えた。

それから数週間、誰かが耳元で中絶についてささやくたび、私は部屋にこもり、食事を拒んだ。このころになるとワーリも私の出産に理解を示すようになり、私をそっとしておいてくれた。お腹の子供が動くたび、私たちは喜んでいた。「触ってみて――」と私はよくそう言っていた。私のお腹に手を置いたワーリは、「なんて元気な赤ちゃんだ」と言って、満面に笑みを浮かべた。

私たちはなにかにつけ、「この子はじょうぶな子だ」とたがいに言い聞かせ合っていた。そう口にした次の瞬間、そんなふうに考える自分を疑って不安を覚えた。「乗り越えていけるだろうか。この子がもし――」。医者をはじめ、多くの人がその可能性はきわめて高いと考えていたが、私たち夫婦は回し車のハムスターのように、とにかく走りつづけてそれ以外のことは考えないようにしていた。

六カ月が経過しても、これまでと別の診断をくだしてくれる医者を探しまわっていたが、結局、それもむだに終わった。かかりつけの総合診療医(GP)で、私の友人でもある女性にエコー検査の予約を入れた。膨らんだ私のお腹を見て、彼女はびっくりしていた。「どうしたの? まだ中絶手術を受けていないの？　赤ちゃんはまだお腹にいるの？」

「そんなにいっぺんに聞かないで。お腹の子の様子だけ教えて」ときっぱり応じたが、こんな質問に私は疲れ果てていた。私のお腹にスキャナーを当てると、彼女はモニターに映った胎児の様子を教えてくれた。「男の子ね。だいじょうぶ、生きているわ。足部、脚部、両腕もだいじょうぶ、四肢に問題はなさそう。体もじょうぶそう。でもね、投薬で脳に重度の障害が発生する可能性はかなり高いのよ。知的障害を持っているかもしれない子供を本当に産みたいと考えているの？」

それが私たちの人生に何を意味するのかわかっているのか——友人は重ねて問いただしていた。

自己批判の三つの段階

ひとつの政治運動が始まると、次の政治運動がそのあとに続いた。二年前、あらゆる公務員は同僚全員の前で三つの段階にしたがい、自己批判を行うことが義務づけられた。最初の段階は、国家や党に関し、生まれてからこれまで犯してきた過ちを残らず書き記すことだった。書くのは学校や自宅でもよかったが、問題は三日以内に書き上げる点だった。職場という職場に専用の一室が設けられ、この部屋で書き上げたリストを提出する。

二番目の段階は犯した過ちをどのように正すのか、その方法を考えなければならなかった。私は、「生徒たちに対し、自分はこれまで党の路線を体系的に教えることを怠ってきました。これからは、子供たちを正しい道に導くよう細心の注意を払います」と書いた。「これからは党費を滞りなく払います」と書いた同僚もいた。

最初のうちは、私もワーリもそれらしい過失を考え出し、もっともらしくそれを説明することに四苦八苦していた。些細な過失を告白しても、「お前は不満分子にちがいない。こんなことが〝過失〟とはふざけるにもほどがある」と党員である教員からすかさず批判されてしまうのだ。

次が最も困難な三番目の段階だった。同僚全員の前で自分の罪を告白しなければならなかった。職員全員が大きな会議室に集められる。「お前とお前、それからお前、立ち上がって自己批判を始めろ」と党員は何人かの教師を指名する。

指名された教師は自分が犯した過ちを大きな声で読み上げなければならない。自己批判は延々と続いた。書き出された過失は出生時から始まるので、大半の人間は数多くの過ちを積み重ねていた。「これまで私は、党則にかならずしも一〇〇パーセントしたがってきたわけではありませんでした。しかし今後は、党の方針に最大限の注意を払います」。一〇〇人近い人間の前でばかのように立っているなど、これ以上ないほどの屈辱だった。

これだけでも十分すぎるほど屈辱的な経験だが、さらに追い打ちをかけるように党員たちは、自己批判をした者の給料をカットしたり、貴重な追加手当の支給を拒んだりしていた。最悪の場合、教員としての将来が閉ざされてしまう。昇進が不可能になり、コンクールの参加や表彰を受けることが禁じられた。

幸いなことに、中国語が堪能なカザフ人の党の幹部は、私やワーリにはほかの教員ほど強圧的ではなかった。党の幹部は一字一句書きとめられた自己批判の詳細な記録を保管しておき、教師に対する不信感を示す証拠として、その後も繰り返し持ち出していた。「前に言っていたことと矛盾している。虚偽の発言をした者は厳罰に値する」といって相手を攻撃した。

自己批判の文書を職員の資質向上のために使うのではなく、まぎれもなく彼らは職員をコントロールするために使っていた。その事実に気づいたワーリと私は、直後から先住民出身の教師全員に、「注意して書かなくてはならない」とひそかに呼びかけ、難癖を逃れる書き方を教えるようになった。

カザフ人教師のなかには中国語が苦手な者もいて、自分に何が要求されているのかわからない者もいた。彼らが軽率な告白をしてしまったとき、私たちは彼らにかわって関係する当局者のもとに出向き、「この教師は中国語があまり話せないので、うまく自分の考えを伝えられなかった」と謝罪した。

同僚のなかには、「教師になったばかりの一〇年前、私は生徒に中国語を教えませんでしたが、中国語は生徒にとって最も重要な言語です」とか、あるいは「以前、病気のために党の重要な行事に参加できませんでした」などのような話を告白する者もいた。いずれも無茶苦茶な作り話だったが、まもなく誰もがこうした文章を真似するようになったのは、人と異なる告白、浮いた告白をしてしまうと自分が目立つのを知っていたからである。そして、集団のなかで目立つことは、処罰されるのに十分な理由となった。

最も無難な選択は、授業の過誤や同僚教師との接し方の誤りを認めてしまうことだった。まちがっても党や政府の方針に関する不正を指摘するような発言をしてはならなかった。「新疆は自治共和国であり、自分たち民族の言葉を話すことが許されるべきだと常に考えている」などと口にすれば、危険分子のレッテルを貼られ、やがてそれは処刑へとつながっていく。

二〇一六年の初頭以降、党幹部は私の同胞であるカザフ人の男性や女性を大量に逮捕するようになり、その行為を正当化するためにこれらの文書を利用するようになった。自己批判という運動は、その後相次いで行われる投獄の準備だった。すでに何年も前から、最初に逮捕される者たちのリストの作成が始まっていたのだ。

本当の目的を隠した長期計画によって、わずか数カ月の期間で一〇〇万人以上の先住民を収監することができた。

恥辱にまみれて

「サイラグル・サウトバイ!」

次の集会で自分の名前が呼ばれたとき、電気ショックのような衝撃が全身を走った。身重だったにもかかわらず、私は弾かれたように立ち上がり、満場の講堂で大勢の人間に向かい大声をあげた。「私は悪い人間です」「私は過ちを犯しました」「私は深く反省しています」。同僚たちは気まずい沈黙に包まれ、私にとって、憐れみをかけられるよりも耐えがたい状況だった。

恥ずかしさで震えが止まらない。すべてがあまりにも不公平だ。私は、どんな困難も乗り越え、学校のためにすべてのエネルギーをそそいできた。通常、教師の勤務時間は八時間だったが、私たち先住民の教師たちは休むまもなく一二~一四時間働きに働きつづけた。一生懸命働くばかりで、悪いことなど何もしていないのに、全員の前で自分の欠点を告白しなければならない。

それは単なる精神的なストレスなどではなく、耐えようのない苦しみをともなう抑圧だった。自己批判の集会のあと、二、三日はひどくみじめな気持ち——当局は私を愚弄したのだという思いにさいなまれた。しばらく時間を置かなければ、この屈辱からいつも立ち直れなかった。

ワーリも困惑を隠さなかった。何と言えばいいのか彼もわからない。そして、出し抜けに声をあげ、「これほどばかげた状況はない。嘘の告白を考え、その嘘を大勢の前で告白して、その嘘のために自分がさらし者にされる」と口走った。中国人の教師も党の方針に逸脱した行為は残らず書き記し、私たちと同じようにすべてをさらけ出して自己批判をしていたが、それを全員の前で口に出して話すことはほとんどなかったので、彼らは自信を失わず、胸を張ってふるまっていた。「こんなことがあっていいのか。なぜ、われわれだけが口に出して告白をしろと命じられるのか？　これまでまじめに仕事をやってきたというのに」。私たち先住民の教師とは違い、彼らはほかの教師の前で自己批判することを免れていた。

先住民は侮辱と不名誉に絶えず脅えながら暮らしていた。私たちは以前にもまして固く口を閉ざし、相手には決して言い返さず、それまで以上に注意深く党則にしたがおうと苦労した。私たちが明らかにしたかったのは、自分たちは悪い人間ではないということだった。あらゆることについて、私たちは定められたように行動しようと常に考えていた。そうすれば、排除されることも、軽蔑されることも、嘲弄されることも、恫喝されることもないだろう。

党の幹部は私たちを子供のように扱った。子供に必要なのは厳しくはあるが公平な指導だが、幹部たちの手口は、おだてと脅しがひとつになったものだった。「党のありがたみを知り、党にしたがえば、生活の安定は請け合う」。これが彼らの信条だった。一連の措置は、私たち先住民が〝混沌〟状態に陥らないようにするため講じられていると彼らは口では唱えた。

当初、安寧と秩序を課すもっともな理由が党にはあるにちがいないと、私たちも信じていた。そうでなければ、どうしてこんな真似ができるのだろうか。私たちの自負を粉々にするために、こんな真似などできるはずはない。私たちを無知で従順な体制の信奉者に変えるために行っていたのか。だが、そんな考えはあまりにもばかげていたので、そうだとは誰も思わなかった。それどころか私たちは、彼らがこんな行為におよぶもっともな理由さえくみとっていた。ワーリも、「彼らは善意に基づいているはずだ。私たちの仕事を改善させようと真剣に取り組んでいる」と口にしていた。私も考えた末にその言葉にうなずいた。自己批判が始まったころ、私たちはたがいに言い聞かせ、前向きに考えようと励まし合っていた。「自己批判は一時的な運動だ。いずれ、何もかもうまくいくはずだ」。だが、そんなことは起こらなかった。

先住民の教師は、党の権威の前に自分を卑しめるのを心底から嫌っていたが、その思いを懸命に押し隠していた。中国人教師は自分を守りつづけられたが、このころになると私たちはすでに二流市民のように扱われるまでになっていた。そうではないとわかっていても、なぜかうしろめたさを感じてしまう――過ちなど何も犯していないにもかかわらず。

中国人教師も熱心に働いてはいたが、厄介な仕事は先住民の教師に押しつけていた。私たちと同じ負担から中国人教師が免れたのは、彼らが〝支配階級〟に属しているからで、その点について党は一貫して中国人教師たちに断言していた。

やがて、あまりにも露骨な不公平にワーリも私も怒りと絶望を抱くようになった。憎悪の種子がゆっくりとだが、しっかりと根を張っていくのがわかった。こんな憎悪のせいで、かつての自分がますます影のように思えてならなかった。私はあの謎めいた予言者の言葉を思い返していた。「抑えが利かなくなった憎悪は、最後に自滅をもたらす」とあの人は警告していた。夜、心のなかの父と話を交わしながら、私は強く生きようと自分に誓った。

路上の流血

ワーリは物思いに沈んでいた。「また騒乱だ。今度はウルムチだ」。口に手を当ててそう言うと、落ち着きを失った様子で私に背を向けた。移住労働者として広州市で働いていた東トルキスタン出身のウイグル人少女が、複数の中国人にレイプされ、彼女の親族は関係当局に訴えたが、当局は訴えをまったく受け付けなかった。この対応をきっかけに中国人とウイグルの若者が衝突、二〇〇九年七月五日、ついに騒乱へと拡大した。

数千人のウイグル人たちが、政府の差別や絶え間なく続く苛酷な扱いに抗議する大規模なデモを行った。まもなく兵士を満載した軍の大規模な車列が市の中心部へと向かう。現場にいあわせた友人からあとで聞いた話では、「私たちはこの目ではっきりと見ていた。兵士のなかにウイグル人と同じ服を着た者がおり、ウイグル人と中国人の群衆に紛れ込んでいった。騒乱が起きたのはそれからだった」という。

平服を着た戦闘員は警棒やナイフを手にしていたという。彼らが主に襲っていたのは、彼らの同胞である中国人で、ウイグル人と中国人の衝突をさらにあおり、鎮圧に兵士が介入する格好の口実を与えていた。そして、なんの罪もない大勢の通行人が殺された。

知人の妹は重い病気にかかり、この町の病院で治療を受けていたが、治療のかいがあって退院したのがまさにこの衝突の日だった。町の通りを行く彼女は、携帯電話で退院した喜びをうれしそうに母親に伝えていた。「もうだいじょうぶ。なにもかも元通り――」とそこでプツリと電話が途切れた。まさにこのとき戦車が群衆のなかに乗り入れていたのだ。知人の妹は戦車に押しつぶされ、遺体は見つからなかった。

騒乱が鎮まったころには、通りには血が流れ、バラバラになった体の一部が散らばっていた。おびただしい数の遺体が転がり、中国人なのかウイグル人なのか、それともカザフ人やほかの先住民の集団なのか、どちらの民族の遺体のほうが多いのかもはや見分けがつかないほどだった。翌朝、騒乱の痕跡は清掃員によってくまなく消し去られ、まるでなにごともなかったようだった。

事件の翌日と翌々日の七月六日と七日、中国共産党は私服の警察官に中国人の家一軒一軒を訪問させ、これから二日間の外出を禁止し、窓やカーテンを開けることも禁じると伝えさせた。中国人以外の先住民にはその知らせはなかった。彼らはいつものとおりに仕事に出かけた。まったく何も疑ってはいない。次に起きたのは大規模な〝粛清〟で、この粛清によって大勢の罪のないウイグル人とカザフ人が殺されたのだ。

アクス出身のある友人は二人の息子を失っていた。一人は勤務先の兄のレストランに向かう途中だった。弟のほうは友人が結婚式で着るスーツ選びにつきあっていた。上の息子は通りで殺され、弟は店内で命を奪われた。アクスにいた母親は二人の息子の遺体さえ見ることができなかった。

何が起きたのか話を聞き、私たち夫婦と知り合いはお悔やみを伝えにその友人の家に向かった。もちろん母親は取り乱していた。だが、ある日を境に母親は息子たちの死についてひと言も口にしないようになった。あまりにも唐突な沈黙だった。アクスの町でも二人の死を悼んでいた者たちもいっせいに口をつぐんだ。だが、彼らは数日前まで、二人の遺体を返してくれと警察に願い出ていた。当局が何をしたのか問い合わせようものなら、警察はいっさい受け付けてくれない。遺体についてこれ以上つべこべ言うなら、報復すると警察に脅されたにちがいない。

残虐な事件はテレビでも伝えられたが、一件はウイグル人テロリストによる単なる暴動として報じられた。「ウイグル人」と「テロリスト」という言葉が一卵性双生児のように結びつけて使われ、この二つは同じものと思わせるような報道が続いた。

カザフ人の大半はこんな報道をひそかにあざ笑っていた。「中国人を別にして、われわれの故国になぜ突然、これほどの数のテロリストが出現したのだ？　彼らは全員どこからやって来たのだ？　それ以前、彼らはどこにいたのだ？」。中国共産党と中国政府は嘘を言っている——中華帝国で暮らすあらゆる先住民族だけでなく、中国人にとってもそんなことは常識にすぎなかった。

アクス出身のよく知る友人の一人もウルムチで暮らしていた。彼はムスリムの中国系ドンガン人で、この抗議活動に関する別の一面を知っていた。それは、きわめて凄惨な光景だった。彼には大学の学位を持つ娘がいたが、なかなか就職ができなかった。そこで彼はコネを使い、中国人が敬遠する火葬場に娘の仕事を見つけることができた。

働きはじめて二カ月、娘は火葬場の仕事にすっかり満足していた。たくさんの給料が手に入る。しかしデモのあと四日間、娘は家から出るのを拒んだ。父親は激怒して、「遊び半分で働いているのか。お前のためにせっかく探してきた仕事だ」と問い詰めた。娘はさんざん泣きながら、身を切られるような胸の内を打ち明けた。「あそこには二度と行きたくないの。身の毛もよだつ光景が目に焼きついて離れない。父さんには想像もできないような光景です——」と言う。

騒乱当日の夜、無数の死体を積んだ軍用トラックが火葬場にやってきて、到着すると兵士たちはゴミのように死体を放り出していった。娘は唇を震わせながら話を続ける。「死体の山の下には怪我をした人もいた。その人たちはまだ生きていたの——」

死体の山から助けを求めるあえぎ声が聞こえ、娘のほうに腕を伸ばした。だが、警察官はブーツをはいた足でその腕を蹴りつけているだけだ。それから警察官たちは、死体を火葬炉に放り込んでいった。あとには何も残っていなかった。父親も激しいショックを受け、請われるたびにこの話をほかの人たちに話して聞かせ、「あいつらは生きている人間を火のなかに投げ込んでいた。まだ息をしている人間を――」

同様な話を語る目撃者はほかにもいる。いずれの話も一致している――ジグソーパズルのピースのようだ。遺体がどこに行ってしまったのか、これで明らかになった。彼の娘の話を疑う者は誰もいない。中国という国家は、なんでもやってのけると私たちは信じて疑わない。

誰も望んでいなかった祝典

職員会議で、「あと二カ月で建国六〇年の祝典を迎える」と校長が告げた。二〇〇九年一〇月一日に行われる大規模な祝賀会に向け、私たちは八月から準備を始めなければならなかった。失敗は絶対に許されない。何もかも完璧に整えておかなければならない。

何はともあれ、さまざまな作業班が早朝から夜遅くまで大忙しで祝賀会の準備に取り組み、ほかの仕事は二の次にされた。妊娠七カ月を迎え、この仕事は私にとって非常に大きなストレスになっていた。共産党のありとあらゆる歌と標語を生徒たちに教えなければならず、しかも一字一句まちがわないように暗記させなければならない。

「この祝典さえ終われば」と毎日願った。それほど、私は疲れていた。夕方、大きくなったお腹をなでながら、このストレスが赤ちゃんに影響しないようにと願った。この世に生まれ出るとき、この子は痛みを感じはしないだろうか。はたして、幸せになれるのだろうか。

明日が祝典という日、教師全員が校舎の外に集まり、建物や道路の清掃と飾り付けを行った。当日の祝典は日の出直後から始まり、大勢の人が旗を振って歓声をあげた。何時間にもわたって革命歌を

2010年10月、娘ウキライが祖父母の家で弟の面倒をみている。

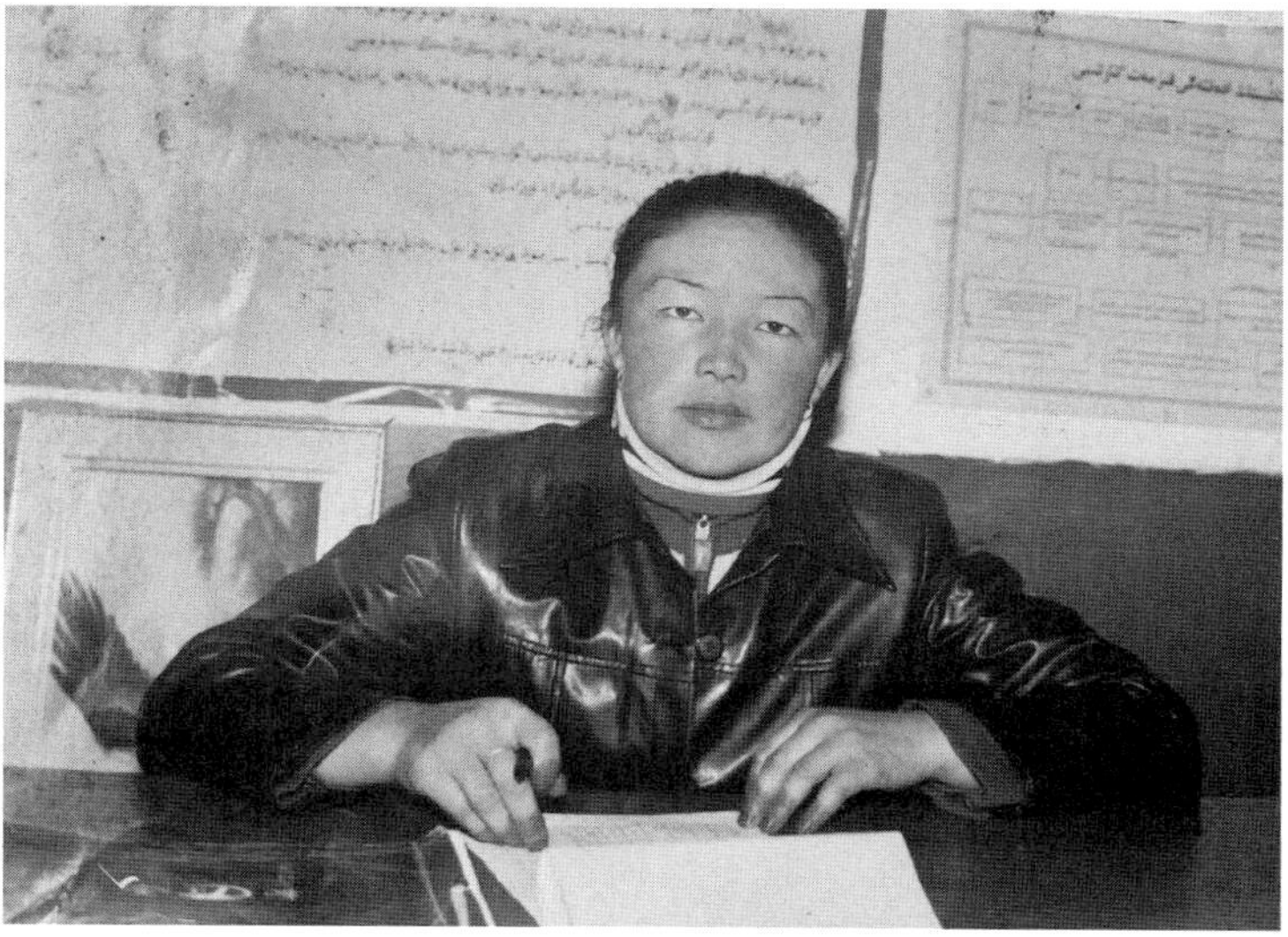

父親が村の子供たちのために創立した学校で教師を務めていたサイラグル。職員室にて。

上右：サイラグル母娘は、2010年の子供の日に、カザフの伝統的な聖地のひとつを訪れた。
上左：サイラグルの娘ウキライは、芸術的な才能に恵まれていた。2014年７月、サイラグルの故郷の山の上で踊ってその才能を披露した。

右：2014年７月、故郷の丘の上に立つサイラグルの娘と息子。

サイラグル。2007年５月、大学にて。

サイラグルは、つねに首席の向上心の高い生徒だった。
2004年５月にはイリ自治区のアカデミーコンクールで一等を取っている。

サイラグルは、間もなく故郷で大きな催し物の司会者として有名になった。2006年３月、アクスの町のノウルーズ祭で歌うサイラグル。カザフの伝統のなかには、自然とのつながりや、宗教的信条、社会的結束など、民族の歴史すべてが息づいている。そのため中国政府は、10年後には中国の文化の演奏（発表）しか許可しなくなる。

2011年６月、アクスの学校のフェスティバルの隊列行進に、サイラグルは歌手として参加した。

恐れのない日々。2002年１月、両親の家の中庭で雪で遊ぶサイラグル。

2007年６月１日の「子供の日」に参加させるため、サイラグルの母親と姉妹が娘ウキライをアヒヤーズの学校に連れて行くところ。

KAZAKH HUMAN RIGHTS

「アタジュルト」が開催した集会。外界と完全に遮断されている隣国・新疆ウイグル自治区にいる家族の消息がわからず絶望しているカザフ人たちが、なんとか連絡が取れることを期待して、愛する人の写真を掲げて訴えている。

Сайрагүлге Бостандық !!!
Freedom for Sairagul !!!
Свобода для Сайрагул !!!

カザフスタンでサイラグルの裁判が行われていたあいだに、この専制主義の国での過去最大規模の平和的抗議活動が展開された。あちこちの路上で、カザフの重要証人のために声をあげ、３カ国語で「サイラグル・サウトバイに自由を！」とプリントされたＴシャツを着た人たちが見られた。

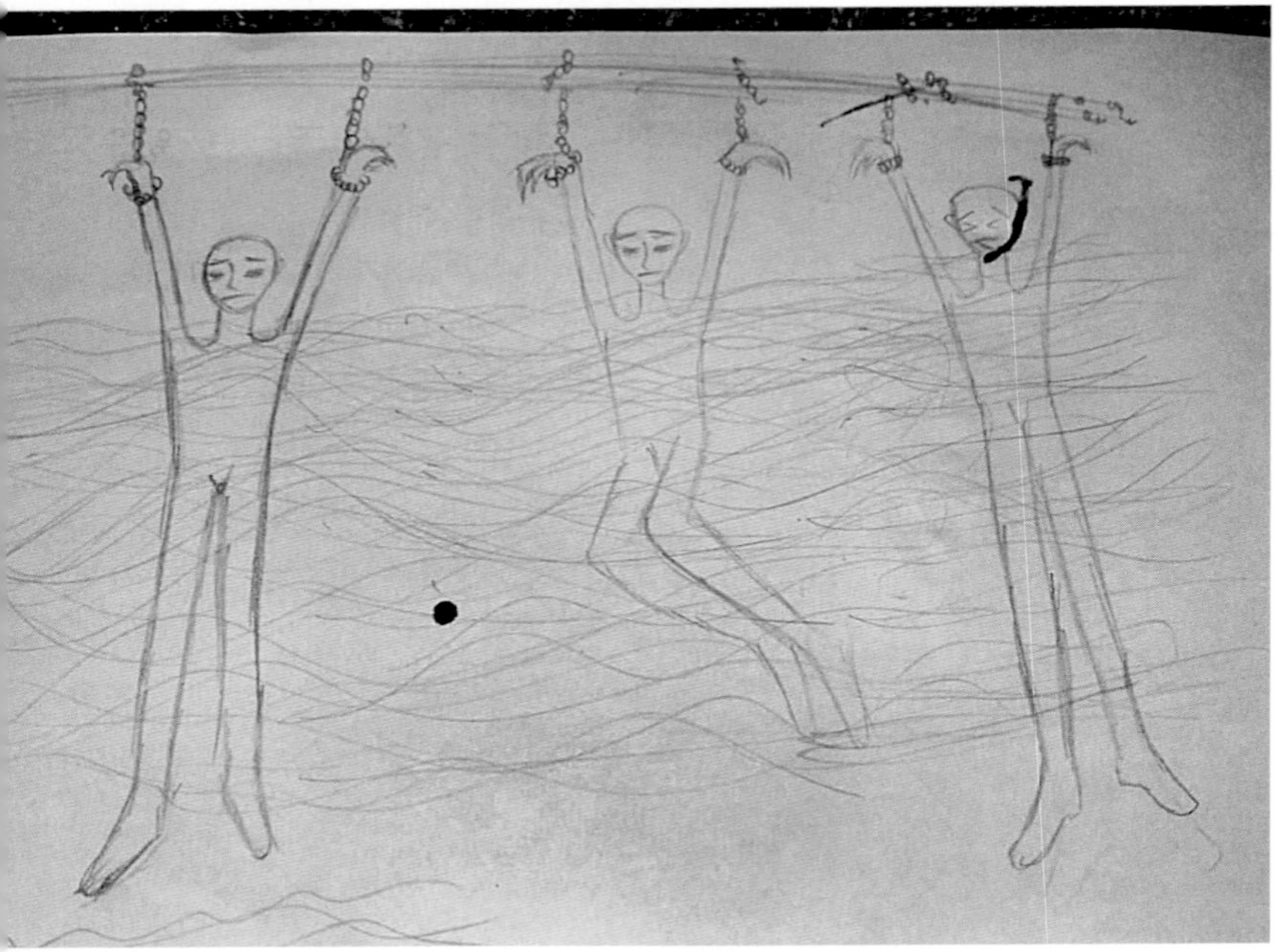

収容所の地下にある水中監獄でどのように拷問されているかについての証言に沿って、サイラグルが描いたスケッチ。手を鎖でつながれ、何週間も汚水のなかに漬けられている。

左ページ下：拷問と洗脳が横行する収容所で拘束されている人たち。ウイグルとカザフの人権保護活動家は、ここを「中国共産党のファシズム強制収容所」と呼んでいる。

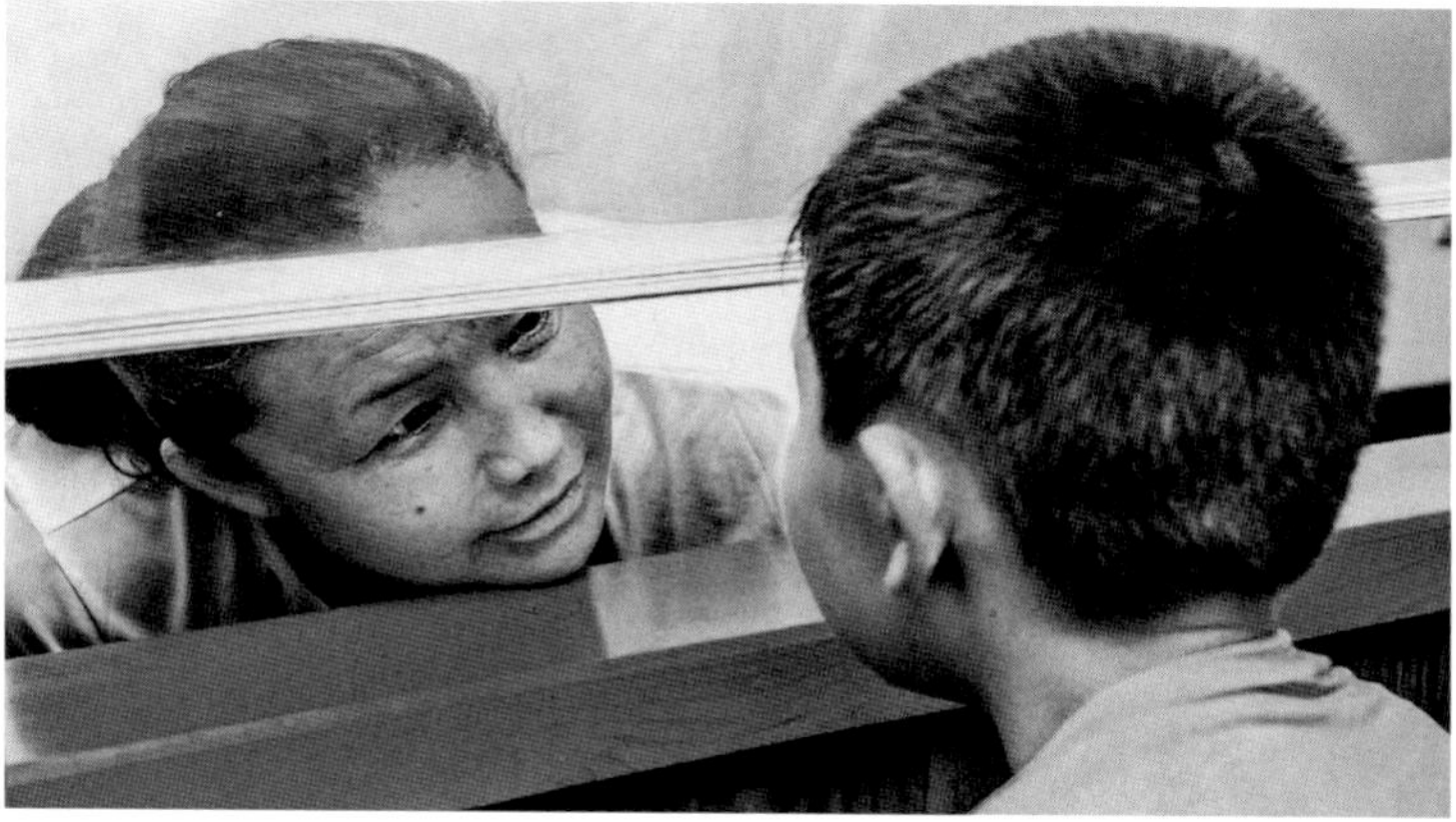

カザフスタンのジャルケントにある市立裁判所で。サイラグルと息子ウラガート。

法廷の被告人席で。
(AFP＝時事)

上：人権擁護活動の中で、自分の命を危険に晒すことを厭わない三人の非凡な人たち。左から人権活動家セリクジャン・ビラシュ、弁護士アイマン・ウマロヴァ、そして重要証人サイラグル。2019年３月、アルマトイで開かれた「アタジュルト」主催の集会に参加した。

右：息子ウラガートと数学教師。

上：2020年３月４日、「国際勇気ある女性賞（IWOC）」を受賞する。授賞式にてメラニア・トランプと、マイク・ポンペオ米国務長官とともに。

左：家族とともに。

アレクサンドラ・カヴェーリウスとサイラグル・サウトバイ。スウェーデンでの最後のインタビューのあとで。

＊口絵翻訳：川口マーン惠美

歌い中国のダンスを踊り続け、その間も拡声器からは「新疆は中国の不可分の一部である。中国が差し延べた援助のおかげで、新疆は豊かな地域に変わった」と唱える大きな音声が流れている。この祝典も結局は、統一された中国というプロパガンダを何度も繰り返すのが目的にほかならなかった。

私の足取りは重く、お腹も硬く強ばっていた。赤ちゃんも動いてはいない。「この体を授けたのは母だが、共産党が心に明かりを灯した――」と私の口は歌っていた。祝典は夜遅くまで続き、終了したら今度はきれいに片づけなくてはならない。とてつもないストレスを強いる行事で、喜びの源とはほど遠いものだった。

党の絶対命令について、ワーリも私も議論しなくなっていた。避けられないものとして命令を受け入れ、それぞれに課された新しい仕事のために全力を尽くし、必死になってトラブルに巻き込まれないようにしていた。

赤ん坊をつねる奇妙な母親

その年の一二月、母と姉妹たちがアクスにある私の家にやって来た。帰ったのは夜遅くになってからだが、その直後に最初の陣痛に見舞われた。私とワーリは大急ぎで準備を整えると、農場で働く従業員に声をかけ、その一人に車を運転してもらい、霧が立ち込める夜道を病院へと急いだ。

朝七時に病院に着いた私たちは、眠っていた守衛を揺すって起こすと、医師のもとに走ってもらった。医師を待っているあいだ、私は廊下を行ったり来たりしていた。事前に支払いをすませなければ診察が受けられないので、ワーリはお金を払うため、私の側にいてくれと従業員に頼んでから、七時五分、別の病棟に急いで向かった。

そのころになると陣痛はさらに激しくなり、私は看護師に、「お願い。もうこれ以上我慢できそうに――」と頼んだ。看護師は近くの診察室に案内してくれた。そして、部屋に入った直後、お腹の赤ちゃんはこの世に転がり出てきた。誰かの手をとくにわずらわせたわけではない。二〇〇九年一二月一五日午前七時一〇分のことだった。

当直の医師は、私もはじめて見る担当医で、赤ん坊が障害を負っている可能性については何も知らなかった。出産に立ち合うと、廊下で待っている従業員に近づいていき、「おめでとう。男の子です」と言ってその手を握った。従業員は慌てて携帯電話を取り出すと、赤ん坊の父親に電話をかけた。ワーリは窓口でお金を手渡している最中だった。「ワーリ、どこだよ。息子が生まれたぞ」

「ちょっと待って。なんだって？　なんでこんなに早く生まれるんだ」

看護師の一人が赤ん坊を抱き上げ、検査のために別の部屋に連れていこうとしたとき、私は、「その子をすぐに返しなさい。この子を診察する必要があるの」と威圧的な声で叫んでいた。ベッドで休んでいるはずの私に大声で命令され、二人の看護師は明らかに驚きながら、私の腕に慌てて息子を戻した。

息子の体に異常はないか、この目で確かめたかった。一本、二本、三本――手足の指は全部そろっている。鼻にも耳にも問題は認められない。しかし、知的障害を負っているのにちがいない。赤ん坊の反応を確認したかったので、看護師たちが見守るなか、私は生まれたばかりの息子の頬を強くつねった。看護師たちは、「かわいそうな赤ちゃん、いったいこの気の触れた女は、自分の子に何をしているのだろう?」と思っているはずだ。

「なぜ泣かないのだろう」と思った。「何も感じないの?」。もう一度つねった。こらえきれなくなって私は声をあげ、看護師たちをこの部屋から追い出した。「二人とも出ていって。あなたたちは何もわかっていない」

翌日、医師たちが検査の結果を教えてくれた。身体的な障害は何も認められない。「心配はいらない」と彼らは言うが、言うだけならなんとでも言えるだろう。

二日後、ワーリと私は自宅のソファに座りながら、生まれたばかりの赤ん坊を力なく見ていた。「この子が一人で生きていけなければ、僕たちはどうしよう？　こんな世界でこの子は、これからどうやって生き抜いていけばいいのだろう？」。そう言って父親は息子の柔らかい頬に指を沿わせながら、「でも、なんてかわいい赤ちゃんなんだ」としみじみつぶやいた。

家にはひっきりなしに客が訪れ、電話も鳴りやまなかったが、私たちは誰にも会いたくなかった。おめでとうの言葉も聞きたくはない。赤ん坊の状態はどうなのか、私たちにはまだ確信が持てなかったからである。赤ん坊が生まれたら友人や知人をみんな集め、盛大なお祝いを催すのが私たちカザフ人の伝統だが、そのお祝いは生まれてから四〇日過ぎまで待たなくてはならないというしきたりがあった。「それまで待ちましょう」と私はワーリに頼んでいた。

私たちの伝統では、四〇日を迎えるまで赤ん坊には名前をつけてはいけない。この伝統は昔の高い乳児死亡率に由来している。私たちの先祖にとって、生まれたばかりの赤ん坊は地下の世界からの使者で、その魂はいまだ地下につながり、生後四〇日を過ぎてその結びつきは弱まっていくとされている。

数カ月にわたって続いた精神的な緊張から立ち直り、さらに赤ん坊が生まれて四〇日が過ぎると、私は赤ん坊の耳元で、「ウラガート」と三度名前をささやいた。そしてこの子の祖母、おじやおば、ほかのみんなに誇らし気に披露した。「私は本当に幸運な星のもとに生まれた娘だ」と小さなウラガートを抱いてあやしながら、私は自分に言い聞かせていた。

これ以上、人生に求めるものなどあるのだろうか。私たちは本当に仲むつまじい夫婦で、二人のすばらしい子供にも恵まれた。一生懸命働いて独力で幸せな暮らしを築いた。そのころには、別の村に子供服の店をもう一軒出せるまでになっていた。家は町でいちばん立派で、その前には青いシボレーが停まっている。

そのころ写した古い写真の一枚に、二人の子供を連れてアクスの近くで行われた行事に参加したときのものがある。カザフの競走馬も映っている。息子のウラガートは生後五カ月で、娘のウキライは四歳だ。写真の背景にはたくさんの道路標識や店の看板が写り込んでいるが、カザフ語で書かれたものは一枚もなく、ひとつ残らず中国語で書かれている。

夜になってテーブルに向かい、自分たちの生活を振り返ったとき、私たちはこの生活に心から満足していた。悪いほうに考えてはいけない。そうしなければ、これからいい時代がやってくるという希望が打ち砕かれてしまう。「最初はみんな大変だったが、少しずついいほうに向かっていく」と考えるようにしていた。私たちは、アクスの町でも知られる存在となり、周囲の尊敬を集めていた。「だいじょうぶ。なんとかなる。すべてうまくいっている」という安堵感に包まれることができた。

唯一の心配はワーリの健康だった。本当に心配だった。顔色はますます悪くなっていき、神経が過敏になって痩せ細っていった。そのまま分解してしまうのではないかと思えた。彼の語彙には「休む」という言葉がなく、学校の仕事を家に持って帰り、夜遅くまで仕事を続けたが、どれほど努力しても校長を満足させられない。その緊張感と不安感のせいでワーリの体力は奪われていった。

中国人であればすべて無料

二〇一〇年と一一年にかけて、中国政府が大量の中国人を東トルキスタンに入植させると、誰もが「漢化」という言葉を口にするようになった。漢化は私たちの祖国に深刻な影響をもたらした。中国の建設会社はカザフ人が暮らす村という村にやって来ると、すさまじい勢いで何百戸という住宅を建てていった。どの家もなんの変哲もない、のっぺりとした家だったが、残っていた私たちの歴史や文化は、古い建物といっしょに消し去られていった。

私たち先住民の家とは異なり、これらの家の外観はシミひとつないほどきれいなばかりか、いかにも現代的で細部まで設計が行き届いていた。家は新たな入居者のために国が用意したもので、家賃は無料だ。彼らは鍵を受け取り、新築の家に引っ越すだけでよかった。新たに商売を立ち上げたいとか、あるいは農場を経営したいという者がいれば、国は必要な建物や飼育場も作ってくれた。

内陸部から何千人という中国人がいっせいに押し寄せてきた。中国政府が引っ越しの費用まで面倒を見てくれたので、おそらく全員が自分から進んでやってきたのだろう。入植者は手厚い資金援助を受けているにもかかわらず、先住民にはいかなる資金援助もなく、先住民が抱えている無言の非難はその顔にますますはっきりとうかがえるようになった。「自分たちはいつも不当に扱われている」。どうして、私たち先住民の要求はないがしろにされてしまうのだろう。

さらに、「一人っ子政策」が入植者には適用されない事実を知って私たちは驚いた。当時、まだこの政策は廃止されていなかったが、彼らの大半は二人の子供を持っていた。地元民のなかには、「さらに早く、私たちを置き換えようとしているのかもしれない」と警戒する者もいた。

コンピューター技術者として働く友人は、「もっと慎重になれ」とそれまで以上に躍起になって警告していた。「とにかく警戒しなくてはならない。政治の話は家でもしないほうがいい。もちろん、まわりに誰もいなくてもだ」。中国の企業はテレビや家財道具に盗聴器をしかけており、あらゆる人間が監視されていたのだ。

当たり前の生活など、とっくの昔に送れなくなっていた。

剝き出しの抑圧

そのころから、ワーリはますます自分を追いつめるようになっていた。「自分でも何が悪いのかわからない。頭がこれ以上働かなくなってしまった」と言っていた。仕事はあまりにも長い時間にわたり、その最中に不意にわけがわからなくなって、それ以上神経を集中させることができなくなる。夜も眠れず、いろいろな思いが頭のなかで渦巻いているが、朝になると頭のなかは空っぽになっていた。置かれている状況のせいで、ワーリは体調を崩していた。そして、そんな状態を治す薬は存在しなかった。

それまで北京政府は比較的穏やかな方法で、私たちの固有の文化と伝統を少しずつ切り離し、あらゆるものを中国式に改め、それ以外の生活様式をことごとく圧殺してきた。だが、ここにきて政府の方針は容赦ないものに変わり、必要ならどんな手段でも使うようになっていた。

ワーリは時折、呼吸さえできなくなっていた。あまりにも自分に厳しく、課されたすべての仕事に必死に対処するあまり、本人の幸福感や充実感がことごとく犠牲にされていた。ほかの誰よりもはるかに多くの仕事を抱えれば、もちろんミスは避けられない。だが、ワーリは骨と皮になるまで痩せても、仕事へと自分を駆り立てていた。まるで誰かにムチで追い立てられているようだった。

次の診察のために病院を訪れたとき、医師はワーリを入院させた。数日の入院だったが退院の間際、医師はワーリに向かい、「まず、回復するには十分な時間が必要だ。あまり過剰なストレスがかからない仕事を探したほうがいい。こんな生活を続けていたら死んでしまうだろう」と警告した。

子供たちが寝たあと、キッチンのテーブルに向かい合い、この問題について話し合った。

「半月ほど家でゆっくり過ごしたらどう」とイスを引きながら、私はなだめるように言った。

「生活に差し障りはないのかい」と自信のない答えだった。心ここにあらずで、何か別のことを考えている様子だ。

「必要なものはすべてあるし、十分な貯金もある。私は教師の仕事を続けるし。家でゆっくりしていれば、じきによくなるわ。あなたが好きな料理はなんでも作ってあげる。自分でも気づかないうちに、脳の細胞が昔みたいに元気になるはずよ。きっと、そうよ」

「たしかに、辞めたほうがいいのかもしれないね」と恥じ入った声で認め、避けられない現実をワーリは受け入れた。これ以降、ワーリは農場と子供服店の経営に専念することになった。そして驚くことに、ゆっくりとではあるが健康を取り戻していった。

公共部門に従事する先住民は、「さらに速く、さらに高く、さらに先に」という標語のもとで働いていた。二〇一一年、私が勤務する地区は、よりにもよって教育事業の五つの実験地区として、党から指名されてしまう。各校の校長に課された義務は、共産主義の道徳的価値に関する生徒たちの理解の向上を図ることだった。それまで月曜日の朝一回だけだった国旗掲揚は、毎朝の行事に改められた。義務の遂行をめぐり、生徒も教師もいままで以上に苛酷なプレッシャーのもとに置かれた。

だが、それでもまだ十分ではないとばかりに、共産党幹部はさらにいろいろな行事を立案し、それらを通じて、「偉大で光輝に満ちた、無謬の党」という共産党支配の正当性について叩き込んでいた。全員が参加しなければならなかったが、ここでも生徒たちにはその言葉が理解できず、またもや涙で顔を濡らすまで激しく叱られつづけた。

党は「新疆」という新たな科目を導入した。それは壊れたレコードのような歴史教育で、「新疆は中国とは不可分の関係」という主張が繰り返されていた。どうやら私たちは、毛沢東のころからだけではなく、何世紀も前から中国人だったようである。

先住民の教師は、印刷されたばかりの教科書を音読して生徒に教える決まりになっていた。中国人のおかげで、文化の遅れた辺境の地で暮らしていた原始的なウイグル人やカザフ人は、一人前の文明人として生活することを学んだと私たちは大きな声で読み上げていた。

口をテープでふさがれて

ウラガートが三歳半になったので、ウキライのときのように幼稚園に通わせた。だが、入園からしばらくすると、ウラガートは幼稚園に行くのを拒むようになり、朝になると泣いたりわめいたり、床を転げまわって嫌がるようになった。抱き起こしても、すぐに座り込んでしまう。「幼稚園にはもう絶対に行きたくない」。心配になった私は、何が原因なのか本人に聞いた。「どうして嫌なの。楽しいでしょう？　みんなといっしょに遊べるのに」

だが、ウラガートをなだめることはできない。「ぼくの口をふさいで、しゃべらせてくれないんだよ」と言っている。私もワーリも一瞬なんの話かわからなかった。しゃくり上げて泣くとぎれとぎれの話から、幼稚園の中国人教員が、カザフ語でほかの子供たちと話さないよう、ウラガートの口に粘着テープを貼りつけていたのを知った。私もワーリも驚いて顔を見合った。「先生は毎日そうしているの」とウラガートは力なく答えた。「ぼくは一日中口にテープを貼ったまま歩いているの」

「そんなはずはない」とワーリは信じられない様子で言っていたが、私たちは二人とも確信が持てなかった。私の胸に顔を埋めてウラガートがしがみついてくる。その背中をなでながら、「だいじょうぶよ、先生に話してみるからね」と言ってなだめた。「だいじょうぶ、きっとよくなるから」。だが、そんな言葉には耳を貸さず、ますます強くしがみついてくる。まるで自分の身を隠す洞窟を探しているようだった。「絶対によくならない。二度と幼稚園には行かない」と言い張るばかりだ。

幼稚園に問い合わせると、息子の話にまちがいはなかった。母語で話すカザフ人の子供全員が口にテープを貼られて一日中過ごしていた。幼稚園の教員たちは、退園時間が近づき、親が迎えにくる直前にテープをはがしていたのだ。

「もうこんなことには我慢ができない」と私は自宅で憤慨していた。ワーリと私は今度こそカザフスタンに移住しようと考えた。多くの家族や知人がすでに東トルキスタンをあとにしており、自分の子供がどのような扱いをされているのかを知った親は、ただちに荷物をまとめていた。ウラガートのパスポートを申請してもう何週間も待ちつづけているが、必要な書類をまだ用意できない。有効なパスポートでなければ、私たちは動くことができないのだ。

だが、私たちはこの計画を別の理由からしばらく先延ばしにした。手がけていた事業が本当にうまくいっており、近くには親戚や友人も暮らしていたからだ。「たしかにカザフスタンなら、自分たちの言葉が話せ、たくさんの親戚もいる。しかし、またしても一から仕事を始めなければならない」と考えたのだ。新しい土地で自分の足場を築くのは容易ではない。そうした理由のせいで、私たちはなかなか決断がくだせなかったのだ。だが、この先延ばしは致命的な誤りだったことがのちに明らかになる。

少なくとも娘のときは、問題のない私立幼稚園が見つけられた。その幼稚園の規則は、国営の幼稚園ほど厳格ではなく、ウキライはカザフ語が話せた。もっとも、娘もまたそれなりの障害に直面していたのかもしれないが、そうした問題についてあの子はとくに話そうとしなかった。

ほかのカザフ人家庭のように、私たちも家ではカザフ語で子供と話していた。カザフ語で書かれたたくさんの本を読んであげただけでなく、家族みんな音楽が好きだったので、昔から伝わるカザフの曲を聴いたり、踊ったり、あるいは楽器を演奏したりしていた。

ウキライの声はとりわけ愛らしく、二弦のドンブラも弾けた。このころはまだ、子供たちに代々伝わる技能を教えることが許されていたとはいえ、イスラムの信仰上の教えについては、最初から子供たちには何も語らないようにしていた。そうしないと、自宅の宗教教育について、学校や幼稚園でつい話してしまうおそれがあった。そんなことにでもなれば、私たちはテロリストとして刑務所に閉じ込められてしまう。

中国人教師は、授業中、先住民の生徒に質問をしていた。家族の生活を聞き出すのが狙いだ。「何も用がないとき、家族はどんなふうにして過ごしている？　家族でどんな話をしている。君も『コーラン』を読んでいるのか？」。教師はそうやってあらゆる情報をせっせと集めることで、親を子供から引き離すことができたのだ。

ウキライとウラガートに対し、「二人ともムスリムだから、きちんと礼拝の時間を守らなくてはならない」とでも教えようものなら、一家全員に危険がおよんだ。自宅の本棚には『コーラン』はなかった。勤め先の校長も、「われわれがしたがうべきは党の決定であり、宗教の教義ではない」と明言していた。

私たち夫婦は人間が生きていくうえでの常識として、死んだ祖父のように一〇のルールがあると子供に教えていた。「嘘を言ってはならない」「環境を守り、動物をいじめてはならない」「誰かを傷つけるような真似はしてはならない」。党が掲げるルールとはまったく正反対の教えだった。

結局、カザフ語が話せる別の幼稚園はすぐには見つからなかったので、ウラガートは退園させ、家で面倒を見ることにした。ワーリは、「もちろん、僕にも異存はない。僕もこうして家にいる身だからね」と言って、息子に向かってウインクしていた。「納屋の仕事を手伝ってもらえるな」。その言葉にウラガートは跳び上がって喜び、「万歳！」と心からの歓声をあげた。

中国で三番目に汚れた町

一年後、ワーリは新しい仕事にかかわってみたいと思うほど元気を取り戻し、格好の条件を提示されたウルムチの仕事に一も二もなく応じた。ワーリは中国語が堪能だったので、彼が入社した中国の建設会社は、是が非でも彼を採用したがっていた。会社のコンピューターを使い、建設資材の入出庫を管理するのが彼の主な仕事だった。

ウルムチは新疆ウイグル自治区の首府で、自治区最大の都市である。私たちが暮らす町からはかなり距離はあるが、鉄道や飛行機で結ばれていたのでアクセスは良好だった。二時間足らずで行けるので、週末になると子供二人を連れて彼のもとを訪れていた。会社は郊外の小さなアパートをワーリのために用意していた。「学校の仕事に比べれば、まるで子供だましだよ」とワーリは言っていた。一日の労働時間は最長八時間に定められ、責任の所在もはっきりしていた。

ウルムチでも折あるごとに、カザフスタンへの移住の話をしていた。「学校のほうは、いまも難しい状況だから、すべてを放り出して辞めるわけにはいかない。辞める前にまずやらなくてはならない責任を負っているの」と私は話した。昇進したことでますます重い責任を負うようになり、仕事は以前の倍になっていた。本音を言えば、机に置かれた書類がいっこうに減らない仕事など引き受けたくはなかった。

週末に訪れていたウルムチだが、町の中心に行くのは避けるようにしていた。いたるところで超高層ビルが密集して建ちならんでいる。道路は車であふれ、排気ガスの悪臭や渋滞、騒々しいクラクションから逃れられない。歩道も人だらけだ。押し合いへし合いしなければ前に進めず、子供を連れて動きまわれるような場所ではなかった。

スモッグのせいで町は灰色のベールに覆われ、陽の光も差し込まなかった。町は黒い棺外布で覆われていた。ビルの向こうに見える工場の煙突から煙が吐き出されている。ウルムチは不名誉な統計値でも知られており、汚染のひどさでは中国で第三位の都市だ。ワーリの会社とアパートは幸いにも町の郊外に位置していた。

「見て、こっちのポスターはもっと大きいわ」。空港に向かうタクシーの後部席に座り、外を見ていたウキライがびっくりして声をあげた。習近平が二〇一二年一一月の共産党中央委員会総書記、翌二〇一三年三月に国家首席に就任してからというもの、習近平の肖像画と党のプロパガンダ用ポスターはこの国のあらゆる場所に貼り出されるようになった。ポスターは、毛沢東が好んだ古めかしいタイプで、農民の姿がカラフルな色調で描かれていた。「人民は幸福だ」「党のおかげで中国は強国になった」。それからまもなく、党とその指導者の力をあらゆる場所で目の当たりにすることになった。

北京政府の次の最優先事項が「テロリズムを取り締まれ」だった。習近平はテロの恐怖をこれまで以上にあおり、中国の敵と思える存在を悪者にすることで、みずからの権力基盤のさらなる強化をもくろんでいた。ますます多くの人間が刑務所に詰め込まれていった。二〇一四年、ほぼすべての五つ星ホテルは中国人だけしか利用できなくなった。先住民はどれだけお金があろうと関係がない。さらになんの前触れもなく、鉄道駅で漢民族と非漢民族の中国人が区別されるようになる。漢民族はセキュリティチェックを免除されたが、それ以外の民族出身者は信用できないと見なされ、何重ものチェックを受け、場合によっては乗車目的や乗車時間についても問いただされた。こんな処置に、私は南アフリカのアパルトヘイトやアメリカの黒人差別法《ジム・クロウ》など、白人と有色人種が厳密に区別されていた時代の話を思い出していた。

二〇一四年を迎えると、アクスでの私の生活はますます多忙になった。農場や子供服店の仕事で徐々に圧倒されていく一方、学校ではますます複雑で手間のかかる組織化の仕事や調整の仕事が増えたうえに、さらに予定外の課題が加わって、二人の子供の面倒さえ十分に見られなくなっていた。ワーリとの電話で、「あなたが戻ってきて、ウキライとウラガートともっといっしょに過ごせるようになれればいいんだけど」と話した。電話からまもなく、ワーリはアクスに帰ってきてくれた。

ようやく家族で暮らせるようになった。週末になると私は喜々として荷物をバッグに詰め、一家全員で遠出してくつろいだ時間を過ごした。こんなふうにして過ごせる機会が得られたのは本当に久しぶりだった。

ほかの一家といっしょに、私たち家族は温泉地として知られるアキヤーズ渓谷をよく訪れた。渓谷は天山山脈の中央にあり、四方を山々で囲まれている。家から車で四時間ほどのところにあり、私の実家がある村からも近かった。地元の人間のあいだでは、この谷は霊験あらたかな地で、病気を治す力があると信じられていた。観光客向けにカザフ式のフェルトの天幕《ユルト》とたくさんの馬が用意されていた。季節に関係なく、谷はいつも緑に覆われていた。

　山の上のほうにはカザフの遊牧民が家畜とともに暮らしていた。彼らはこうやって何世紀にもわたってここで生きてきた。谷を流れるアキヤーズ川が日の光を浴びて輝いている。川面は一方が青色、もう一方は白く輝き、見えない手によって描かれた天然の境界線で塗り分けられているようだった。おとぎ話に出てくるような風景に多くの先住民は魅了され、昔から人気の土地として愛されてきた。そしてここは、中国人の開発の手を免れてきた数少ない土地のひとつでもあった。

　しかし、一九九八年を境に、大量の中国人が流れ込んでくる。彼らは坑道を掘って金《きん》を採掘すると、その後、湯治目的で訪れる大量の中国人観光客を狙った事業や商売を始め、ついにはここを訪れる先住民にまで入場料を課すようになったのだ。この渓谷は何世紀にもわたり、先住民が訪れるのを習わしとしてきた聖地である。途方もない屈辱感を与える仕打ちだった。それでもなお、この谷を訪れるたび、私はいつも深々と息を吸い込んでいた。なんといってもここは私たちの先祖が暮らしていた土地なのだ。

　最後にこの谷を訪れたとき、中国の技術者たちが川の近くで土壌サンプルを採取している姿を見かけた。「あの人たち、何をしているの？」と娘に聞かれたが、私たちにはさっぱりわからなかった。

不吉な前兆ではないのか、そんな虫の知らせをかすかに感じていた。大勢の中国人がこの川で金を探していた。彼らは水銀や毒物を川に流したばかりか、川の流れさえ変えていた。その結果、流れはさらに勢いを増し、周辺の地域に漏れ出した有害物質のため、ここで暮らす人々や動物の命が奪われていく。二〇一五年、当局は周囲を立ち入り禁止区域に指定し、誰も足を踏み入れることはできなくなった。以来、古代から崇められてきた最後の聖地のひとつに何が起きたのか、私たちは何も知らない。

私たちはウルムチの近郊にそびえる山々にも魅了されていた。ここの山景もまた夢のような美しさをたたえ、何世紀にもわたって、多くのカザフ人の心の故郷とされてきた。市内から一〇キロ南のウランバイに、中国人は何年も前から目をつけ、最終的に土地を手に入れると観光地として開発してしまった。中国の建設会社は、開発を始める前、地元の人間に自分たちの事業計画をしつこく売り込み、「大儲けできますよ。生活が本当に豊かになりますよ」とさまざまな約束をしてまわるのが常だった。土地の農民たちもついその話を信じてしまい、わずかな金額で牧草地を売ってしまうこともよくあった。しかし、その分け前にあずかれない事実に気づいたころには、もはや手遅れだった。開発にともなう仕事も、ほとんどが中国人によって占められていた。

しかし、中国人が次に遭遇したのは、都市で暮らし、教育を受けたカザフ人の抵抗だった。二〇一四年、ウランバイで、ウルムチ市のカザフ人と中国軍のあいだで大きな衝突が起きるほど緊張は高まった。この事件は記事にも書かれ、ビデオにも記録されている。中国人がカザフ人の家を破壊し、逃げ惑う女性を殴っている様子を見ることができる。暴行のせいで多くのカザフ人が病院に送られた。こうした暴力行為をめぐり、地元政府と中国政府は一時的に対立したが、最終的には北京が押しきった。腐敗した制度のもとでは、政治的譲歩もお金しだいだ。

国営メディアはいつもの調子でこの抵抗運動についても報じていた。「北京政府は同地区に繁栄をもたらしつづけているにもかかわらず、無教養で攻撃的な少数派のトラブルメーカーがそれを阻止しようと、むだな邪魔立てをしている」

先住民の多くは、処罰を恐れ、意のままにされる苦痛を何世代にもわたって押し殺してきた。祖父たちが私たちの両親にしてきたように、ワーリも私も口をつぐむことで子供たちを守り、二人には東トルキスタンの歴史や政治については何も話さないようにした。頬を張られても観念して受け入れ、私たちは鎖につながれた奴隷と変わりはなかった。

私たちは自分で考えることを学んでおらず、批判を口にしたことさえない。中国には自由な思想は存在せず、別のことを自主的に試してみる裁量の余地もない。自分で判断して対処できる範囲はきわめて限られている現実に、私たちは子供のころから慣れていた。あらゆることが目の前に用意されているようなもので、自分は何が欲しいのか、そんな当たり前のことさえ自分で決めようという考えそのものすら思い浮かばなかった。みずからに対するこのような制約は、中国共産党が私たちに植えつけてきた恐怖によってのみ成り立っていた。こうした制約の向こうにあるものについて、私たちが気づくのを中国共産党は恐れていた。

ずたずたにされた母国の風景のように、私たちの人格も廃墟と化していた。しかし、中国のような社会で暮らす人々は、それ以外にどんな方法で応じられるのだろう。党は私たちの精神に荒廃をもたらし、体を蝕んできた。いま振り返れば、私の全身の血が怒りで沸き立つ。穏やかに暮らしていくのを彼らが認めてくれることを願い、私たちは彼らを喜ばせるためにあらゆることをしてきたが、すべては時間のむだだった。私たちの努力はすべて無意味にすぎなかった。まったくの無益だった。

当時の私は、自分が負っていた途方もない重荷に気づいていなかった。西側世界に逃れてきて、私ははじめて中国共産党に対する憎悪を表明する勇気と、中国共産党との縁を正々堂々と切る勇気――「私はもはや中国共産党の一員ではない！」と宣言する勇気を得ることができた。そう口にした瞬間、私は鉛の詰まったリュックサックを降ろしたような大きな安堵感を覚えていた。軽々として、空さえ飛べるような感覚だった。

しかし、そこに至るまでには、苦痛と苦悩に満ちた道が待っていた。

三悪

たとえるなら、私たちは火薬樽で、その樽につながれた長い導火線に中国政府が火をつけたようなものだった。なんの前触れもなく、あらゆるものがいっせいに炸裂した。この時期、あまりにも多くの抗議と不満に根差した襲撃が立て続けに起き、私たちもすべてを知ることはできなかった。たとえば、二〇一四年三月、雲南省昆明《こんめい》市の鉄道駅で覆面をした数名の人間がナイフをかざして通行人に襲いかかると、翌四月にはウルムチの野菜市場で襲撃事件が発生した。一連の事件は私の記憶から完全に抜け落ちている。ウイグル人のテロリストが市場に爆弾をしかけ、その結果、何十人もの命が奪われ、一〇〇人を超える人たちが負傷していた。

中国政府は、国外の狂信者がウイグル人をたきつけて暴力行為に走らせていると説明し、「テロ行為の炎はかならず鎮圧する」と宣言した。政府は連日のように、彼らが「三悪」――テロリズム、分離主義、宗教上の急進主義――と呼ぶ方針について語っていた。国営放送では、政府の圧倒的な力を誇示するため、対テロ部隊が行進するシーンや、武装した治安部隊がアパートを急襲して容疑者――

のちに処刑――を逮捕する映像が何時間にもわたって放映されていた。文書によって、中国政府はすでに二〇一四年の時点で、ムスリムを収監する収容所の建設業者を選定する入札を行っていた事実が明らかにされている。

子供たちが不適切な質問をしないように、二人に見せるテレビは子供向けの番組だけにしていた。娘はすでに小学四年生で、とても一生懸命勉強し、息子の幼稚園問題も片づいて私は安心していた。新しい幼稚園は、私が二〇一五年から運営していた五つある幼稚園の一校で、自分の幼稚園なら目も行き届く。子供たちには、「どうして、クラスでは自分たちの言葉を話せないの」といつも聞かれていた。「お役所がそうしてほしいと言っているの」。私は手短に答えるようにしていたが、しばらくするうちに二人も尋ねてはこなくなった。

夕方、私たち夫婦はテレビに釘づけになり、不安に駆られていた。中国ではじめて恐ろしい自爆テロが発生したのだ。習近平は数々の演説で、シリアやアフガニスタンで訓練を受けたテロリストによって、新疆でもいつテロが発生するかわからないと警告していた。

テロリストが本当に新疆で活動しているのかどうか、私たちにはわからなかった。それを裏づける証拠に乏しく、誰が背後にいて、本当に国外勢力と関係があるのかも明らかではなかった。「かりにそうだとしても、過激派のなかにカザフ人はいないと思う」とワーリは言っていた。そもそも、習近平のこんな話にどんな意味があるのだろう。私たちカザフ人は、シリアやアフガニスタンで戦うようなことはしない。なぜなら、カザフ人は自分たちの祖国にいて、なんとか生き延びていこうと必死に闘っている最中だったからである。

おしなべて言うなら、東トルキスタンのカザフ人は、他の地域で暮らすウイグル人よりはまだ恵まれた状況に置かれていた。失業者や困窮に苦しむ者はカザフ人のほうが少なかったからだ。地元政府は東トルキスタンのカザフ人とのあいだに良好な経済関係を維持してきたが、北京政府は時間をかけてその関係を切り崩そうとすでに動き出していた。

ウイグル人に関する政府のプロパガンダなど、私たちは誰も信じていなかった。ウイグル人の多くは、私たちの友人であり、同級生であり、同僚であり、知人だった。同じテュルク系民族として、双方の文化もよく似ている。言葉や行動様式、建築様式にも共通点がうかがえる。民族を越えて結婚もしている。私たちと同じように一生懸命に働いて、平穏に暮らすことだけを願う、掛け値なしの普通の人間だ。彼らのなかにも過激主義者はいるだろう。しかしそれは、ほかの国と同じように、ごく限られた少数の人間で、それを理由にイスラム教を信仰するひとつの民族集団をテロリストとして一方的に決めつけることはできないはずだ。個人の犯した暴力行為に対して、このように応じるのは決して賢明だとは言えない。しかし、共産党はこの機会を逃さず、少数派であるムスリムをたがいに反目させ、中国人のあいだにムスリムに対する偏見をあおり立てた。

政府の思惑にもかかわらず、多少なりとも教育を受けた者は、中国政府の真の狙いがどこにあるのかがわかっていた。政府はウイグル人を盤上の駒として扱い、次の策略を練っていたのだ。習近平はテレビを通じ、全ムスリムを恫喝する新たな政治キャンペーンを展開していた。「新疆ウイグル自治区の住民は、今後手荒い治療を受ける時期を迎えた」とキャンペーンは伝えていた。「もう慈悲の余地」はなかったのである。

とはいえ、そのシナリオは、私たちが予想できるようなものではなかった。かつてこれほどの規模で行われた手荒い治療は存在したのだろうか。空恐ろしい未来の展望を見通した最も聡明な思想家でさえ、予想したこともないシナリオだった。新疆で生きる者たちは、この惑星で最も巨大な監視国家が作られていく様子を目の当たりにしていた。しかもその国は、二十一世紀ならではのビッグデータと最先端の情報テクノロジーを自在に使うことができる。

こうして、私たちの自己決定は完全に息の根を断たれた。

パスポートを取り上げられる

「すべての公務員はパスポートを提出しなければならない」という通達が当局から出された。驚いた私たちは「どうして？」と声をあげたが、当局の答えはそっけなかった。「心配するにはおよばない。事務処理の合理化を図るため、新技術による近代化を進めているだけだ。あらゆるデータを登録しなおすのが目的だ」。それでもためらう職員には、「だいじょうぶだ。パスポートはただちに返却する」と答えて安心させていた。

このころになると先住民の職員は懐疑的になっており、当局は別の意図を抱いているのではないかと疑っていた。たぶん、公務員を国外に出したくはないのだろう。国内に閉じ込めておきたいのかもしれない。私たちは同じ質問を繰り返し、パスポートの提出を先延ばしにしようとした。これに対して当局は、四月末までという締め切りを設定し、それ以降、未提出の者は処罰されると応じた。

ワーリはすでに退職して公共部門では働いていなかったので、パスポートを提出する必要はなかった。私はぬぐい去れない不安を覚えながらパスポートを手渡した。もちろん、提出義務は先住民の職員だけではない。中国人の職員も同じだったが、列に並びながら、中国人のパスポートはその場で返還されるものの、先住民のパスポートはそのまま持ち去られていくのを私は見ていた。

その夜、寝ているときに心配になった私は、「早くパスポートを返してほしい」と口にした。ワーリは「だいじょうぶ、心配しなくてもいい。早くお休み」と言って、私の髪をかき上げてくれたが、彼自身、その言葉を信じていないのは声の調子からわかった。

すでに国境警備隊が、「特別な許可書を所持していない公務員は越境させてはならない」という指示を政府から受けているとは夢にも思っていなかった。かりにパスポートを持っていたとしても、私は国境を越えられなかったのだ。

どうやら当局は、私のような人間が国家機密や新疆に住む少数民族への弾圧に関する情報を漏らすのを阻止しようとしているようだった。北京政府が最も恐れていたのは、中国に関するネガティブな情報が国外に漏れ、国のイメージや好調な経済が損なわれ、国際的優位の頂点に立つ道がはばまれることだった。中国共産党の理論誌『求是』は、主要な党員たちに、中国に関する話は肯定的な内容だけを世界に向けて発信するよう求めていた。

私たち夫婦は、この広大な野外刑務所のような国でもはや一日も過ごしたくなかった。心は決まっていた。カザフスタンに行き、そこで永住するのだ。パスポートを取り戻すために私は何カ月も粘り強く交渉し、担当者には「家族といっしょにカザフスタンの親戚に会いに行くだけです。用がすめばすぐに戻ってきます」と説明した。

しかし、あれこれ理由をつけ、彼らは私のパスポートを決して返そうとはしなかった。

別れの時

それまで何年も、北京政府の苦痛に満ちた影響を感じることなく過ごせる日が続いてきた。やがてそんな日は遠のいていき、月単位、週単位、そして毎日のように感じるようになり、そのころには、絶えずひりひりと痛感するようになっていた。

その夜、私とワーリは庭にあるリンゴの木の下に立っていた。「これ以上自分の国にいても、あの子たちには未来がない。あなたは一刻も早く自分のパスポートで、カザフスタンに逃げてちょうだい」と私は声をひそめて話した。「こんな調子で事態が進めば、まもなくあなたやあの子たちもこの国から出られなくなる」

とにかく、いまは自分のことを考えず、まず、家族を優先しようと心に決めていた。ワーリが息を飲んだ。彼の細い首で喉仏がごくりと動いた。うつむいたまま、黙ってじっと考え込んでいる。しばらくして、「たぶん、君の言うとおりなのだろう。ひとまず、僕が子供を連れて先に向こうに行ったほうがよさそうだ」。私は彼の両手を握り、「パスポートが取れしだい、すぐに追いついていけるわ」とすがるように話した。

溺れている女が折れそうな枝に手を伸ばすように、私はまだそんな希望にしがみついていた。翌日、ワーリは関係当局に出向き、子供を連れてカザフスタンに二カ月間滞在すると申請したが、やはり私の出国は許可されなかった。「あなたに対して旅行許可書を発給するのは、現時点ではやはり難しい。先に家族だけで行きなさい。二、三日もすればきっと合流できる」と言うばかりだった。

危険は承知していたが、二人の子供には、これでもう二度と故国には帰ってこられないと教えるつもりだった。「カザフスタンではもっといい生活ができるわ。あそこなら自分たちの言葉で話すのが許されているのよ」。ウキライとウラガートには嘘をつきたくなかったのだ。計画では、ワーリはカザフスタンの首都アスタナ〔現ヌルスルタン〕でアパートを借りて仕事を探し、子供たちの入学手続きを進めることになっていた。

二〇一六年七月、手はずをすべて整えて荷物をまとめた。車の使用登録は私になっていたので、長距離を移動する場合は私が運転しなければならない。ハンドルを握り、八時間かけて国境の町コルガス市まで家族を連れていった。高速道路では問題は何もなかったが、町に出入りする際はいつものように検問を受けなければならない。現在では国境の検問所だけではなく、短い距離の移動であっても、通常の検問所で車に乗っている者全員の顔をスキャンして検査している。

遠くのほうに、空港にも似た国境検問所の巨大な複合ビルが見えてきた。私は入口近くの駐車場に車を停めた。私とワーリは無言のまま車を降りて抱き合った。子供たちのことを考え、努めて普段どおりのようにふるまい、近所のパン屋に使いでも行く感じで別れを告げた。しかし、それでも子供たちには大きなショックだった。二人とも車から降りようとはせず、ずっと泣きつづけるばかりだ。

私まで泣きそうになった。涙声を隠そうと、のどが詰まったふりをしてせき払いをした。母親として、自分が悲しんだり、心から脅えたりしている姿は子供の前では見せられない。しわがれた声で、「いまは先に行ってね。すぐに追いつくから」と二人を諭した。だが、そのひと言で、ウキライもウラガートもさらに泣き声を張り上げる。「残っている用事はあと少し、できるだけ早く追いつくようにするから。約束よ」と繰り返し、さらに「あなたたちを決して独りぼっちになんてさせないわ。なんていったって、世界でいちばん大切な二人だもの」と私は念を押した。

二人ともそれは本当だと知っていたので、ようやく私たちのあとに続いて巨大なターミナルビルへと入っていった。内部は人でごった返し、いたるところに制服姿の守衛が立ち、ビデオカメラが設置されていた。空港と同じように、正規の書類を持つ者しかチェックポイントは通過できない。

ワーリは汗で濡れた私の手を握りながら、涙を流していた。「一刻も早くパスポートを取り返すことを優先してくれ。お金や財産は気にせず、あのまま残していけばいい」ときっぱりと言った。二人ともどうしようもないほど取り乱していた。すぐにでも合流したかったが、それができないのは私にもワーリにもわかっていた。このまま見詰めあっていたかったが無理だった。時間がない。子供たちの心を落ち着かせることを第一に考えなければならなかった。

両の手に二人の子供の手を取り、ワーリは国境を区切るバーの向こうへと進んでいった。ウキライとウラガートがころびそうになりながら、振り返って私のほうを見ている。三人が人混みに消えるまで、私は腕を振りつづけた。それから車に乗って家に戻った。

車のエンジンを切って、空っぽの家に入った。廊下で足を止め、私はボロ雑巾のようにそこに崩れた。つかの間、家はふたたび静まり返った。そして、私は大きな声をあげて泣きわめいた。何もかも失ってしまった。ひとつ残らず私から去っていった。泣くだけ泣くと身もだえはやがて静まり、背筋を伸ばして座り直した。声はささやきとなり、やがて私は石のように黙り込んだ。ぴくりとも動かなかった。いや、動けなかった。「父さん、こんなに弱々しい私を許して――」

東トルキスタンに来たチベットの暴君

二〇一六年八月、習近平は東トルキスタンの自治区党書記を新たに任命した。任命されたその党書記こそ陳全国にほかならない。この任命に先立ち、陳全国は七年間、隣接するチベット自治区の党書記として、チベット民族の文化と生活様式の破壊を指揮してきた。多くの人たちがこの男の過去を知っていた。チベットから訪れた者は、陳全国の非人道的な政策に抗議するため、僧侶たちが全身にガソリンを浴び、抗議の焼身自殺をしている事実をあらゆる人たちに語ってきた。

陳全国が任命されたニュースは、野火のようにアクスの町に広まっていった。「大量殺人者が新疆にやって来る」。私の友人は誰もがそうささやき合っていた。「私たちの身に、今度は何が降りかかってくるのだろう?」と死にものぐるいで考えた。みんな心の底から脅えていたのだ。

党の幹部は猛烈な勢いでプロパガンダに取りかかっていた。「陳全国は組織化にきわめて通じ、人民を導く偉大なる指導者である。開発途上にあったチベット自治区は、この人物のおかげで非常に短い期間で大発展を遂げた。その人物が新疆に来たあかつきには、ここに暮らす者全員が経済発展の恩恵にあずかれるようになるだろう」。彼らはこれ以上のない美辞麗句で新たな自治区党書記を称えたが、私たちはますます脅えるしかなかった。党が説く路線は、実態とは常に真逆である現実を私たちは知り抜いていたのだ。

陳全国の最初の決定を聞いたとき、私たちは青ざめた。「子供や老人も含め、公務員以外の者も全員、パスポートを提出せよ」と当局者は命じた。その瞬間、私のいっさいの希望はあっけなく消え失せた。「もう二度とこの国から出られない」と覚った。

道路では五〇メートルから一〇〇メートルごとに、小さなコンクリート製の建物がまるでキノコのように設けられていった。検問所だ。そして、黒や青、黄色の制服を着た警察官や補助職員が町のいたるところに立つようになり、道行く人を呼び止めては身分証明書を見せろと命じていた。返された身分証明書をしまっても意味はない。一分後、ふたたび呼び止められ、取り出さなければならなかったからである。わずか一〇〇メートルの道を行くのに一時間かかるようになった。さらに、なんの前触れもなく、全住民は健康診断を受けるように告げられた。

応じる意思がない者は、警察に出頭せよと命令された。

驚いたのは、エイズ検査と採血を終えたあと、もよりの警察署で網膜スキャンを受けるように指示された点だった。本人の同意を無視して、彼らは私たちの身体データを警察に渡していたのだ。「第三世代型の身分証明書がまもなく発給されるので、それに合わせて具体的なデータが必要なのだ」と、やれやれと言った調子で説明すると、一人ひとり全員の短いビデオ撮影を行った。「さあ笑ってみて、今度は悲しい顔をして。左を向いて、次は右——ついでに、声のサンプルも録っておこうか」

なぜ、声のサンプルが新しい身分証明書のために必要なのだろう。「それは、あなたの安全を保証するためです」と相手は念を押すように答えた。真相を恐れるあまり、誰もが現実を正視せず、都合よく解釈して、自分を納得させようとしていた。「最新の手法を使うのなら、そうした情報も必要なのは当然かもしれない」ともっともらしく考えた。政府は、こうして集めたあらゆるデータを使い、まもなく、東トルキスタンの住民の一挙手一投足まで追跡することができるようになった。

このころ、私たちが暮らす地方では、臓器狩りに脅えはじめていた。アクス市の北東に位置するクイトゥン市では、中国系ドンガン人の二人の子供の死体が橋の下で発見された。二人とも臓器が摘出されていた。無残に殺害された小さな遺体のかたわらで泣き叫ぶ家族を写した動画は、またたく間に拡散して無数の掲示板にアップされたが、翌日、動画はひとつ残らず消去されていた。同じころウルムチでは、カザフ人とウイグル人の女子学生二名の遺体が、通りがかった通行人によって発見された。彼女たちは腹を切り裂かれ、取り出された臓器があたりに投げ捨てられていた。

中国共産党にとって、いったい私たちは何者なのだろう。声に出して問うことを、私たちの誰もが避けてきた質問だ。避けてきたのは、その答えを聞くことに耐えられなかったからである。作業員が公共関連のあらゆる施設に、無数のビデオカメラを設置していった。私が働く幼稚園も例外ではなく、園の入口や遊び場にカメラが取り付けられていく様子を、私は無表情のまま見つめていた。

昔から民族衣装を売ったり、作ったりしてきた店や仕立屋は廃業を迫られていた。警察は商品を没収して、経営者を裁判所に引き立て、それから刑務所に送っていった。従業員たちも収容所に入れられた。

秘密の会合

夜の七時だった。家に帰り、靴を脱ぎかけたそのときスマートフォンが鳴った。「二時間後、モンゴルキュレで非公式の会合があるので来てくれ」。党員からの連絡だった。説明はいっさいない。急いで髪を整えると、車に乗って道を急いだ。到着したのは九時ごろで、県の党本部の建物の前には、公共部門で働く一八〇名のムスリムの上級職員たちが集まっていた。冬のような寒さのなかで、私たちは握手を交わし、自己紹介をしていた。「どちらからです？」と尋ねるたびに、もうもうと白い息があがるほど寒い夜だった。全員が病院や教育機関の要職にある人たちで、近郊の町から急遽集まってきたが、何が予定されているのかは誰も知らなかった。

いま思い返してみると、この会合は二〇一六年一一月初旬だったと思うが、何日だったかは正確に思い出せない。以前の私は記憶力がよく、複数の身分証明書の番号や複雑な数字の羅列を忘れずに何週間も覚えていた。車の運転中、高速道路の看板に記された電話番号さえ忘れずに覚えていられた。だが、いまはどうだろう。収容所で遭遇した心に傷を残す数々の体験をしてからというもの、私の脳はまるで穴だらけになってしまい、ちょいちょい記憶が抜け落ちてしまう。頭のなかはゴミのような記憶でひしめき、ほかの記憶が引き出せなくなってしまった。自分にかかわる話でさえ、きちんと順序立てて話すことができない。何かの拍子に不意に蘇る記憶は常に思い出すまいとしているので、頭の回線がもつれあっているように思えてくる。

建物の入口でスマートフォンと鞄を預けた私たちは、たくさんの椅子が並べられた講堂に案内された。会合を仕切っているのは、壇上に並んだ各種の軍服に身を包んだ五名か六名の公安部門の上級職員と、党指導部の幹部だった。この夜の会合の第一の課題は、「いかにして新疆の治安を安定させるのか」であり、第二に「宗教上の過激主義と最も効果的に戦う方法」についてだった。

関係者の一人に、身震いするほど攻撃的な演説をした者がいた。楊甜華《ヤンティアンフウア》という名前のきわめて醜悪な中国人女性だった。彼女は教育局の局長で、背は中ぐらい、編んだ黒髪を背中に垂らしていた。「われわれは将来的に、イデオロギー上のウイルスに汚染された悪性思想を根絶する。そのウイルスは先住民の心から発生したものである」と言い放った。私はそわそわして周囲を見まわしたが、全員、呪文をかけられたように彼女に目を奪われていた。

党の幹部らしく、彼女は上着、ブラウス、ズボンという、いつもの党の青い制服を着ており、胸には小さな赤い旗、金色のハンマーと鎌があしらわれた金属製の党のバッジをつけていた。ここ数年、教師や校長も、公式行事だけでなく、普段の勤務でもこの制服を着ていなくてはならなかった。

会合の最後のほうで、別の党指導部の幹部が、イスラム原理主義者の〝脱急進化〟をどのように進めるのかについて淡々と説明し、「治安の安定という最終目標を実現するため、党は〝再教育収容所〟を設立する」と宣言した。何を言われているのか飲み込めず、頭のなかでもう一度その言葉を咀嚼《そしゃく》しなくてはならなかった。収容所の規模について、具体的な数字や正確な内容は教えてくれず、かなり規模の大きな施設になるとだけ話していた。燃えさかる石炭の上に座っているように、講堂にいる誰もがそわそわしていた。

収容所について、私たちがはじめて耳にしたのがこのときだった。報告書を読み上げた人物はほかにも文書を手にしていたが、私たちにはほんのわずかしか話してくれなかった。情報の大半を省いて説明しているのは明らかで、その後の質疑応答にさえろくに答えてはくれなかった。何かがおかしい。ざわめきが波のように講堂を覆った。

質問の挙手が続いた。「いったい、ここに何を建てようとしているのか、まったく理解ができません。〝再教育収容所〟とはどういう意味なのでしょうか?」。困惑する聴衆をなだめようと、高官は慌てて言葉を添えた。「心配するにはおよびません。あなたたちのようなとても尊敬されている人たちには、なんの影響もありません。これらは、満足な教育を受けていない先住民を支援する単なる措置で、彼らが新しい仕事を得る支援や教育を授ける施設であり、ごく普通の訓練センターです」

時間は深夜一二時になろうとしていた。退出を許可される前、党の幹部はその夜聞いた話はすべて極秘であると念を押していた。参加者全員がこの話を話題にすることが禁じられたのだ。今後の会議では、言われるまでもなく、建物の入口で携帯電話やバッグを提出するようにと指示された。「メモを取ったり、写真を撮影したり、ビデオや音声を録画・録音したりすることは厳禁」だとものものしく命じられた。家に着いたのは夜中の二時で、あらゆるものが暗闇の底に沈んでいた。

これほど恐ろしい話を聞きながら、私は誰にも話すことができなかった。

抜き打ち検査

その日の夜から、党幹部との秘密の会合は何度となく開かれた。市庁舎が会場のときもあれば、官公庁の施設で行われるときもあった。一人っ子政策が課題にされた会合もあった。幼稚園や学校を運営している責任者に対し、この政策に違反している職員を探し出すように命令がくだされた。一九八〇年に導入され、二人以上の子供を持つことを禁じた政策で、違反した夫婦はすでに処罰されていた。政策が廃止された二〇一六年の時点で、ふたたび調査する意図が私には理解できなかった。

正気を疑うような調査が次から次に続いた。今度は一〇〇人いる私の幼稚園の職員全員のアパートを検査しろというものだった。めいめいの家を調べてまわり、調査項目が記された用紙に記入していかなければならない。項目のなかには、「礼拝時のマットあるいはカザフスタンもしくはトルコからの外国製品の有無」という調度品に関するものもいくつかあった。それから同僚とともに家の本棚を調べ、一冊ずつ題名を記録していった。言うまでもなく、これらの検査は抜き打ちで行われ、あらゆる外国製品が疑われ、テロ活動を示唆するものと見なされた。

私たちの文化のあらゆる痕跡が非難されていたが、こんな調査をやるたびに、自分の身がその場で切り刻まれる思いをした。壁飾りや色とりどりの飾り房が非難され、柄に金メッキが施された装飾用ナイフも許されていなかった。私はできるだけ調査に立ち会い、可能な限り同胞をかばった。見て見ぬふりをし、記入する調度品は最小限にとどめた。「この種のものは早く処分したほうがいいわ。さもないと、連中が何をするかわかったものじゃない」と忠告していた。カーペットの端を持ち上げて表示ラベルを確かめ、製造国も確認しなくてはならない。「外国製品だとわからないように、ラベルは全部捨てたほうがいいわ」とも教えていた。

こんな忠告をしたからといって、それで同僚が党に告げ口をして私をトラブルに巻き込むとは考えてもいなかった。同僚たちとは長年のつきあいがあり、私の公平さにはみんな一目置いてくれていた。熱心に働く職員には誰であれ報い、彼女たちがカザフ人でも中国人でもその点は変わりなかった。善意に基づいて忠告していることは、職員全員がわかっていた。いずれにせよ、この地区はムスリムが主流なので、職員の大半がこうした措置の影響を受けた。

数少ない中国人職員といっしょに検査をする場合は、用心のためにカザフ人の職員にはあらかじめ忠告していた。その結果、検査中に問題が起きることはほとんどなかった。私たちは指示どおりに写真を撮影して、調査項目を埋めていった。

閉ざされた回線

「ムスリムのテロリストが新疆を混乱状態に陥れようとしている」とラジオやテレビ、そして職場の党員がさかんに言い立てていた。しかし、私の祖国の混乱はテロリストではなく、そう言い立てる北京政府と中国共産党によって引き起こされていた。

まもなく火山の大噴火が起こる――東トルキスタンの生活はますますそんなきな臭さを強めていった。一人また一人と通りから人が消えていった。警察車両が近所を走りまわり、友人や知人を次々に逮捕していくが、帰ってきた者は一人もいない。まもなく、若い男性の姿をほとんど見かけなくなった。いったい、彼らはどこに行ってしまったのだろう。

突然、砂糖が配給制になった。当局に言わせると、砂糖は爆弾製造に使われるからである。カザフ人はケーキを焼く人でもなければ砂糖を大量に使わないので、配給制になったからといって大した影響はなかった。しかし、月に一度、各家の電気メーターを突然調査しはじめるようになると、私たちも影響を免れなかった。いつもより電気の使用量が多ければ、それは非合法的な何かをしているせいだと当局は判断した。その何かとはテロの準備のはずだ。そのような場合、残された選択はただひとつ、投獄されるよりほかになかった。

幼稚園や学校には、作業員がやって来て塀の上に有刺鉄線を張りめぐらせていた。さらに監視塔を建て、乗り越えられない高さのフェンスを設置していた。建物全体が警戒厳重な施設のようになり、それぞれの出入口も鋼鉄製の資材で補強された。廊下や園児の遊び場には、寸分の隙なく、いたるところに監視カメラが設置された。

私は沈痛な面持ちで、自分の執務室から中庭を見下ろしていた。登園してきた職員たちは駐車する前に、警備員に身分証明書を見せていた。毎日繰り返されている同じ茶番だ。身分証明書を示し、「私は当園で働いていることを誓います」と口に出して言わなければ通してもらえない。この手続きだけで三〇分近くはかかった。

残されていた私の唯一のなぐさめといえば、ワーリと二人の子供たちとの電話だった。中国版のワッツアップであるウィーチャットで、私たちはほぼ毎日のように連絡を取り合っていた。「君がいなくて、二人ともとてもさみしがっている。ウラガートは一日中泣き通しで、『母さんはいつこっちに来るの?』と聞いてばかりだ」とワーリは言う。

「電話に出して」と伝え、ウキライとウラガートに次々に約束をする。「だいじょうぶ、もうすぐパスポートが手に入る。そうしたら、すぐにそっちに行くわよ」と私は努めて自信に満ちた、余裕のある調子で子供たちに話して聞かせた。

その次に電話をかけたとき、ワーリはカザフスタンの首都アスタナの町がどれほど寒いか話していた。「氷点下四〇度にまでさがるんだ。ウキライとウラガートはこれ以上我慢できない。寒さのせいもあるが、子供たちは君から遠く引き離されたと感じている。だから、アルマトイの町に引っ越すことにした」。アルマトイなら東トルキスタンとの国境にも近く、気候もアスタナより穏やかだった。

「お母さん、いつ来るの？」と泣き叫ぶ声が、ワーリが話すうしろから聞こえる。「国境近くの町に越せば、たった二、三時間でお母さんに会えるよ」とワーリが二人をなだめている。しかし、その声はぎこちない。「サイラグル、二人に嘘はついていないと言ってくれ」と頼まれ、「本当の話よ」と返事をすると、ウキライとウラガートは安心して笑い声を立てた。ワーリは電話を持ったまま、別の部屋に一人こもり、押し殺した声で話を始めた。「頼むから、一分でも早くパスポートを手に入れてくれ。そうすれば、一月の休みには合流できるはずだ」

「わかったわ。なんとかしてみる」と私は答えていた。

その後、すべての連絡がとだえた。二〇一六年一一月、当局はウィーチャット、電話、インターネットを介したカザフスタンと中国間の通信を遮断した。こうした通信技術を使い、外の世界と連絡を取りつづけることは誰もできなくなってしまった。

SNSのアプリはすべて禁止され、ただちに削除しなければ、厳しい罰則が待っていた。それからしばらくして、今度はパソコン、ノートパソコン、携帯電話を公安警察に持っていくよう命じられた。機器に残されたコンテンツをひとつひとつ検査するためだ。「君がいなくて、三人してさみしがっている」――明日が検査というその日の夜、画面に表示されたメッセージを何時間も見つづけてから、家族から最後にきたメールを私は消去した。

翌日、公安警察に出向いた私は、渡された用紙に機器の顧客番号、インストールしたコンテンツ、スマートフォンとパソコンにダウンロードしたプログラムをもれなく記入した。しかしそれら以外にも、用紙にはたくさんの質問が記されていた。「同居家族は何名か」「飼育している動物の数」「何台の電子機器を所有しているか」。私がその用紙を提出すると、中国人の担当者は、「われわれは今後、いつでも携帯電話、固定電話、パソコンを押収して調べることができる」と言っていた。ゆがんだ笑いが貼りついたその顔から、相手が自分の権力をどれだけ堪能しているのかがはっきりとわかった。

西側に亡命してからはじめて知った話だが、彼らはこうした機会を利用して「鋒蔡《フェンカイ》」(「蜜を集める蜂」の意)というスパイウエアを私たちのスマートフォンにインストールしていた。これらのソフトを使うことで、彼らはテキストメッセージ、連絡先、予定表、写真などのカテゴリーにきちんと分類された、信じられないほど詳細なデータを集めていたのだ。さらに、「台湾」や「イスラム」などの疑わしいキーワードで検索し、見つかればただちに治安機関に通報された。新疆に入る旅行者のスマートフォンにも、同様な方法で監視アプリが知らないうちにインストールされていたという。

出勤の途中、警察官に身分証明書を見せていると、自分の顔から血の気が引いていくのがわかった。今日、相手は私を何者として見ているのだろう。スパイ、反逆者、それとも幼稚園の園長なのだろうか。二〇一七年一月以降、警察は国外に親戚や友人がいる者を拘束するようになり、逮捕者の数は倍増した。

私も〝不審要素〟として見なされていた。夫と子供がカザフスタンにいるからだ。〝スパイ〟の妻として私が逮捕されれば、警察は私の母や姉妹、兄弟の電話番号を調べ上げ、実家の家族も巻き込まれる。親族を無用な危険にさらすのを避けるため、以来、彼らとは極力連絡を取らないようにした。母にもこれ以降、ご機嫌うかがいの電話をかけるわけにはいかない。

さみしさがますます募っていった。

政治的再教育

それからというもの、何もかもが変わってしまった。私たちの生活は、根底からひっくり返されてしまった。先住民のパスポートを回収した当局が次にやったのは、ムスリムやイスラム教的な響きを帯びた名前をすべて変え、さらに個々人の名前さえ何の変哲もないありきたりの名前に変えることだった。たいていは中国名への変更であり、「フセイン」はある日突然「呉《ウー》」になった。

新しい名前に合わせ、見映えも新しいスタイルにする必要があると決まった。ムスリムの男性はひげを生やすものとされていたが、逮捕されたくなければ、そのひげを剃らなければならない。近所に住む七〇歳の老人はかたくなにそれを拒否した。ある日、数人の党員が老人の家に押し入り、年寄りを後ろ手に縛り上げ、ひげを力ずくで切り落としたのだ。その間、「何をする。切ってもむだだ。ひげなどまた生えてくるぞ」と叫びつづけていたが、その後収容所に送られ、老人は七年間そこで過ごす決定を受けた。

世間づきあいも消えてしまった。道端で立ち話をする人など誰もいない。みんなで集まってレストランでお祝いをしたり、カフェで待ち合わせをしたりするのを避けるようになった。それでも、昔ながらの盛大な結婚式や身内の葬式に大勢の弔問客を招待したいという勇気のある者は、事前に招待客のリストを当局に提出し、主催者の名前を明記しなければならなくなった。ある日を境に、どこもかしこも突然カメラだらけになり、通りには警察があふれ、どの茶店もガラガラになった。

友人に会いたくなっても、事前に警察や関係機関の許可が必要だった。許可が降りるまでには何日もかかるうえ、たいていの場合、「夜九時三〇分までに切り上げる」と指示されていた。また、知人をレストランに招待する場合は、姓名を明らかにして、さらに警察官の尋問を受けなければならない。なぜ、相手を招待するのかその理由が問いただされる。

あえて危険を冒すような真似など誰もしたくなかった。たまたま知人に出会っても、二人以上の人間が、レストランでいっしょに食事をすることは許されなかった。そんな状況に置かれた町に、誰が好きこのんで出ていこうとするだろう。ほとんどの人は家に閉じこもり、声を押し殺して政府と政府の専制を憎んだ。パトカーは四六時中、サイレンを鳴らし、ライトを明滅させながら市中をパトロールしている。一瞬たりとも心が休まる暇がない。声をあげることは誰にも許されていなかった。

いつなんどき、制服を着た警察官が玄関に現れ、住民を引きずり出していくかもしれなかった。真夜中に揺り起こされた人もいれば、数日後に再教育収容所に連れていくと事前に知らされた人もいた。その前に自宅で首を吊った人も一人や二人ではない。世話をする親がいなくなり、取り残された子供の多くは、中国共産党が孤児院に連れていった。路上で息を引き取っていた人もいた。

中国共産党は表向き、「職業技能教育訓練センター」はマイノリティーである先住民が「資格を得て、卒業する学校」という、もってまわった言い方を一貫して続けてきた。しかし、あの施設が学校なら、連れていくのになぜ警察が手錠をかけ、深夜に逮捕しなくてはならないのだろう。収容所では拷問が行われ、収容者が処刑されていることは誰もが知っていた。黄色の防弾チョッキを着た中国人の検査官は、「作物のあいだに隠れて生えている雑草を、一本一本抜き取るような真似はしない。一本残らず駆除したいときには、農薬を使って枯らしてしまうのが一番」と嘲《あざけ》るように笑っていた。

重武装した男たちがたったいま、玄関を蹴破って押し入ってくるのではないかと、誰もが常に恐怖に脅えて暮らしていた。ほかの人と同じように、「次は自分なのか」と考え、私も準備をしていた。ドアのうしろの壁にかけてあるバッグには、靴と寝巻き、歯ブラシ、着替えなどが詰め込んである。逮捕されても、家を出るときに持っていけるようにしていた。

いま思えば、まるで戦場で暮らしていたようなものである。第二次世界大戦中、兵士は人を犬のように撃ち殺していた。それが中国共産党の殺し方だった。しかし、二十一世紀の殺し方は違った。精神的な拷問が永遠に続く状態に私たちは置かれていた。中国政府は、国民全体に対して特殊な戦争を仕掛けていた。彼らはたっぷりと時間をかけ、私たちの命を少しずつ奪い去っていった。毎朝起きるたびに、自分の一部が死んでいる。数カ月のうちに、私たちの毎日は悪夢と化していた。

世界中から見放されて

こうした生き地獄が繰り返されていたころである。あるとき、新疆ウイグル自治区の代表団が北京に招待された。その席で二〇二〇年以降、東トルキスタンの国境を封鎖することが決まった。国家の指示がない限り、誰も出国させず、誰も入国させない。出入国の特権は、特定の官僚に限って与えられることになった。

会議に出席していた政治家の一人がこの決定について口外すると、そのニュースはカザフ語に翻訳され、「新疆全域が封鎖されるという知らせを受けた」という沈鬱な話はただちにオンラインで広まった。私も愕然としていたが、誰かに告げたくても話せる人はいない。とっさに「北朝鮮と同じだ」と思った。

翌日、私たちは封鎖に関するメッセージをあらためて受け取った。しかし、今度は赤い「×」印で前回のニュースが取り消されていた。真っ赤な「×」が記された報告は機密情報が漏洩したとき、党が用いている対応だ。さらに、「この噂は真実ではない」とつけ加えられていた。

メッセージを読み終えたら、順次連絡していくように求められていた。そうすれば、ほとんどいないとはいえ、このニュースについてまったく知らなかった人にも連絡が届けられる。だがそれは、党が事実上、この機密情報を公表したことを意味していた。政府が虚偽であると主張するものが真実であることは、私たち全員が知っていたのだ。私たちは恐怖で凍りついた。

それからしばらくして、ふたたび真っ赤な「×」印がついたメッセージが届いた。カザフスタンには「アタジュルト」（祖国）という反中国のボランティア組織が存在するという噂を否定し、カザフ人として気をつけなければならないと伝えるメッセージだった。この団体や設立者に関係する者は、ただちに逮捕された。だがこれ以降、隣国カザフスタンには、中国で組織的に行われている人権侵害を記録するため、亡命者から話を聞き取っている組織が存在するという事実は、すべてのカザフ人の知るところとなった。「少なくとも彼らはわれわれを忘れてはいない」と私は安堵のため息をついた。

しかし私は、第一報の国境封鎖が気になってなかなか眠りにつけなかった。二〇二〇年に党が私たちを国内に幽閉した場合、私たちはどうなってしまうのだろう。彼らが犯している犯罪を目撃しても、その事実を伝えられる者が誰もいなくなってしまう。マイノリティーと自由にものを考える人間は皆殺しにされてしまうのだろうか。世界から完全に孤立し、一人取り残されると思い、私はすっかり萎《な》えてしまった——「北京政府は好き勝手に私たちを逮捕して、拷問して、処刑している。暴虐の限りを尽くしても、罰せられることはない。誰が北京政府にこれほど巨大な権力を授けたのだろう？　北京政府に介入し、このような残虐行為をやめさせられる国はないのか？　来る日も来る日も吹き荒れる、逮捕の嵐はなぜやまないのだろう？　いつになったら、すべてに終わりがもたらされるのか？なぜ、世界中の誰も私たちに目を向けてくれないのだろう？　なぜ、国際社会は抗議しないのだろう？」——頭を抱えて考えつづけたが、私には答えが見つからなかった。

このまま世界が目をそらしつづけていたら、何百万人もの人々——ひとつの民族そのものが一撃のもとで根絶やしにされてしまうと、熱にうなされたように私は考えていた。これはジェノサイドだ。

そのとき、家の玄関のドアが勢いよく押し開けられた。

第5章　完全なる支配——尋問とレイプ

二〇一七年一月——はじめての取り調べ

夜、私は園内をすべて確認して八時前に自宅へと車を走らせた。台所で食事の支度をしようとしたそのとき、玄関のほうで物音が聞こえると、突然こちらに向かって突進してくる足音が響いた。次の瞬間、重武装した三人の中国人警察官が私の逃げ道をふさいだ。

あっと思ったそのとき、部屋全体がぐるぐる回り出して「収容所に連れていかれる」と確信した。「来い」と三人のうちの一人の警察官が命令した。「どこに？」と聞き返した私の声はほつれた糸のようにか細かった。「お前の知ったことではない。連行する」

スマートフォンを握っていたが、別の警察官に奪われ、その警察官は別の警察官に私のスマートフォンを手渡した。家に帰ってきたばかりで着替えておらず、私は党の青い制服を着ていた。警察官たちはコートの着用を許さず、こうした場合に備えて用意しておいたバッグさえ持たせてくれなかった。不意にあたりが真っ暗になった。うしろから黒い頭巾をすっぽり被せられたのだ。

外に出ると車の後部座席に押し込まれ、左右を二人の武装警察官に挟まれた。もう一人の警察官が運転席に着いた。私の心は氷のように冷え冷えとしていた——このまま永久に監禁されてしまうのか？　子供たちにはもう二度と会えないのか？　いったい私をどうしようというのか？　私がどんな罪を犯したというのだ？――おそらく一時間近く車に乗っていたと思う。

頭巾が不意に剝ぎ取られると、私は狭い取調室にいた。ここはどこだろう。秘密警察の建物のなかなのか。私には見当もつかなかった。部屋の中央にはガラスの仕切りがあり、向こう側に二人の中国人警察官が座っていた。男性と女性の二人だ。男性の警察官が質問し、女性の警察官は一字一句もれなく書きとめていた。私の前には机があり、その上にボタン付きのマイクが置かれていた。

やつぎばやの質問が降ってくる。「なぜ、お前の子供と夫はカザフスタンに行った。いまどこにいる。そこで何をしている」。一瞬でも言いよどもうものなら、すかさず女性警察官の叱責が飛んでくる。「なぜ答えない。お前の頭のなかでは、悪意に満ちたどんな下心がうごめいているのだ。お前は人民の敵か。話せ！」。際限なく続く叱責の声、吠《ほ》えるように繰り返される命令。「家族がカザフスタンに行った目的はなんだ」。地雷原に誤って足を踏み入れ、吹き飛ばされるのを恐れて、私は慎重に言葉を選んだ。「ただ行ってみただけです。向こうには親戚もたくさんいます。それに子供たちも向こうが気に入り、向こうにとどまって、向こうの学校に通うことに決めました」。そう言って譲らない私に気づき、相手は質問の矛先を変え、今度は私のあらを責めたてはじめた。「お前は中国の教育制度に対して、含むところがあるのか。この国の教育制度のどこが問題だ」。「とんでもない。まったく違います。私は反対などしていません」。必死だった。釣り針にかかった魚が身もだえしているようだ。だが、私を告発する理由を彼らに与えるわけにはいかない。

二人は、私が誰と接触しているのか確かめようと、私のスマートフォンを調べつづけていた。「お前の夫はカザフスタンでいま何をしている。向こうの政治組織とつながりはあるのか。どの反中組織のために活動しているのだ」。男性の警察官が同じ質問を何度も繰り返す。「分離独立をたくらんでいる組織の活動に参加するために、お前の夫はカザフスタンに行ったのではないのか。われわれの目をたぶらかすことはできない。われわれにはすべてお見通しだ。われわれの協力者はどこにでもいる。カザフスタンにもな」。「わかりません」と正直に答えるしかなかった。だが、しだいに我慢できなくなっていき、「なんでもわかっているのなら、では、すべて自分でやれるのではないですか。ご自分で好きなように調べてください」とつい言い返してしまった。

さんざん怒鳴りつづけられたあげく、ワーリと子供を連れ戻せという命令が言いわたされた。「お前の夫は二〇〇七年から中国共産党の党員だが、いまでは反逆者だ。亭主とは離婚しろ」とまで言われ、「亭主はこの国に戻り、党員書を提出しなければならない」。そんなことにでもなれば、私たち一家はこの国から二度と出ることができなくなる。

尋問は四時間続いた。ふたたび頭巾を被され、車に押し込められた。帰りの車中で、隣に座った男から、「尋問の件は誰にも口にするな。わかったな」。「はい」と返事する自分の声を私は聞いていた。ようやく解放され、家に帰ってきたのは夜中の一時だった。

廊下に立ちつくし、たったいまマラソンを走り終えたばかりというように息をあえがせた。嫌悪感でいっぱいだった。長年、党と政府のために毎日働いてきた。朝も昼も夜もあくせく働いて服従してきた。命じられた仕事を全力でやり遂げ、一歩も踏み誤ったことはない。しかし、そんな私を党はボロ雑巾のように扱った。なぜなのだろう。何のためにこんなことをするのか。私は上着を床に投げ捨てていた。

もっと悪いことが待ち受けているという思いが頭をよぎる。激しい怒りが、すべてを焼き尽くす激しい憎悪に変わっていくのが自分でもわかる。父の写真を取り出してベッドに腰を降ろし、抱えている困難を残らず打ち明け、父の助言に耳を傾けた——未来に対する信念を失ってはいけない。お前が生きていることがなにより大事だ。やがてもっといい時代が来ると、お前にもわかる。頰を張られても、胸を張って生きていくのだ——諦めることも死ぬこともできる。だが、戦うこともできる。そうすれば生き延びていくことができるかもしれない。この一件以来、私は服を着たままベッドに入るようになった。

その年の終わりまでに、私はさらに七回か八回連行された。朝、自宅のベッドで目覚めると、自分が生きていることを神に感謝した。

精神的拷問の一年

はじめて尋問を受けた翌年の二〇一八年三月、中国共産党は国家首席の任期二期一〇年という制限を撤廃し、〝歴史による選択〟として習近平を終身の国家首席に再選した。これによって、習近平はかつて毛沢東が占めていた、血に塗られた王座に昇りつめた。習近平に匹敵する権力者はもはやいなくなった。当時、六四歳の習近平は、厳格ではあるが自己犠牲をいとわない慈父だと党は触れまわり、一方、中国共産党は子供を気遣う母だと宣伝していたが、この両親は先住民にはひとかけらの情けも示してくれなかった。

夜の尋問はいつも同じパターンだった。トイレや廊下、居間、ベッドの周囲など、はっと気づくと警察官に囲まれている。いつものことながら、気づいたときにはすでに頭巾を被されていた。唯一違っていたのは取調室と警察官の顔ぶれだった。

一人の警察官が尋問する場合もあったが、二人の場合は、通常、一人は私のかたわらに立ち、もう一人が質問を浴びせた。気味の悪い二人だった。私は脅えた。口が渇いて、動悸が速まり、口から心臓が飛び出しそうになった。震えている私を彼らは舌なめずりして見ていた。尋問の最中に、殴られたこともあった。手加減などおかまいなしに頭や顔を殴られた。一発や二発ではない。弱っているのを悟られないようにしたが、我慢しても涙が勝手に流れてくる。殴り倒されてもそのつど机の下からはい上がり、背筋を正して椅子に座り直した。

「カザフスタンの家族とはまだ連絡を取り合っているのか」「戻ってくるように、もう伝えたんだろうな」

「どうやって連絡ができるのですか？　連絡は禁止されているんですよ――」。はじめから最後まで彼らは怒鳴りつづけ、私にはささやくような声しか出せなかった。そして、声が小さいと言っては、顔が腫れ上がるまでふたたび私を殴りはじめた。「家族が何をやっているのか、私には知りようもありません」と大声で答えながら、またもや机の下に倒れ込む。「とにかく、一刻も早く家族を連れ戻すんだ」

次の尋問では、取調官は激しく怒っていた。「お前の夫と子供がカザフスタンの市民権を取ったのは知っていたか」。私は心底驚いた。「いえ、はじめて聞きました」。脅えたふりはしていたが、その瞬間、心のなかで快哉《かいさい》の声をあげていた――少なくとも、これで家族の無事が保証された。共産党もこれで危害を加えられない。「正直に言え。知っていたんじゃないのか」と相手はふたたび怒鳴りはじめた。

石臼ですり潰すように、当局は絶え間ない尋問で私を締め上げようと考えていたようだ。そして、これ以上尋問の恐怖に耐えられなくなったとき、なんとかワーリとの連絡手段を見つけさせ、彼の帰国を私に懇願させようと考えていたのだろう。その後のことになるが、彼らは私のように海外で暮らす家族を持つ者に対して、尋問中に電話をかけるよう強要するようになる。「急いで帰ってきて。お母さんが重い病気にかかってしまったの」。こんな嘘を言わせて、東トルキスタンに連れ戻すのが目的だった。

この国では家族を利用するのが、ありふれた手口になっていた。学生や年金生活者、何十年も国外で暮らす親族に対して、当局は「ただちに帰国して適正な登録抹消の手続きをしなければ、国で暮らす両親や兄弟姉妹たちに累がおよび、刑務所で暮らすことになる」と言って脅迫した。親族を守るために帰国した者には、ただちに手錠がかけられた。いまになって思えば、私は新疆で人質として拘束されつづけていたのだ。

取り調べのたびに、聞かれる質問はいつも同じだ。ワーリと子供がどこにいて、どんな生活を送っているのか、彼らがすでに知っているのは明らかだった。「お前もこんなことは全部知っているはずだ。お前はただの嘘つきだ。われわれが能なしとでも思っているのか。どうして本当のことを話そうとしない」。数時間後、警察の車に乗って家の前で降ろされた。車を降りる際に彼らはスマートフォンを返してくれる。

アパートに入って電源を入れると、母の着信が七〇件も残っていた。「なんで電話をくれないんだい。いま、どこにいるの。死にそうなくらい心配したよ。お願いだから、電話をちょうだい」。どの電話も尋問中にかかってきたものだった。私が電話をかけ直すまで、母は深夜の一二時まで待ちつづけなくてはならなかった。

「こんな時間まで、どこにいたの。ずっとかけつづけていたけど、出てくれなかった。何かあったのかい？」。母の声はひどく心配気で、体に負った傷よりも私は胸のほうが痛んだ。夜の尋問のことは固く口止めされている。しかし、様子がおかしいことに母は気づいた。「話してごらん、サイラグル」。母を驚かせないよう、私は努めて穏やかに話した。「だいじょうぶ、なんでもないのよ。今夜は幼稚園の仕事で残らなくてはならなかったの。そのうえ電話を家に忘れてしまったの。遅くなってごめんね。いま帰ってきたところなの」。母の声が不意に変わった。何かを覚ったようだ。「とにかく早く休みなさい。お前にいまいちばん必要なのは、休むことなのよ」

二〇一七年六月の秘密の会合

東トルキスタンでは、最も高位の役職は中国人によって占められ、彼らはますます多くの禁止条項を立法化していった。これらの禁止条項が課す重荷に、私たちは押しつぶされていた。私たちは地滑りに巻き込まれたように圧迫され、なんとか息を継ごうと必死にあがいたが、指一本さえ思いどおりには動かせなかった。

その日、私は知り合いのアクスの町の学校長たちといっしょに講堂で背筋を伸ばして座り、聞くに耐えない話を聞かされつづけていた。携帯電話を使い、『コーラン』の詩句のような宗教的コンテンツを共有することは何人《なんぴと》たりとも許されない。今後、「チベット」や「台湾」などの言葉は禁句とする。また、「公文書に関しては、パソコンやスマートフォンでの送信を認めず、本人が関連窓口に直接提出すること」と告げられた。彼らの痕跡を消すには都合のいい方法だ。「これ以降、あなたたちの部下が、これに違反する事実を突きとめた場合、その責任はあなたた方が負うものとする」と脅すように警告していた。職員の不適切な言動は、発見しだいただちに報告しなくてはならない。彼らが言っているのは、自分の部下を当局に売れということなのだとはっきりわかった。ほかの学校長と同じく、私も部下を売るような真似はせず、むしろこっそりと警告を与えた。「言葉に気をつけて。これ以上チベットについて話すと大変なことになる」

「売国奴」というレッテルを貼るため、党が昔の話をほじくり返すのは何度も目にしていた。一九八八年から二〇〇〇年にかけて、つかの間とはいえ信仰の自由が認められ、多くのモスクが建設された。大勢の人がお金や装飾品を寄付したり、あるいは建設作業に従事したり、そこで働く人に子羊をふるまったりしていた。

「誰が関与したのか調べろ」という指示があった。建設から一七年後のいまになって、当時の関係者を調べるために何百人もの職員に聞き出せという命令だ。彼らの指示はおおむね三つの手順に集約できた――第一に穏やかに聞き出す。第二に自分は関係していないと言い張る者には、同僚の関与について白状するよう強要する。第三に相手がどうしても口を割らなければ、明白な証拠が存在するふりをする――だった。

その日の夜、テーブルで夕食の準備をしながら、私は声に出して憤慨していた。「こんなことになんの意味があるの。本当にばかばかしい」。気づいたら、刻んでいた唐辛子とジャガイモはぐちゃぐちゃになっていた。なぜ彼らがわざわざこんな真似をしようとしたのか、その理由を知ったのはずっとあとの話だった。先住民を収容所に送る正当な理由を、彼らはまるでミツバチのようにせっせと集めていたのだ。そうすることで彼らは、静まり返ったコンクリートの壁の向こうに誰かを追いやる理由を常に持ち合わせていた。ただし、その理由は常軌を逸していると同時に、きわめていい加減なもので、ムスリムは有罪が確定する前から、すでに無実ではなかった。そしてまもなく、無罪かどうかにかかわりなく、有罪が宣告されるようになっていく。

デスクに肘をつきながら、私はこの状況について素早く考えをめぐらせていた。モスクの建設について、年配の職員はなんらかの寄付はしているし、ともすれば建設そのものにもかかわっている。中国人の職員に気づかれず、そうした職員に事のしだいを伝えるにはどうすればいいのだろう。そのとき、中庭にたくさんの医療機器を積んだトラックが入ってきたのが目にとまり、あるアイデアを思いついた。すぐに階下に降りていき、それと思われる職員たちを集めた。

「トラックから荷物を降ろすので手を貸して」。私たちは緊急時に備えて秘密の合い言葉をすでに考えていたのだ。中国人の職員にそれと覚られないためだ。たとえば、警戒するように伝えたい場合には、「明日は寒くなりそうね」と相手に話した。ときには、簡単な連絡や暗号を伝えるため、秘密のメモを交換する場合もあった。

「荷物は全部地下室にしまいましょう」。集めた職員にそう言ったのは、地下室にはまだ監視カメラが設置されていなかったからである。荷をほどき、なかから体重計や身長計、視力検査表を取り出して棚に並べながら、私は急いで必要な話をみんなに伝えた。「寄付には誰も関係していなかったと当局には話すつもりです」。だから、取調官が彼女たちの名前を私が教えたふりをしても、そんな話は信じてはならない。私は手を合わせ、懇願するように、「何も白状しないで。そんなことにでもなれば私たち全員が連行される。そうなれば、永久に閉じ込められたまま」と訴えた。

三日後、私やほかの校長たちは何も書かれていないリストを当局に提出した。翌日、私たち全員に警告が発せられ、さらに詳細な調査を行うよう命令された。このときもまた誰の名前も告げなかった。ただちに会合への呼び出しがかけられ、壇上、私たちの指導者は「ここにいるのは一人残らず嘘つきだ」と言って延々と説教を始めた。「モスクの建設に誰が協力したのか正確に把握している。イスラムのイマームが献金者のリストを提出しているのだ。みずから進んで報告できる機会はあと一度だけしかない」。会場をあとにしたとき、彼らは最後の警告を言い放った。「もう一度虚偽の報告をすれば、今度はお前たちを逮捕する」。今度は一日しか猶予はなかった。

その夜、キッチンのテーブルに向かいながら、私はずっと考えつづけていた。古い職員とのつき合いはもう何年にもなり、なかには親友と呼べる者もいた。「自分が助かるために彼女たちの名前をリストに書いて提出したら、人間としての私はどうなってしまうのだろう?」と考えていた。翌日、白紙のリストを私は提出した。

またしても全員に招集がかかり、党の指導者は、「明日から委員会が調査を開始する。嘘つきにはその身に不幸が降りかかる」と私たちの目の前で書類を振りまわしながら宣言した。

翌朝、教育局の建物の前には長い行列ができていた。私もほかの人たちといっしょにそのうしろに並んだ。皆、リストを持っていたが、そのなかに数人の名前が実際に書かれているものがあった。私は声をひそめて、「どうするつもりなの?」と尋ねた。

「シーッ」と彼らもまた声をひそめ、弁解するように答えた。「知らないのか。いずれにせよ、連中は関係者の名前を知っている。それでも拒みつづけるなら、今度は私たちが投獄される」と言う。

小声ではあったが、私は鋭く言い返した。「リストを手に入れたって、本当にそうかしら。一七年前ならまだパソコンを使った詳しいデータはなかったわ。それに、モスクの導師《イマーム》たちも寄進者の手書きの名簿はとっくに処分しているはずよ。実際に寄付を集めていた人たちも、すでに亡くなっているか、どこか別の土地に引っ越したかもしれない。あんな話は口先だけの脅しにすぎない」

周囲の雰囲気が徐々に変わり、列に並んだ人たちのあいだで話し合いが始まった。「たしかにそのとおりだ」。そして、「自分たちがばかだった」と言いながら彼らは学校に真っ直ぐ向かい、リストを書き直した。新しいリストには一人の名前も記されていなかった。委員会が実際に調査をしても、みんなで同じ話をしようと決めた。「われわれは何もやっていない。証拠があると言うなら、どうかそれを見せてほしい」。結局、委員会が断言するような寄進者のリストなど存在しない事実が明らかになったが、それでも彼らは先住民の逮捕をやめようとはしなかった。

中国政府の公文書「中国電報《チャイナケーブルズ》」によると、東トルキスタンではわずか一週間で一万五六八三人が収容所に送られたという。

兵士と化した職員たち

「こうした措置はいずれも、テロ攻撃のリスクを踏まえて講じられた」と委員会は私たちに説明していた。万一の場合に備えて、職員と私も園で連夜、宿直で過ごさなければならないことがちょくちょくあった。黄色の防弾チョッキを着た中国人の警察官たちは不審物を探して園舎をひと晩中群れて動きまわり、その様子は凶暴なスズメバチに似ていた。そのうちの一人が職員室に現れ、確認したい相手がいなければ、それだけで〝職務命令拒否〟となり、その職員を連行するために彼らは大挙して押しかけた。私たちは、本当に言いようのない緊張にさらされていた。

職員の三分の一は園舎の見張りを命じられ、さらに三分の一が警棒で武装し、日没後に巡回する警備隊に編入された。残りの三分の一の職員は監視ルームにこもり、二四時間体制でＣＣＴＶカメラの映像をチェックして園内全域を見張っていた。これらの任務は二、三日ごとに交代して進められていた。

園長として、私には園の運営全体を監督する仕事が命じられていた。場合によっては、一、二時間ほどの仮眠をとることが党によって許されていたので、守衛室には五つほどの簡易ベッドを用意させていた。しかし、立哨中の職員のなかには疲れ果て、その場で立ったままうとうとする者もいた。そんなとき、〝黄色い防弾チョッキ〟の連中が不意に現れ、口々に「何をやっている。任務中だぞ。この男を収容所に連行しろ」と叫びながら、その職員に向かっていっせいに飛びかかっていった。

生理的な要求に逆らえず持ち場を離れ、運悪く警察官がその職員を探しているような場合、「やつはどこに行った。なぜ、立哨中にトイレで腰を降ろしているのだ。国家に反抗しているのか！」と説明を求められることになる。戻ってきた職員は、まるで破壊分子のように警察官に両脇を抱えられ、収容所へと連行されていく。正気の沙汰ではなかった。

私の執務室は、五つある幼稚園のなかでいちばん大きな幼稚園にあった。ほかの幼稚園とはだいたい三キロから五キロ離れた場所に位置していた。お昼前後まで執務室で煩雑なお役所仕事や書類の処理でもっぱら追われ、それから車に乗ってほかの幼稚園に次から次へと向かい、万事問題なく進んでいるのかチェックした。

職員全員に対して責任があり、常に待機しているのが園長としての私の義務だった。園児が事故で怪我を負ったり、職員が何かのまちがいを犯したりすれば、私は責任を問われ、収監されてしまうだろう。だから、毎日働き詰めに働くしかなかった。夜を徹して働き、車に乗って幼稚園から幼稚園へと見てまわった。まるで環状交差点を際限なく走りつづけるようなものであり、私は決してゴールに到達することができなかった。

職員のなかには、朝七時に園舎の前で立っているよう命じられた者もいた。バッキンガム宮殿の衛兵さながら、ヘルメットを被り、胸の前に警棒を捧げ、背筋をぴんと伸ばして立ち、そのかたわらを過ぎて子供たちが園舎に入っていく。通りで立ち、車や原動機付き自転車に警棒を突き出し、「どこに行く。なんのためにだ。引き返せ」と叫んでいる職員もいた。

子供たちが全員建物のなかに入ると、彼らはそのあとを追って園舎に入り、一刻も早く警備員の姿を改めて、今度は教員の姿で時間どおりに教室の前に立った。終業のベルが鳴ると、彼らはふたたび急いで出ていき、ヘルメットを被り、警棒を手にして園内のグラウンドを警備しなくてはならない。まもなく彼らは、自分が教員なのか兵士なのかわからなくなってしまった。もはや、子供たちに教える時間はないのか。私たちは誰も、信じられないほど混乱していた。

こんな体制のもとに置かれれば、当然のように〝視野狭窄の罠〟に陥ってしまう。常に厳しい管理下に置かれるのが当たり前だと考え、ほかの人間も規則を守っているのかどうか注意深く監視するようになる。睡眠不足は容赦なく私たちをさいなみ、多くの職員が体を壊していた。ゆっくり食事をすることさえ禁じられ、食べるのはファストフードばかりで、立哨の当番のときにはポテトチップスで空腹を満たしていた。だが、それさえ逮捕の理由にされた。「休息中だろうが、あるいは病気だろうが、疲れていようが、そんなことにはかまっていられない」と検査官は鞭打つように犠牲者を非難していた。「われわれがここにいる限り、お前たちはお前たちの仕事を果たさなくてはならない」。幼稚園の毎日は、これ以上ないほど苛酷な日々になっていた。

二、三時間の休憩がもし許可されたら、私は急いで家に帰ってシャワーを浴び、服を着替えてすぐに戻ってきただろう。中国共産党は私たちをなんでも言うことを聞く、従順な働きバチに変えてしまった。私たちは彼らの命令を拒まなかった。何か誤ったことを命じられても、私たちはそれを額面どおりに受け止めた。翌日、その命令が撤回されても関係はない。私たちは完全に彼らの支配下にあり、とことん操作され、自分自身で考えることができなくなっていた。私たちは操り人形にすぎなかったのだ。

私はなぜこんな状況にずっと耐えられたのだろう。まず、私は簡単に圧力に屈する人間ではなかった。次に、どれほど悲惨な状況にあっても、いつの日か自分のパスポートを取り返せる日が来ると願いつづけていた。そして、子供と夫に会える日が訪れることを私は決して諦めなかった。

とどめの一撃

事態はこれ以上悪くならないと考えた者がいたなら、その考えはまちがっていた。二〇一七年一〇月、当局はカザフ人と中国人を対象にした、「家族になろう」というプログラムを決定した。これはわれわれカザフ人に中国の文化をもっと知ってもらうことを狙いとしていたが、このプログラムにしたがい、カザフ人は毎月八日間、中国人一家と生活をともにしなければならなかった。中国人がカザフ人の家で暮らすこともできたが、その選択権は中国人だけにしか認められていなかった。

当局は、中国人の各家庭に地域で暮らすムスリムを一人ずつ割り当てた。いつものようにうんざりするほど甘ったるい建前を掲げ、「家族の一員のように、朝、昼、晩といっしょに食事を食べなさい」と、党はこのプログラムが、私たちカザフ人への配慮と保護に基づくものであるかのように装った。

目の前に出されたものは、なんでも食べなくてはならなかった。ゲストのムスリムの皿に中国人が豚肉を取り分けた場合、食べても食べなくてもよかった。ただ、中国人と共有する生活について、ホスト側の中国人にはその様子を自分の携帯電話で撮影し、当局に連絡する義務があった。「了解した。連中はいっしょに豚肉を食べたぞ」とうなずき、リストにチェックを入れる。

その日が立哨の当番に当たっている職員は、かなり前から当局に報告する必要があった。「残念ながら、その日は〝家族〟の任務が果たせません。もちろん、あとでこの埋め合わせはきっとします」。重要なのは月に八日の義務を果たすことだった。だが、このプログラムとは、実際にはどんなものだったのだろう。たとえば、昼休みになったら、大急ぎでホストの中国人の家に向かい、昼食を用意してただちに職場に戻ってこなければならない。夜は夜でホストの家の家事をやらされ、その家で夜を過ごす。土曜日や日曜日は、相手の家で自由な時間を過ごすことになっていたが、私たちムスリムにとって、たいていの場合それは、一家の家事全般をやらされることだった。豚小屋の掃除、洗濯、老人の世話をした。そして、夜になるとその家の主人といっしょに寝なくてはならない。

翌月、当局は別の中国人一家のもとに私たちを手配するか、あるいは別の中国人が私たちの家の前に立っていた。若い娘や主婦、そして私のような一人暮らしの女性にとって、それがどういう意味なのか想像できるだろうか。中国人の男には、妻と同じように私たちの体を自由にできる権利が認められていた。中国政府のおぞましい計画のなかでも、この計画は私たちにとってとどめを刺すものであり、自分の体は自分のものという意志さえ、彼らは奪い取ってしまった。ひとつの民族そのものが、とてつもない規模で陵辱《りょうじょく》されていると私たちは話した。

もしも女性——あるいは少女——が抵抗しようものなら、相手は当局に苦情を訴える規則になっていた。「彼女は自分の義務に応じようとしない」。すると警察官がやってきて、少女を収容所へと連行していき、従順の意味を彼女に徹底して叩き込む。

夜、キッチンのテーブルに向かいながら、私は小さな声で父に語りかけていた。「これまで以上に働けば、私はなくてはならない存在になり、八日間も中国人の家に行かせる余裕など当局にはなくなってしまうわ。だからだいじょうぶ――そうは思わない、お父さん？」。家の外をけたたましくサイレンを鳴らしてパトカーが通りすぎていき、父の返事は聞こえなかった。窓から入ってきたパトカーの青色灯の光を浴び、真っ青な私が浮かび上がっていた。

憎悪を生んだ〝友情〟のキャンペーン

うわべは、先住民との友好関係をうながすことを目的にしたキャンペーンだが、実際には憎悪の種をまいているだけだった。私たちは恐慌状態に陥ったまま、その日その日を生きていた。毎日どころか、毎分毎秒が私たちには恐怖だった。ホストの中国人一家が撮影した写真や動画などの記録は、彼らがこのプログラムにしたがっている証拠として当局に提出されたものであり、そうした記録が海外になぜ流出したのか私もいまだにわからないが、それらを共有していった結果、人づてに海外へと伝わっていったにちがいない。

ネットにはこうした画像が無数にアップされており、そのなかには中国人男性の腕に抱かれた先住民の女性の画像もある。なかにはベッドで同衾《どうきん》し、裸体をぎりぎりまでシーツで隠したものもある。そんな写真を家族に見られ、いたたまれなくなって命を絶った女性もいる。

私自身、カザフスタンでそうした画像をいくつか見た。二人の中国人男性が酒を飲みながら、老婆のヘッドスカーフを笑いながら剝ぎ取っている動画があった。あるいは、白い顎ひげをたくわえたイスラム教徒の老人にお酒を次々に飲ませようとする動画。十四、五歳ぐらいの少女を映した動画もあった。終わりのほうでは、少女は正体を失うほど酔い、中国人のために踊りを踊っていた。少女の母親と父親は無言のまま、身動きもせずに見守り、中国人の一人が自分の娘にキスをするのを見ていた。こうした動画を当局は、その中国人がムスリムの家で自分に課された役割をきちんと果たしている証拠として使った。

アルタイ山脈に暮らす住民は、気骨ある人たちとして知られる。はるか北西に位置する土地で起きた二つの事件がアクスの町にも伝わった。ひとつは、ある学校で四〇〇人のムスリムの学生が豚肉を食べることを拒否して、全員が逮捕されたという話である。

もうひとつは、ムスリムのある家庭を訪れた中国人の男の話だった。その家には祖父と一六歳になる少女がいた。しばらくして、中国人の男は娘を抱かせろと言い出した。相手の要求に祖父は、「もちろんお前にはその権利があるが、その前にまず、自分の自慢の馬を見てほしい」と答えた。私たちカザフ人のように、この老人も乗馬にかけては一級の腕前だった。表に出て馬に飛び乗ったとたん、老人は中国人の首に投げ縄をかけ、力を込めて馬の腹を蹴った。馬は全速力で走り出し、中国人の息が絶えるまで砂地を引きずりまわした。老人と一家全員が収容所に送られていった。

それからまもなく、私のところにも〝友情〟のキャンペーンがめぐってきた。

「いっしょに考えてもらえませんか」

机に向かいながら、私はその男性の住所をじっと見ていた。相手はこの町でも成功した実業家であるのは知っていた。問題は、今日という日をどうやって乗りきればいいのかだ。何を考えているのかわからない男と同じ家で、ムスリムの女が二人きりで過ごすのだ。私たちムスリムにとって、名誉と誇りは何ものにも替えがたい神聖なものだ。そして、当時の私たちにとって唯一のよりどころでもあり、それだけはどうしても譲れない。

その夜、むかむかするみぞおちを抱えながら、相手の家に向かった。どうすれば自分の身を守れるか、何度も何度も考えつづけた。このような場合、どうするのがいちばん賢明なのだろう。相手のアパートに到着して、二階へあがり、ドアのベルを鳴らしていることにさえ気づかないほど、私は必死に考えつづけていた。ハッとして驚いて一歩退いたそのとき、ドアが開いた。

「ああ、君か」と相手も驚いて答えた。背の高い男性で、年格好は四〇歳手前、どうやら私のことは知っているようだった。大きな催しがあると、私はよく司会や運営を担当していたので、私を見知っている町の人は少なくなかった。相手の様子から、彼の家に出向くカザフ人について、当局から何も連絡を受けていないのは明らかだったが、相手は丁重に私を出迎えてくれた。

相手はまず私をキッチンに招き入れ、そこでいっしょにお茶を飲んだ。これはガイドラインで定められた手順にしたがったもので、相手はすでにガイドラインを書面で受け取っていた。顔がほてり、まるで火のそばであぶられているようだった。何度か深呼吸をしたあと、私は意を決し、自分が感じていることを一気に吐き出した。「あなたは私たちカザフ人とカザフ人の文化を知っているはずです。そして、私たちがいまどんなふうに生きているのかも」。相手の探るような視線を浴びながら、私は自分の名誉のために闘った。「私はイスラム教徒で、あなたは中国人です。私たちはいま、命令にしたがってこうした状況に置かれています。ですが、この状況が私たちカザフ人女性にとって、どれほど道徳に反するものなのかおわかりいただけますよね」。相手はうなずき、「現在、新疆では新しい政策が必要とされている。それはこの地方に、これまで以上の安定をもたらしてくれるだろう。だが、君の言うこともわかる」と応じてくれた。

それから相手は、四部屋か五部屋はある広々としたアパートの居間に案内し、向き合うように腰を降ろした。私は退路を断たれた動物のように不安げな眼差しで相手の顔を見ながら、もう一度力を振りしぼって、恐ろしいこの状況から逃れようとした。「私たち双方が、無傷のままこの状況から逃れられる方法をいっしょに考えてもらえませんか」と頼んだ。

このプログラムに参加する中国人には、招かれたムスリムがどのように義務を果たしたのか、それについて毎日書式に記入する義務があった。いっしょに朝食を食べた、昼食をともにしたなどだ。二人のあいだのテーブルにその書式が置かれている。その紙を私は指で叩き、「お願いです。どうか哀れだと思って、私がここに書いてあることをすべてやったと言ってはくれませんか」。私はびくびくしながらズボンのしわを伸ばし、自分が置かれている状況についてまくし立てた。言葉が一気にあふれてくる。一度に全部話さなければ、息が詰まってしまうようだった。「私には夫がいて、子供とは離れて一人で暮らしている。仕事は幼稚園の園長——」とそこまで話したとき、「わかった、わかった。君のことなら知っていたよ」と相手はじれったそうに言葉をさえぎった。

私はぎこちない手つきでバッグから財布を取り出した。「いくら払えばいいでしょう?」。相手がにやりと笑ったので、見当違いではないとわかった。「一日二〇元でどうだろう?」と相手は言う。大した金額ではない。たぶん、レストランで食事二回分ほどだ。相手は無言のまま札を手にして、私の話を聞きつづけた。「私はここに来るたびおっしゃる金額を払います。そのかわり、夜一二時前後には帰宅します。裏口から出ていくので、誰にも見られることはないでしょう。次の日の早朝、日の出前には戻ってきます」

「わかった」と表情を変えないまま相手は答えた。その瞬間、私は深々と椅子に体を預け、安堵のため息を大きくついた。感謝の気持ちを示そうと、プログラムに予定されている項目の仕事に取りかかり、汚れものを洗濯機に入れ、シャツにアイロンをかけ、廊下をモップがけするなど、次から次へと家事をこなした。

家事がすむと、私たちは料理が並べられたテーブルについた。相手は「好きなものだけを食べるといい」と言って、携帯を取り出した。「証拠の写真はすぐに撮っておこう」とテーブルのあちらこちらから撮影し、「さあ豚肉を取って、食べているふりをしてくれ」と言われた。私はフォークを口元まで持ち上げ、十分な枚数の写真を撮り終わるまでそのままでいた。相手はほかの仕事についてももれなく記録し、ただちに当局に送ってくれた。

中国人のなかには、こうした制度の一部を自分に都合よく利用する者がおり、彼もそうした人間の一人だった。自分に危害がおよばず、金儲けが邪魔されない限り、その制度を受け入れていた。彼の同胞である大半の中国人は、この制度の無言の共犯者だった。彼らは共産党が唱えつづける〝中国の夢〟に黙従し、やがて世界を支配するエリートの一員になるという考えに酔いしれていた。

訪問してから七時間が過ぎた真夜中、私は猫のように階下へ降りていった。外にはいたるところに警備員が立ち、監視カメラが設置されている。一歩また一歩と用心しながら歩き、心配になって何度もうしろを振り返り、目立たない通りや脇道を迂回しながら自宅に向かった。どの暗がりも安全とは思えない。せき払いする声が聞こえる。木の陰に身を隠して息をひそめた。恐ろしい沈黙が長く続く。普通に歩けばわずか一キロの距離だが、何度も回り道をしたので、家に着くまでには少なくとも三キロは歩いていた。魔の手がすぐそこにまで迫っている気がして、最後の数歩は走って家のなかに飛び込み、うしろ手で扉を閉め、息を切らしながらそこにもたれた。

電気をつけないまま、爪先立ってベッドに向かって、中にもぐりこんでみたものの、なかなか眠ることができない。胸が激しく高鳴っている。翌朝早く、まだ暗いうちに同じ迂回路をたどって私はあのアパートへと急いだ。誰にも見つからず、逮捕されもしなかったが、あの八日間はまさに拷問だった。毎晩、相手の家のテーブルに二〇元を置いて私はやっと家に帰れた。

党と政府はこのキャンペーンを利用して、私たち先住民の娘たちを破壊していった。自分の身に起きたこんな出来事について、いったい誰が打ち明けられるだろう。虐待を公言する者は収容所に送られてしまう。いずれにしても私たちの文化では、こうした話を口にすること自体が禁じられていた。なんの罪もないのに、連中は私たちの娘や女たちを汚したのだ。

私の幼稚園で働く若い女性の多くが、泣きながら私のところに来て、震える腕を私にまわして泣き暮れていた。私が着ている共産党の制服の襟元は、彼女たちの涙で濡れた。慰めの言葉を探しても、どんな言葉も虚しく響く。結局、私たちは押し黙ったまま、たがいの肩に頭を預け、目が赤くなるまで泣きつづけるしかなかった。

私たちはそれまで、彼らが課してきた無残な仕打ちをことごとく耐えてきた。民族の言葉を話すことが禁じられ、伝統にしたがって生きることがとがめられ、本当の自分であることさえ許されなかった。しかし今回の屈辱は、ほかのあらゆる仕打ちとは比べようもないほど深刻だった。彼らは私たちの存在の核心に力ずくで押し入り、私たちを隷属し、私たちを破壊しようとしている——筆舌に尽くしがたいこの状況をどう説明すればいいのか、私にはその言葉がどうしても見つからない。

外ではもう誰も口を開こうとはしなくなっていた。家族さえ信用できなくなったのは、あらゆる人間があらゆる人間を批判せよと党が説くようになったからである。自分の生命や仕事を守るには、人を裏切るしかないのが当たり前になった。その目的を果たすため、二四時間体制のホットラインが特別に開設され、命令にしたがい、私はその電話番号を職員全員に伝えた。さらに幼稚園の入口に新しい郵便受けが設置され、そこには「不審な行動を匿名で報告せよ」と記されていた。

人を中傷する理由には事欠かなかった。学歴や実績にまさるカザフ人には中国人より高いポストが与えられていたので、中国人のなかには嫉妬心を抱いている者もいた。党はこういう中国人に対し、歓迎されざる競争相手を排除する、非常に効果的な手段を提供していた。相手に対するクレームをひと言伝えれば十分だった。「先住民の管理者は、カザフ人と中国人の友好関係を台なしにしている。われわれ中国人には制限を加え、同胞を優遇している」。訴えられた人間は、即座に「危険な民族主義者」というスタンプを書類に押され、収容所に連行されて再教育を受けることになる。

園長としての私には、もはや仕事上の裁量権はなくなっていた。すべての仕事は厳格な時間枠にしたがって進められ、終えたら上層部に報告しなければならない。職場の仲間同士で個人に関する情報を交換することも禁じられた。「顔色が優れないけど、だいじょうぶ? 何かお手伝いしましょうか」といった思いやりさえ認められない。そのかわり、求められていたのは相手のミスをとがめ、「お前はもう仕事をやり終えたのか」とねちねちと説教を垂れることだった。

アクスの町では、ゆっくりとではあるが、しかしいたるところで精神が確実に蝕まれていく人が増えていった。完全に正気を失った人、自暴自棄になった人は目にしなかったものの、普段どおりの毎日を送っている人の姿も消えていた。商店主の多くは店を続ける気力を失った。誰もが生きる張り合いを失っていた。あらゆるものが停滞し、生活から活気が奪われていった。「明日、収容所に送られるかもしれないのに、どうして金を稼がなければならないのか」

翌月、例のプログラムの規則が強化される。多くのカザフ人が金を払い、見知らぬ他人と同じベッドで夜を過ごすのを避けている事実を当局が嗅ぎつけたのだ。最後の抜け道を断つため、検査官は真夜中に受け入れ側の中国人に電話をかけ、ゲストのカザフ人を電話に出すよう命じていた。全員が常に携帯電話を持っていなければならず、どこにいても場所を特定された。最終的に、中国人宅の玄関前に制服を着た警備員をひと晩中配置しておくようになった。それでも家に帰ろうとするカザフ人女性には、黒い頭巾が被せられた。

その点では私は幸運だった。二〇一七年一〇月に始まった規制強化の影響を受けなかったからである。しかし、それからまもなく、今度は私自身が収容所に送られた。

深夜の秘密の訪問

友人の会話の断片がたまたま私の耳にも聞こえた。「たぶん想像できないでしょうけど、隣の村の老夫婦が、葬式のためにカザフスタンに行ける許可がもらえたんですって」。その話を聞いて、私は稲妻のような衝撃を覚えた。公式には、自分の帰国を保証する親族を見つけなければ、先住民は国境を越えられなかった。本人が帰ってこない場合、その親族が自分の命をもって償うことになるので、事実上、渡航は禁止されているのに等しかった。しかしそれでも私は、この老夫婦を通じ、ワーリにメッセージを伝えられるかもしれないと即座に思いついた。

しかし、見知らぬ人に向かって、「手を貸してくれ」とどうやって説得すればいいのだろう。そして、誰にも見とがめられずに夫婦のもとに行くにはどうすればいいのか。夫婦が出発する二日前、私はひそかにレンタカーを借り、アパートから離れた場所に停めておいた。私だと誰にも気づかれてはいけないので、ある夜、タンスからワーリの上着とズボンをすでに取り出しておいた。服を着替え、長い髪を彼の帽子で隠して男性の格好をしてから車に乗り込んだ。もちろん、生死にかかわる危険があるのはわかっていたが、いずれにせよ私の生命はますます危うくなっていた。

村のはずれでライトを消し、木立の近くに車を停めた。最後の道のりは暗闇のなか、道路を避けて徒歩で向かった。どの家も電気は消えている。まるで泥棒のように忍び足で老夫婦の家の中庭に入って扉をノックした。二人とも眠そうな顔をしていたが、明らかに脅えていた。

「お願いです、とても大事なことなんです」。声がうわずっている。ぜいぜい息を切らしていたが、言葉は一気にほとばしり出た。二人は口に手を当て、周囲をちらりと見まわすと、急いで私を家のなかに招き入れた。息をつく暇もなく、私は洗いざらい話した。「主人と二人の子供はいっしょにカザフスタンに住んでいます。三人とはもうずっと連絡を取っていないんです」。私は手紙を差し出し、「これを三人に渡していただけませんか」と物乞いのように頼み込んだ。

老夫婦は手紙に目を向けた。毒蛇を見るような目だった。「だめだ、危険すぎる」とかすれた声で拒んだ。しかし、なんとか頼み込み、ワーリの電話番号を書いた紙を持っていってもらうことはできた。「カザフスタンに行ったら夫に電話して、いまどこに住んでいるのか、子供たちはどうしているのか、お願いですから聞いてください」。五分ともかからない短い会話を終えると、私はふたたび暗闇のなかに戻った。

それから一週間か二週間したころだ。カザフ人の女性が私の幼稚園に来て、二人の子供を迎えにきたと言う。はじめて目にする、見知らぬ女性だった。そして、子供を引き取りにきたほかの父兄が誰もいなくなるまで園庭で待ちつづけた。「すみません、二人の子供についてお話がしたいのですが」と言いながら近づいてくると、私に寄り添うように、自分はカザフスタンに行ったあの老夫婦の嫁だと声をひそめて自己紹介した。「二人ともまだ帰宅が許可されていません」。書類の不備のせいで、検問所でもめているらしい。

「お子さんは二人とも、とってもがんばっていますよ」と私は努めて大きな声で答えた。彼女は「わかっていますとも」とにっこり笑いながら答え、声を落として、「ご主人はアルマトイの近くの村に家を買ったそうです。お子さんたちはそこから学校に通っています。二人とも元気です」と言い添えてくれた。

「二人とも、中国語はがんばって覚えたほうがいいですね」。私はさらに声を張り上げた。彼女は熱心にうなずきながら、すばやくメモを渡してくれた。三人の新しい住所だ。

ワーリがどこに住んでいるのか、ついにわかった。今度はどうやって彼に連絡するのか、その方法を考えなくてはならない。「もしかしたら、あと何日かすれば、私はここから逃げ出せるかもしれない」と考えた。しかし、実際には逃げ出すチャンスなど私には残されていなかった。追跡の手はすでに私に向けて伸ばされていた。

第6章 収容所――地獄を生き延びる

二〇一七年一一月末――収容所に到着

二〇一七年一一月、まもなく月末というころだった。ある夜、深夜の電話の音で私は目を覚ました。こんな時間にいったい誰だろう。私はこわごわと電話に出た。「タクシーに乗って、ただちにモンゴルキュレ県の市内に向かえ」と男の声で指示された。「そこで、お前を拾ってくれる者がいる」と言っている。

「なぜ、私がそこに行かなくてはならないのですか?」。不吉な思いに駆られ、私は問い返した。「あなたは誰なの?」

「質問はするな!」

しかし、言葉が口を突いて出てくる。「夜のこんな時間に、どうしてそんなところに行かなくてはならないの?」

「質問はしないほうがいい。お前は再訓練を受けることになっている」

「再訓練って、いったいなんの?」

「心配しなくてもいい。明日、お前は別の町で開かれる研修会に参加する予定だ」

本当なのだろうか。なぜ再訓練のため、こんな夜中に出かけなければならないのだろう。なんでもないことに自分一人で取り乱しているのかもしれない。たぶん、いつもの秘密の会合なのだろう。歯ブラシなど、とりあえず必要なものを入れたバッグを膝に抱えて、一時間ほどで指定された場所に到着した。「着いたよ」と言って運転手が車を停めたのは、大きな通りの真ん中だった。すでに深夜の一二時、電話で言われたとおり、街灯の下で携帯電話を取り出し、言われたアドレスに「到着した」とメールした。

急に怖くなり、私は携帯電話を手にしたまま、肩を落とした。逃げるにしても遅すぎた。それにどこに逃げればいいのか。どこに逃げようと、彼らは私を見つけるだろう。そのときパトカーのライトが見えた。ドアが開くと、自動小銃を持った四人の警察官が飛び出してきた。数秒後、彼らは私の袖をつかみ、頭巾を被せると、パトカーの後部座席に押し込んだ。もちろん、以前にも連行されたことはあったが、今回は「ついにきたか」と思った。「収容所に連れて行かれるんだ。私の人生はこれでもう終わりだ」と考えていた

武装警察官に挟まれて座り、頭巾で何も見えず、私はついに泣きはじめていた。しばらくのあいだ、私は完全に取り乱し激しく体を震わせ、涙は止まらず、声をあげて泣いた。隣に座る警察官がライフルを私の脇腹に押しつけたまま、「泣くのをやめろ。泣きわめいてもどうにもならないぞ。静かにしていろ。泣きやまなければ、本当に泣き叫びたくなるような理由を作ってやるぞ。俺たちに車を停めてほしいのか」と怒鳴られた。私は凍りついた。彼らは女性を思いのままに扱うことが許されているのだと知った。

二時間ほど走ると、車は不意に速度を落とし、のろのろと前に進んでそれから停まった。頭巾のせいで何も見えないが、運転席側のウインドウを開ける音が聞こえる。「ここで降ろすぞ」と運転して

いる警察官が話している。彼らは停まった車から私を無理やり降ろし、二の腕をつかんで引きずっていった。

重々しい扉が解錠される音が聞こえると、扉が開かれ、うしろで閉められる音が聞こえた。足音がくぐもって聞こえる。どうやら建物のなかのようだ。膝に力が入らず、自分の体さえ支えられない。二、三度立ち止まったあと、警察官の一人が「ここに置いていく」と繰り返した。パニック状態に陥りながらも、私は何が起きているのか必死に考えていた。「立ち止まったのは検問所だ。そして、ここで私を待っているのは刑務所よりももっとひどい状況だ」。私は顎を噛みしめ、歯がガタガタ震え出すのをこらえた。

部屋に入ると、出し抜けに頭巾を取られた。あまりのまぶしさに目がくらんだが、徐々に目が慣れてくると、机の向こうにはさまざまな肩章がついた軍服を着た中国人の士官が座っていた。でっぷりと肥えた男性で、年齢は四〇代後半、中背だがカエルに似た横広の醜い顔に、眼鏡をかけていた。さらにたくさんの階級章がついた帽子を頭に被り、革製の編み上げの長靴をはいていた。「特殊部隊の大佐かもしれない」と察したが、恐怖ですくみ上がり、ほとんど何も考えられない。

相手の前に座ったのは、午前三時ごろだったはずだ。あいだに置かれた机は頑丈な作りで、コンピューターが置いてある。出し抜けに話が始まり、相手は専門用語を交えながら、状況をむだなく簡潔に説明した。「ここは再教育収容所で、お前には教師として働いてもらう」

頭がくらくらしてきた。私は囚人ではなかったのか。教師だと——よりにもよって、なぜ私が選ばれてしまったのだろう。いったい、どういうことなのだろう。私は助かったのか、それとももう終わりなのか。「今後お前には、ほかの収容者に中国語を教えてもらう」。相手はそう言うと、猫がネズミを見るような目で、私の目を凝視していた。「同様にほかの命令についても、お前には拒むことが許されていない」

書類が突きつけられた。「これだけははっきりさせておく。ここで見聞きしたことは、誰にも話してはならない。これにサインをしろ」。書類は三、四枚はあったが、最初のほうに目を通すのがやっとだった。

新しい仕事に関する規則が次々に書かれていた。

「契約内容は秘密厳守とする」

「収容者に話しかけることは禁じる」

「許可なく笑ったり、泣いたり、収容者の質問に答えたりすることは禁じる」

失敗したり、規則に違反したりした者は死刑に処すると明記されていたので、ペンを持つ手が震えて署名できない。心はますます沈んでいったが、相手は「サインしろ」と吠えている。なんの選択肢もなく、自分で自分の死刑宣告にサインするしかなかった。体中の恐怖がそこに集まったかのように手が震えた。

「服を渡してやれ」と相手は部下に命じた。警備員のほうに視線を向けると、壁に掲げられた標語に一瞬目がとまった。幹部職の部屋にはどこでもある習近平の一二の指導方針で、私の幼稚園にもある。そこにはこんなことが書かれていた。「誰もが中国語で話さなくてはならない――誰もが中国人のような服を着なければならない――誰もが中国人のように考えなければならない――誰もが中国のために尽くさなければならない――先住民は国外との接触を持つことは許されない」。これらをひと言で要約するなら、「ほんのわずかでも異質なものは、ことごとく中国化しなければならない」ということだ。父性的なアドバイスのように記されているが、一連の命令を言い換えたものにすぎない。

軍服のような迷彩柄の制服を抱えながら、警備員のあとに続いて通路に出た。あの士官の姿はその後も、新しい収容者が到着したときに何度か見かけることがあった。おそらく、特別任務を担当する上層部の一人だったのだろう。のちになると、特定の収容者の健康状態に関する書類を提出するため、時折執務室に行くことになった。

初日の夜

激しいショック状態に陥ると、アドレナリンが脳のある部分を刺激して頭の回転は一気に高まる。収容所に送られて以来、私はあらゆることを寸分たがわず、正確に記憶しようと努めてきた。なぜなら、ここの実態をいつか世界に伝えられると信じていたからだ。収容所に入った最初の日から、私はその考えに命綱のようにしがみついた。

目の前の少し左側に小さな集会所がある。部屋のなかには警備員が詰めるガラス張りの哨舎《しょうしゃ》が置かれていた。集会所の左から、奥行き二五メートルほどの通路が分岐しており、両側に一二の監房があった。あとになって、男性と女性の監房は別々の側に置かれていることに気づいた。

各監房の扉は三重に施錠され、さらに鉄のボルトで固定されていた。通路には二人の警備員が二四時間体制で配置されている。ここまで厳重にするのは、収容者が脱走して自分たちの残虐行為が明るみに出るのを恐れていたからだ。

右に向かって進んでいったので、それに合わせて目をそらした。こちらにも同じように長い通路が続いている。この通路にも両側にカメラが設置されていた。しかも二メートルごとに置かれている。

隅から隅まで監視され、身を隠せる隙間や死角はどこにもない。窓もなかった。この階の半分は管理棟になっており、六つの部屋が並んでいる。

さらに数メートル進んで、四つ目のドアの前で立ち止まった。収容者の監房とは異なり、この部屋のドアには中央に食事を出し入れするハッチがなかった。どうやら私は、受刑者ではなく、教師として少しはましな扱いが受けられそうだ。

部屋の大きさは約六メートル四方、床は打ちっ放しのコンクリートで、レジ袋二枚分の厚さのビニール製のマットレスが敷かれていた。そして、ぺらぺらの枕とビニール製の薄い上がけが置かれていた。監視カメラが部屋のすみずみに設置されている。警備員の「早く寝ろ!」という命令とともに、鉄格子のついたドアが閉められて鍵がかけられた。

つかの間、私はその場に立ちつくし、目の前の壁にある二重の鉄格子がはめられた小さな窓を見ていた。だが、背の届かない位置にあるので外は見られない。「いつまでここにいなければならないのか? この先どうなってしまうのか?」。わかるはずもない答えを求めて、私はしゃにむに考えつづけた。秘密警察の取り調べはもう何度も受けたが、私を逮捕する理由はまだ見つからないのだろうと考えた。ふと嫌な思いが頭をかすめる。

中国語を教えるという口実で連れてこられたが、本当の狙いは、私がついに口を滑らせ、それを理由に何年も拘留するためだ。それにちがいない。「泣いてはならない、口を割ってはならない、自分の感情を覚られてはならない――」。自分がサインした規則を考えれば、私のミスなど容易にとがめることができる。だが、相手のそんな狙いを簡単に満足させるつもりは私にはない。

ビニールの上がけの上に身を横たえた。天井には五台目の広角レンズの監視カメラが私に向けられていた。この灰色のコンクリートの箱のすみずみまで記録されているのだ。明かりはまぶしく、ひと晩中ついていた。

日課

六時少し前、つんざくようなベルの音が建物中に鳴り響いた。「ここはどこ？」と考えて目を覚ました私の心臓が高鳴った。天井の監視カメラを見て、眠りについたときの押しつぶされそうな思いが頭に蘇った。しばらくして、「準備しろ。もたもたするな」と言いながらドアを叩く音がした。

部屋の正面左手に、腰の高さの壁で仕切られ、穴の開いたトイレスペースがある。ここにもカメラが向けられている。ドアの右脇には小さなシンクがあり、そこにもカメラが向けられている。慌てて蛇口をひねったが、水はチョロチョロとしか出てこない。顔に水をかけて歯を磨いた。石鹸も櫛もなかった。

二時間ほどしか眠れなかったが、数分後にはドアの外で警備員のように、両腕をピンと伸ばして直立不動の姿勢をとっていた。迷彩服とそれに合わせた庇《ひさし》のある帽子を被り、上着のボタンは顎の真下までとめていた。

六時になると、両方の通路にあるすべてのドアが自動的に開いた。一瞬、風が吹いた。その風に乗って監房の扉から、汗や排泄物の臭いが混じった忌まわしい悪臭がホールを横切り、この区画全体に染み込んでいく。監房の反対の棟にいる青い制服を着た警備員は、監房に入るときはかならずマスクをしていた。

この時点ではまだ知らなかったが、規定では収容者一人当たり一平方メートルのスペースが必要とされていた。しかし、実際には一六平方メートルに二〇人もの人間が詰め込まれていたので、一フロアに約四〇〇人の収容者がいたことになる。蓋付きのプラスチック製バケツは一房に一個しか許されていない。このバケツがトイレとして使われていたが、バケツは二四時間に一回しか空にできない。五時間後、バケツが満杯になったら、蓋をしておかなければならない。膀胱が破裂しても、お腹がグルグル鳴っても、バケツが空になるまで待たなければならないのだ。その結果、臓器に異常をきたす者もおり、空気は汚くて監房にいる誰もが吐き気を催していた。

私は、監房の外に並ぶ収容者たちから目をそらした。六人ほどの事務職員や作業員の列に加わるように指示されたからだ。食事の時間に合わせて、列は長くなったり短くなったりしていたが、会話は禁じられていた。

このフロアには、実にさまざまな職種の職員が働いているのがじきにわかった。上下ひと揃いの簡素な作業服を着た清掃係の女性から、銀行強盗のような黒い目出し帽を被り、口と目と鼻だけしか見せない上級職員がいた。中国人職員も、覆面をして自動小銃を誇示し、長靴をはいた男たちには明らかに脅えていた。彼らの仕事が何か、私はすぐに覚った。

収容所ではあらゆる手順が最も微細な点にいたるまで体系化されていた。まるで蟻塚のようだ。おそらく、私がいたフロアでは一〇〇人ほどの職員がシフトにしたがって働いていたと思う。中国語を教える教師は私だけで、比較的上位の役職についているカザフ人も私だけだった。中国人職員の一二人に一人の割合で先住民が働いていたが、彼らは常に下役として扱われていた。

二人の警備員に付き添われ、職員のグループは二五メートルほど移動して二重扉のほうに向かい、そこを過ぎたら左に曲がって厨房に向かった。通路の突き当たりの壁には窓ぐらいの大きさの開口部があり、そこから中国人の調理係が料理の皿を列にしたがって順々に出していた。いい匂いがして、きちんとした食事のようだった。お腹が空いてきた。

だが、がっかりしたことに、先住民である私に与えられたのは、煮くずれしたような白い蒸しパンひとつと、数粒の米が浮いたわずかな量の重湯だった。差別は食事だけではない。ためらいや不安、あるいは急かされたせいで失敗をしても、中国人職員は私のように罰せられたりはしなかった。

食事を手にして、一列に並んで自分の部屋に戻っていった。塩も振られていない重湯をひと口飲み干す前に、警備員から横柄に命じられた。「われわれがノックをしたら、きれいに洗った容器をほかの者といっしょに食堂に持ってこい。言われたとおりにしなければ、明日はそのままの容器で食べさせるぞ」。そう言って扉に鍵をかけた。

七時になると、二人の看守が私を房近くの事務室のひとつに案内した。最低一人の武装した警備員が、影のようにいつも私のうしろについていた。

教育計画

昨夜通された部屋とは違い、この部屋に置かれていたのは合板の安っぽい什器だった。机の向こうには別の中国人がいて、仕事について私に説明をした。担当の顔は毎回異なり、私には相手の顔が覚えられなかった。セキュリティ対策として、職員同士の接触や会話を防ぐため、建物内の別の部署の人間を手っ取り早く交替させていただけなのだろう。

指を差して、「座れ」と命じられた。収容所では無愛想な態度が当たり前だった。「授業中は、指示されたことしか話してはならない」。彼のような男にとって、暴力は中国社会を強化し、当然の敬意を維持するうえで正当な手段だ。

「この指示書に書かれていること以外は、絶対に口を開いて話してはならない」と指を立てて警告すると、紙切れを振りかざした。自分の意見を言うことはもちろん、自主的に行動することも許されていない。相手は入口のほうに顔を向けた。そこには警備員が立っており、上官の一言半句に律儀にうなずいている。「彼のような警備員もやっていいことと、やってはいけないことは自分で判断できる」と言い加えた。

相手は身を乗り出し、数ページにわたる書類を私に手渡した。書類には私がどうふるまうかが、きわめて詳細に記されていた。可能な限り動かないように立ち、常に鋭く、強い口調で話すこと、看守と話す際には所定の手順にかならずしたがうことなどである。

監視国家で生き延びていくには、常に目立たないようにして、本心を覚られない仮面を被りつづけなくてはならない。すでに私は収容所の外の世界でそれを学んでいた。そうすれば、密告者の群れから、自分の言動につけ込む余地を減らせる。

「それをもう一度繰り返せ」と、男は私が小学生でもあるかのように、行動準則について質問を浴びせ、その日の学習課題を説明した。「そのページを開け」。学習計画の最初の四ページは、第一九回中国共産党全国代表大会で可決された決議案の抜粋を扱っており、ひとつにまとめると本一冊分の長さがあるので、一部を収容者に毎日教えることになっていた。

「どんどんページをめくっていけ」。次の二つは、中国の習慣や伝統に関するものだった。中国人は親族をどのように葬っているのか。結婚式をどうやって祝っているのか。「これが今日の二つ目の課題だ」と相手は言う。

内容をひと通り理解するために三〇分ほど時間を与えられた。学者から字の読めない人までいる収容者を相手に教えるには、私自身が法案の意味を理解し、一部は暗記しておかなければならない。だが、授業で使えるメモは限られた範囲でしか許されず、声に出して読むことさえ禁じられた。

短時間のうちに多くの話を頭に詰め込んだせいで、極度の緊張と不安に襲われた。「細かいことを忘れないようにしなければ」と懸命になっていた。失敗してしまえば、悪臭を放つ檻のなかに、私も動物のように閉じ込められてしまうだろう。ほかのことは必死になって遮断し、目の前の作業だけに集中した。

「もういいだろう」と相手は銀色の時計に目をやりながら言った。「椅子から立って、すべての課題について要約しろ」。それは、私が想定どおり残らず理解したかどうかを確認できる唯一の方法だった。「待て」と言って、相手は携帯電話を取り出して私が書いたメモを撮影した。検査されていない紙切れを扱うことはいっさい許されていない。一日の終わり、私が書類を残らず事務所に返却したかどうかも確認された。どれほど小さな証拠であろうが、それを施設の外に出すことは許されない。証拠だけではなく、ありとあらゆるものを施設から外に出してはならなかった。

連日――時には朝から、また別の時には夜から――私は事務室に連れていかれ、新しい学習計画を渡された。そのたびに、ガラスの壁の向こうの階段から職員が現れ、私の分だけでなく、五階建てのこの建物の他階の教師役のメモを持っている。この事実を踏まえると、一フロアに四〇〇人、地下にいる人数を加えると、私がいる収容所にはおよそ二五〇〇人の収容者が存在する事実に気づいた。

「彼女を教室に連れて行け」。黒髪をかき上げた士官はそう言うと、警備員といっしょに行けと手を振った。あの二重扉をくぐったあと、今度は左の厨房ではなく、右に曲がって通路を進んだ。通路に沿って大きな部屋が三つか四つあり、そのうちのひとつが私の新しい仕事場だった。

それから五カ月間、私はそのフロアで働きつづけた。

午前七時から午前九時：生ける屍たちへの授業

部屋に入ったその瞬間、五六人の生徒が足首に巻かれた鎖を鳴らして立ち上がり、「準備完了しました」と叫んだ。全員が青いシャツを着ており、ズボンをはいていた。頭は剃られて、肌は死体のように白い。

黒板の前に直立不動で立つ私の両脇には、自動小銃を持った二人の警備員が立っていた。まったく予期していない光景を目の当たりにして、私は衝撃のあまり一瞬よろめきかけた。黒い目、切断された指、体のいたるところにできたアザ、墓場から蘇ったばかりの生ける屍の集団だった。

テーブルやありきたりの椅子もなく、園児用のプラスチック製の腰掛けが置かれているだけだ。大人にとっては、背筋を伸ばして座るのも容易ではない。血のついたズボンをはいた男性のなかには、痔が破裂して苦しんでいる人もいた。

一〇人から一二人の人間が五列に並んでうずくまっている。学者もいれば農民もおり、学生や実業家もいた。一八歳から五〇歳の男性が全体のおよそ六割を占め、残りは若い娘や女性、年配の老人だった。最年少は一列目にいた女子学生で、ほっそりとして背が高く、とても賢い娘だった。この娘も髪を剃り落とされていたので、私ははじめ男の子かと思った。最年長はのちに加わった羊飼いの老人で八四歳だった。

どの顔にも恐怖が刻まれていた。目にはまったく生気がなく、希望の光は見当たらない。私はショックで立ちすくみ、口元が震えた。泣きたい気持ちでいっぱいだった。「サイラグル、絶対に失敗してはだめ。失敗すれば、あなたもあの椅子に座ることになるのよ」と私は心のなかで叫んでいた。

「一番、います」「二番、います」と収容者が次々に声をあげていき、五六人目まで続いた。点呼が終了すると警備員は、全員にペンと小さなノートを手渡していた。ノートは使えることになっていた。食事を取りにいった際、手錠はすでにはずされており、片方の手首からぶらさがってカチャカチャと音がしている。その日の授業中、収容者は問題の答えでノートを埋め尽くしていった。

最初のうち、私はひと言も声が出なかった。喉が締められているようだ。だが、同情は禁じられている。違反すれば死刑が待っている。踵をめぐらせて黒板をつかむと、チョークで書きはじめ、荒々しい言葉遣いで話した。振り向くときには、収容者ではなくその向こうの壁を見るようにした。彼らの顔を見ることに耐えられなかったのだ。うしろの壁は工場の壁のように、灰色のコンクリートが雑に塗り込められていた。

目の前の床には赤い線が引かれ、その線を越えるには警備員の許可が必要だった。それも線の向こう側でなければできない、何か重要な場合に限られた。この境界線は、私と収容者のあいだに感情の交流や親密な思いが芽生えるのを避けるための措置だった。彼らに近づくことさえ私には許されていなかったのだ。私にはテーブルとプラスチック製の素っ気ない椅子が用意されていたが、奇妙なことに、授業が始まるたびに警備員はそれを脇にどけた。

女性も男性も小さな腰掛けに背筋を伸ばして座り、真っ直ぐ前を見ていなければならなかった。頭をさげてはいけない。この規則にしたがわない者はすぐに引きずり出されていった。行き先は拷問部屋だ。「こいつはわざとやっている。規則にしたがうのを拒否している。国家権力に逆らおうとしている」。これがおなじみの理由だった。

私の仕事は、朝の七時から九時までの二時間、徹底的に虐待された人間を相手に、第一九回中国共産党全国代表大会の決議や中国の習慣を教えることだった。「中国人が結婚したり、家庭を持ったりする場合、その習慣は私たちムスリムとは異なる」とできるだけ簡単な言葉で話しはじめた。農民の多くは山のなかで暮らし、自分たちの文化しか経験したことがないので何も知らない。彼らのために、私は儀式の手順をひとつひとつ説明しなければならなかった。

「中国の結婚式では、新郎新婦を祝福するとき、招待客はかならず決まった言葉を言わなければならない。たとえば、『お二人の幸せをお祈りしています』『早く赤ちゃんができるといいですね』などだ」と説明を加えた。

収容者は沈鬱な顔をして私の前に座っている。剃髪した生ける屍のような人たちに向かって、私は中国語のお祝いの言葉を教えていたのだ。

午前九時から午前一一時：検査

午前九時から一一時までの二時間は、授業の結果を確認するため、ノートでおさらいする時間に充てられていた。「全員がノートを確認する時間だ」と言う警備員の言葉を通訳して収容者に伝えた。わからない点がある者には、質問が認められていた。手があがると、私はまず右隣の武装した警備員に向かい、その質問が許されるかどうかを確認した。許可がおりると、足錠をかけられた収容者は母国語で質問した。どうやら中国語が十分に話せないようだ。その場合、私はまず看守に質問を通訳し、どう答えればいいのか指示を待たなければならない。ウイグル語、カザフ語、中国語と言葉を切り替えて通訳を続けた。

看守に指名され、個々の収容者が起立し、習ったことを暗唱する場合が何度かあった。よくできた者にはポイントが与えられる。「よく学べば、それだけ早く解放される」と言われていたので、誰もができるだけ完璧に覚えようとしていたが、病人や高齢者、主に六〇歳から八〇歳の者には至難のわざだった。

大半の人たちは中国語をほとんど、もしくはまったく知らない。彼らがどれほど漢字と苦闘しているのかはひと目でわかった。目の前で線が踊り出し、交ざり合い、結び目を作っている。そんな文字を読み解くなど、手に余る課題だった。どこから手をつければいいのか、それさえわからない。こうした人たちは、どうすればここから出られるのだろう。泣き叫びたかったが、葛藤を隠さなければならないことは誰もが知っていた。

収容者の解答は、その後、中国人職員によってチェックされ、結果に応じて、誰を降格させるのかが決められる。規則を破った者も減点され、最終的には別のフロアに連れていかれる。施設の方針によれば、違反行為はさらに厳しく罰せられることになっている。こうした違反行為には、誤った動作、質問に答えられなかった、痛くて泣いたなども含まれた。

収容される前に脳の手術を受けた女性は、治療が受けられないまま傷口が広がり、痛みで泣いていた。拷問の結果で座れなくなっている人もいた。そうした人たちもまた、引きずり出されてふたたび拷問を受ける理由になった。拷問を受けて座れない人は、引きずり降ろしてまた拷問する。査定によって、評価が高まった者、さがった者はそれまでとは異なる制服を着せられ、別のフロアに移っていった。

ここに来てじきに気づいたのは、色の違う制服を着た収容者が集団で連れていかれることだった。赤色の制服を着ているのは重犯罪の烙印を押された人たちで、イマームや非常に信心深い人たちである。彼らほど深刻ではない者は水色の制服を着ており、さらに軽い罪の人は紺色だった。私のフロアでは、全員が水色の制服を着ていたが、日を追うごとに私の目には水色という色が醜悪な色として映るようになった。教育を受けていない者、高齢者は次々とポイントをさげていき、最後には悪い豆のように選別されて弾かれた。彼らがいた場所はすぐに新しい収容者で埋め尽くされた。

午前一一時から正午：「中国人であることは私の誇りだ！」

一一時になると、看守は収容者一人ひとりにＡ４サイズの段ボール箱をひとつずつ配った。それぞれの箱に、カラフルな文字で言葉が書き込まれている。番号一番の収容者が箱を頭上にかざし、大声でその言葉を読み上げると、全員がいっせいに「中国人であることは私の誇りだ！」と何度も同じように繰り返した。そして、次の人が自分の箱を掲げ、「私は習近平を敬愛する！」と叫ぶ。

漢民族でない者は、党や政府から人間以下と見なされていた。カザフ人やウイグル人に限った話ではない。世界中のあらゆる人種がそうである。次の箱を手にした私も唱和に加わらなければならなかった。「私の命と私の財産はすべて党のおかげです」。そう声をあげながらも、頭のなかでは、「党のエリートはみんな正気を失っている。一人残らず頭がおかしくなってしまった」という思いが渦を巻いていた。

私の視線は収容者たちの顔にあてどなく向けられていた。そのとき、私は不意に凍りついた。あの頭が剃られた男性——あの男性は私の知っている人だ。まちがいない。二〇一七年の夏、アクスで宗教行事を祝って逮捕されたウイグル人だった。地元では大騒ぎになった。当時、私も彼の姿はよく目にしていた。二五歳ぐらいのきちんとした家の人で、私の幼稚園に自分の子供を連れてきていた。とても優しそうで、幸せそうだった。その人物がいまここにいる。いまの彼はまったく別人だ。目は死んでおり、口をぽかんと開け、「共産党万歳！」と叫んでいた。

突然、警備員が自動小銃で私を小突いた。「あの男をなぜそんなにジロジロ見ている？」。私はすくみ上がり、ますます大きな声で叫んだ。「習近平万歳！」。心のなかでうかつな自分を何度も責めた。部屋には二人の警備員がおり、言うまでもなく、何台もの監視カメラが設置されている。私はあまりにも不用意だった。

唱和は延々と続けられた。党を礼讃し、その「舵取り役」の習近平を称え、中国を讃美する。集団全体がまるでひとつの口になったように、まったく乱れのない唱和だ。「党がこの命を与えてくれたから私は生きている！」「党が存在しなければ新しい中国はない！」と誰もが叫んでいた。党の計画は、私たちを新しい人間に作り変え、一人ひとりが心からそう信じるようになるまで洗脳することだった。「党こそすべてである。習近平を除いて神はいない。中国こそ世界最強であり、中国をおいてほかに全能の国はない」

もちろん、収容者のなかにはもろい性格の者もいた。収容所に入ってしばらくすると、彼らの反抗心は、酸で溶けていくように失われていった。しかし、私はこんな方法が本当に有効だとは考えていなかった。多くの人たちは、あの地獄から抜け出すために、藁《わら》にもすがる思いでひたすらやっていただけだ。彼らは、党と指導者の善意と力を信じることで幸せになったようにふるまっていたが、それは教育によって変わったふりをしていただけにすぎない。

あれほどの虐待を受けていれば、これほどばかげた話など信じることはできない。私自身、神への信仰は失っていない。ときどき、外壁に設けられた二重の鉄格子がはめられた小さな窓に目を向ける危険さえ冒していた。外を見ることは禁じられていたが、どうせ何も見えない。空はまったく見えず、見えるものといえば有刺鉄線だけだった。

ひとつのグループが終わると、すぐに次のグループが入ってくる。最初のグループが残ることもあったので、その場合、部屋には一〇〇人以上の「生徒」がいることになる。

正午から午後二時：薄いスープと新たな指示

正午から午後二時まで、警備員は収容者全員を監房に戻す一方、職員も部屋に連れていった。数分後、私はほかの職員といっしょに昼食の列に並んで容器を手にした。渡されたのは小さなパンと野菜スープで、スープは水のように味気なかった。時にはスプーン一杯のハチミツをもらえることもあったが、食事は以上の三種類で、それらを朝昼晩と交互に食べていた。それが何カ月にもわたって続く。収容者は事実上飢えにさらされていた。そればかりか、私とは違い、毎週金曜日には豚肉を食べることを強制された。一部のムスリムは入所直後、豚肉を口にすることをかたくなに拒否していたが、抵抗がもたらした結果は、拷問と忘れようにも忘れられない苦痛だけだった。しばらくすると、彼らも豚肉を食べるようになった。

容器を洗い終えた直後、ふたたび扉を叩く音がする。それは、ただちに用意することを意味していた。これから二時まで隣の部屋で午後の授業の準備をしなければならなかった。

午後二時から午後四時：党を称える歌

二時から四時までの二時間、収容者全員がふたたび教室に集められて党歌を歌った。国歌を斉唱したあとに党歌が始まる。「党がなければこの新しい子供たちはいなかった。党がこの新しい子供たちを作った。党はこの国のすべての人民に奉仕するためあらゆる努力をしている。党は全力でこの国を守ってきた」

プラスチック製の園児椅子に腰をかけ、ノートを膝に乗せ、哀れな収容者たちは黒板に書かれた歌詞をひと言も漏らさず書きとめていた。書いて、歌って、書いて——一日で一曲すべてを覚えるのは無理な注文なので、一日に一節ずつの練習にとどめていた。翌日、収容者たちは鎖でつながれたまま厨房に向かう途中、習ったばかりの詞を歌わなければならなかった。

私たちは二十一世紀に生きていた。世界は猛烈な勢いで進歩していたが、中国だけは暗い過去へと向かい、毛沢東が支配していた野蛮で残虐な過去に戻ろうとしているようだった。毛沢東の時代について、党と政府は私たちの記憶や歴史書から必死に消し去ろうとしていたが、過去について口をつぐんだせいで、私たち全員に同じ残虐行為や同じ過ちを繰り返させることになった。

この国のあらゆる場所で目を光らせている習近平のように、彼の偉大なる英雄である毛沢東も疑わしい人物を収容所に送り、そこで「思想改革」という残忍なプロセスにしたがわせて「新しい人間」を生み出すことを望んだ。かつての時代とまさに同じように、党は人民を苦しめることで新たな創造物を生み出そうとしていた。そうすれば、私たち人民は党を支持する熱烈なしもべに変わり、共産党以外のあらゆる信念や紐帯から切り離され、党の高潔さと神聖さだけを信じ、党の壮大な発展と偉大な党首のためだけに尽くすようになる。

いまの私は、中国の国歌をちらりと聞いただけでも身構える。党とあの国に対する嫌悪感ではらわたが煮えくり返る。拷問を受けていたあの人たちのことを考える。あそこでは、無実の人間が魂のない抜け殻に変えられ、中国人という優れた民族が偉大な再生を遂げるために奉仕する愛国者にさせられ、完璧な中国人に変えられようとしていた。毎朝、収容者たちは「私は中国人です！」と何度も繰り返さなければならなかった。一〇〇〇回、二〇〇〇回、三〇〇〇回と「私は中国人です！」と唱えていた。それがすんで、ようやく朝食を食べることが許された。

午後四時から午後六時：反省の時間

収容所で働く中国人職員の目には、収容者は人間ではなく、番号で呼ばれる犯罪者としか映っていなかった。「規則を破ったり、スパイや二重スパイであることを自白したりしていなければ、ここにはいないだろう」と彼らは話し合い、そうやって自分の虐待行為を正当化していた。ここで拘束されている者たちは、苦痛を受けて当然なのだと彼らは考えていた。

午後四時以降の二時間は、じっと座って自分の過ちを反省することが中心だった。その間、重装備の警備員二人と、他部署の二、三人の中国人職員が私の前に陣取った。

そのうちの一人が声を張り上げる。「早く自分の罪を認めて、それを正そうとすれば、それだけ早くここから解放される」。中国語がわからない場合は、私がカザフ語に翻訳しなければならなかった。

職員たちは、収容者が自分はなぜここにいるか理解していないと考えているようで、収容された理由について説明していた。例えば、祈りを捧げていたとか、依然として神を信じていたとか、あるいは中国語や中国の習慣、中国人に対して否定的な考えを持っていたなどの理由である。

実際、収容された理由は実にさまざまで、不適切な写真を撮ったからというものもあった。そんな例は山ほどあった。最近まで、カザフスタンと新疆ウイグル自治区は自由に往来できた。そのころ、多くの外国人アーティストや歌手、作家がここに入国していた。何百人ものファンが、ポップスターといっしょに写真を撮ったり、有名人のポスターの横に立って写真を撮影したりしていた。その後、このような写真は、破壊的な思想を抱いている証拠と見なされるようになり、「そのような反逆的な思想に汚された心を浄化する」ための証拠とされるようになった。

その職員は、犯罪の種類をひと通り説明すると、収容者が自分の犯した犯罪をみずから判断する方法を提案した。「自分に対してこう問わなければならない。前世で自分は何をしたのだろうか？　それをどう表現するのがいちばんいいのだろう？」

職員の一人が最前列に座る一三歳の少女に向かい、「なぜ、お前はここにいるか？」と声をかけると、彼女は弾かれたように立ち上がり、「私は恐ろしい過ちを犯し、カザフスタンの親戚を訪ねてしまいました。もう二度とこのような真似はしません！」と流暢な中国語で答えていた。残りの時間はみな押し黙って考える時間に充てられ、過去の行動をみずから批判し、自分の罪を認めなくてはならなかった。

無実を主張しつづける者は本人だけでなく、親族を探し出して、その親族も拘束されていた。また、告白には信憑性が求められ、「私はイスラム教の信者で、モスクに通っていました」とでも言えばもっともらしく聞こえた。たとえそれが事実ではなくても、二時間のあいだ中国語で自分の言い分を整理し、あとできちんと書けるようにしておかなければならなかった。

収容者たちは午後遅くまで、当日夜に提出する罪状認否書の準備をした。誰もあえて言葉を発せず、みんな静まり返っていた。私の頭のなかでは、迫りくる洪水のような、水が勢いよく流れる音がしているだけで、それ以外、何も聞こえなかった。

午後六時から午後八時：休憩と夜食

午後六時から八時までは夕食の時間である。収容者は監房の外に並んだ。片方は女性、もう片方は男性である。床の中央には赤い線が引かれ、その両側を青い線が縁取っている。収容者は赤い線に沿ってはみ出ないように歩かなければならない。手首と足首を拘束されて、小刻みにしか動けない。つまずいたり、誤って青い線を踏んだりすると、拷問が待っている。厨房の窓口に到着すると、警備員が一方の手の手錠をはずしてくれるので、収容者は自分で食事を手にして監房に戻ることができた。

私はと言えば、初日の授業を終え、事務所で報告しなければならなかった。私はミスを犯していた。

取り返しのつかない失敗

扉が閉まるやいなや、管理の職員による厳しい取り調べが始まった。「収容者のなかに見覚えのある顔でもあったのか？ あのウイグル人を見ていたとき、お前はなぜあれほど心配そうな顔をしていた？」。監視室の職員は私の表情をカメラに収めていた。彼らは四六時中監視をしていた。「あの女はなぜあんな挙動を示しているのだ？ あの女は何を考えているのだ？ やつは裏切り者か？」。そして罠が弾け、その爪が私の足に食い込んだ。

一瞬、途方もない恐怖にわしづかみにされた。「終わった。これでもう終わりだ」と考えた。失敗を犯せば命を奪われるという契約書に私はサインをしていた。「違います。そうではありません」と答えたが、支離滅裂な弁解しか出てこない。口はカラカラに渇き、口蓋に張りついた舌を離すのがやっとだった。「私があんな顔をしていたのは、人を見ていたせいではありません。急に胃が痛くなってしまい、とにかく痛くてどうしようもなかったからです」

「座れ!」と命令され、ペンと紙を渡されると、収容者の顔は二度と直視しないと誓う告白文を書き、それに署名させられた。書き終えてペンを置いたとたん、その誓約を大声で読み上げるように命じられた。「今後は二度とあのような真似はしません」と私は繰り返した。

次の日、あのウイグル人青年の姿はどこにも見えなかった。おそらく減点され、赤い制服のフロアに降格されたのだろう。それから毎晩、私はひどい罪悪感にさいなまれた。「それどころか、もっとひどいところに連れて行かれたのでは」と思いをめぐらせ、みんな「私のせいだ」と考えつづけた。どうしてあんなふうに自制心を失ってしまったのだろう。どうして、ほかの誰かを巻き込んでしまったのだろう。いても立ってもいられなくなり、何度も何度も自分を責め、自分のすべてを否定し、それまで以上に激しい憎悪を党に抱くようになった。

午後八時から午後一〇時:「私は犯罪者だ」

午後八時から一〇時まで、収容者は「自分の罪を心から受け入れる」ために監房に入れられつづける。それは、自分が犯した罪に徹底して向き合い、押し殺した声で自己批判を何度も繰り返すためだった。「自分は神に祈ったから犯罪者になったのだ。私は神に祈ったから犯罪者になったのだ。私は神に——」。壁に向かい、手を上に掲げてレンガの壁に当てる。その手には手錠がかけられたままだ。この姿勢で二時間ものあいだ、狭い監房のなかでひしめきながら全員が、「私は犯罪者だ」と唱えつづける。

その間、私は事務室で記録の整理や書類の保管などの事務作業に追われた。もちろん、常に監視はされている。週に一度だったが、自分がその週に何を行ったのか手書きで報告書を書いて自己評価を行っていた。「私はすべての仕事を満足にこなしました」。パソコンの使用は上級職員にしか許可されておらず、近づくことさえ許されなかった。

報告書は、命じられた仕事時間に応じて一ページから三ページの分量だったが、CCTVカメラの映像記録と照合されていたのだろう。

時折、患者のファイルを整理するため、私の独房から二つ隣の医療エリアに行かされることもあった。入所してきた収容者は全員、医師の診断を最初に受けていた。健康状態や血液型など、彼らにとって気になる点はもれなく詳細に記録されていた。

月に一度、収容者たちは「献血」を行っていた。その日、収容者は全員、医療エリアの外に並んで診察を待った。献血は私もしなければならなかったが、私の場合、彼らとは別に行われた。そのフロアで一人の看護師に出会った。彼女は途中、交代することなく数カ月間連続して勤務した看護師で、訛りから判断すると、収容所のほかの職員同様、内陸部の都市から来ているようだった。年齢はたぶん二一歳ぐらいで、髪は黒髪で私と同じように迷彩色の制服を着ていた。ほかの看護師や医師、介護士らは、いつも夜中に外部から呼ばれて来ていた。

「感染症の収容者のカルテは、別のフォルダーに入れておいて」と彼女は言っていた。ほかの医療スタッフは、「小陳《シャオチェン》」というニックネームで彼女を呼んでいたが、おたがいを名前で呼び合うことはほとんどなく、「先生、こちらです」のように職名で呼び合うことが多かった。

医療部門では、若くて壮健な収容者のカルテにはとくに注意が払われていた。はじめのころ、私はまったく気づかなかったが、その後、そもそもなぜ健康な人のカルテにはかならずマークがつけられているのだろうかと考えるようになった。

臓器摘出のために、彼らは前もってドナーを選んでいたのではないだろうか。その後、本人の同意なしに医師が摘出する臓器のためだ。中国共産党は、当たり前のように囚人から臓器を摘出していた。東トルキスタンには、臓器を売買する診療所がいくつかあった。例えばアルタイでは、多くのアラブ人が同じムスリムの臓器を好むことが当たり前と考えられていた。イスラム教徒同士なら〝ハラール〟*にもかなっている。もしかしたらこの収容所でも、腎臓や心臓など、使える器官を取引しているのではないかと思った。

しばらくして私は、若くて健康な収容者が、点数がさがっていないにもかかわらず、一夜にして警備員に連れ去られ、姿を消している事実に気づいた。あとで調べると、彼らのカルテにはいずれも赤い「×」印がついているのに気づいて慄然とした。

収容所から解放されたあとの話だが、彼らが壮健な収容者を組織的に排除していると思われる別の理由に気づいた。中国では多くの人間が、長江と黄河に挟まれた華中と呼ばれる地域に運ばれ、奴隷労働者として酷使されている事実が数多く報告されている。こんな奴隷労働から恩恵を得ている企業は、道義的責任を免れない。人権侵害の観点から、こうした企業は自社のサプライチェーンを慎重に

＊ハラール：イスラム法で許された、行ってよいことや口にしてよい食べ物。戒律にしたがって食肉処理（解体）した動物の肉も意味する。

調査しつづけなければならないだろう。

独立系シンクタンクの調査だけではなく、下請け企業のリストからも、何万人もの東トルキスタン出身のムスリムが中国全土の工場に送られている事実がわかっている。彼らにとって、収容所を出ることは国家の支配から逃れられることを意味していない。彼らはほかの労働者とともに隔離された施設で暮らしているだけで、その施設もまた有刺鉄線で囲まれている。西側諸国の企業――ボッシュ、アディダス、マイクロソフト、ラコステ――はこうした奴隷労働から利益を得ているのだ。さらに、シーメンスのような企業は、こうした収容所に対して、数ある設備のなかでもとくに必要不可欠な基盤設備の供給さえ行っている。罪のない人々が、外国製のカメラやスキャナーで逮捕、監視、拘留されているのである。

午後一〇時から午前〇時：告白文の作成

午後一〇時から深夜一二時までの二時間、すべての収容者は監房の床に置いたノートの前にかがんで、自分が犯した罪の告白文を書いていた。「ラマダン中に断食をするという、宗教に関する罪を私は犯しました。しかし今日、私は神が存在しない事実を知りました」とでも書けば、ポイントがもらえるいい機会かもしれない。翌朝、全員がこうした告白文を提出しなければならなかった。

このシステムでは、「汚らわしい思想から解放された」と、最も説得力がある演技をした者が報われるようになっている。とりわけ重要な一文は、「私はもうイスラム教の信者ではありません。神などすでに信じてはいません」で、告白文にはかならず書いておかなければならない。

彼らが告白文を書いているころ、私は別の報告書を作成したり、廊下や職務室、教室を掃除したりしていた。時には別の職員たちが同じ仕事をしていたが、私が番のときには、いつも一人でしなければならなかった。きちんとした当番表があったわけではない。毎日のように私に番が回ってくることがあり、昼間のときがあれば、夕方や夜間にやることもあった。私にとって確実なルールはただひとつ、「休みはない」ということだった。

収容者が起きている限り、職員は彼らの思考を支配しようとした。やっと一人になれたと思っても、あれだけたくさんの人間が、あれほど狭い空間で休めるとは思えない。彼らは右側を向いて、たがいに押し合うように寝なければならなかった。手首と足首は鎖で結ばれたままだ。寝返りは厳禁とされており、違反すると厳しく罰せられる。眠れたとしても、暗い底なし沼に落ちていくような、一時的に無意識になるような感覚だったと思う。

しかし、私の一日はまだ終わってはいない。

午前〇時から午前一時：見張り番

深夜一時まで私は見張り番をしていた。午前〇時から、大きな集会場の指定された位置で一時間立ちつづけた。別の見張り番と位置を交代するときもあった。

見張り番は常に床に引かれた線のうしろに位置していた。まれに二、三人の収容者が並ぶ場合もあったが、かたわらには警備員がかならずいた。「どんなことがあっても、脱走は絶対に許されない！」と警備員は常に言い張っていた。脱走などできるわけがなかった。すべてのドアには複数の鍵がかけられ、誰も逃げようとする者などいない。

かりに脱走できた収容者がいたとしても、彼らはそう言い張りつづけ、そんな話が所内に広まらないようにしていた。

見張り番のとき、私は向こうにあるガラス張りの守衛所を見つめていた。その奥には階段があり、下にはいくつもの階があるにちがいないと私はじきに気づいた。管理部門の職員が、急ぎの命令にもかかわらず、「下の階」から物を取って戻るまでに時間がかかることが多かったからである。

階段の吹き抜けは「黒い部屋」の近くにもあった。この部屋で彼らは、最も忌まわしい手段で人々を拷問していた。収容所に入って二、三日したころ、私ははじめて収容者があげる悲鳴を聞いた。巨大な集会場全体に響き渡る悲鳴で、その声は私の全身の毛穴に染み込んでいった。目もくらむような深い裂け目の縁で、自分がぐらつきながら立っているような気がしていた。

自分のそれまでの人生で、聞いたこともないような叫び声だった。一度耳にすれば、忘れようにも忘れられない声である。聞こえた瞬間、その人物がどのようにさいなまれているのかが目に浮かぶ悲鳴だった。死にゆく動物があげる、生々しい鳴き声だった。

心臓の鼓動が止まりそうになった。思わず床に伏せて耳をふさぎたくなったが、泣くことすら考えてはいけないと思い、「そうしなければ、二度と子供に会えなくなってしまう」と必死になって自分に言い聞かせた。思いっきり歯を食いしばり、自分の心のなかのさらに奥底へと引きこもった。ぼんやりとした輪郭しか見えず、かすかな音しか聞こえないほど深い心の底に。その日から、私はあの叫び声を連日耳にするようになる。

午前一時から午前六時：睡眠

仕事から解放されたあと、私はビニール製のマットレスの上で丸くなり、膝を立てて上がけを頭から被った。コンクリートの床から寒さがにじみ出し、骨にまで染み込んでくる。少しでも暖かく落ち着いて過ごせるよう、制服はいつも着たままだった。

へとへとに疲れきっているのにどうしても眠れない。トイレの悪臭、耳に残る悲鳴、目にした耐えがたい光景――あまりの衝撃と恐怖に全身の筋肉という筋肉がこわばりつづけている。

横になったまま、動けなくなっていた。収容者の痛ましい顔が頭のなかにずっと浮かびつづけていた。彼らの顔に無言の諦観が浮かんでいた。「なぜ、こんなことが起きているのだろう?」「なぜ、この人たちは私たちの痛みに無関心なのだろう?」「どうすればこれほど冷酷になれるのだろう?」という疑問がとめどなく渦を巻いていた。彼らにとって私たちの命は、無造作に踏みつぶされたカブトムシほどの価値しかなかった。

いつしか私は眠りにつき、二時間くらいは眠ったのだろう。ふたたび起床のベルが鳴り響く。それから何日も、収容所での生活はまったく同じ日の繰り返しだった。

一日二四時間の人工の光。コンクリートの棺桶に閉じ込められた日常。いつの間にか昼か夜かもわからなくなってしまった。いまは冬なのか春なのか。数週間が経過したのか、それとも数カ月が過ぎてしまったのか。

最初の日と同じような日もあった。そしてある日、私は極秘の指示を受けた――

国家機密――「三段階計画」

機密情報は、いつも突然届けられる。たいていは真夜中だ。一週間に一回のときもあれば、一〇日連続のときもあった。伝達者はガラスの壁の向こうにある階段の吹き抜けから、いずれかの部屋へと慌てて入っていく。

警備員が私をどの部屋に連れていき、その部屋に何人いるかは伝達事項の重要度によって異なるようだった。いつも出席しろと言われていたわけではないが、たいていは同席していた。国家機密に関与できる人間は限られるので、せいぜい二、三人の上級士官がいる程度だった。

これらの高官のほとんどは、新たな機関に属しており、その名称を大まかに訳すなら「国家機密保全」とでもなるだろう。彼らは、警察や軍隊と似た制服を着ているが、品質はさらに優れ、高価そうなものだった。部屋では最も高位の士官にまず情報が伝えられ、それから私に手渡された。

私は椅子に座り、声を立てずに静かに読むことになっていた。うしろと横には警備員が立っており、彼らは私が読んでいるあいだ、私の表情を観察していた。はじめのうちは何が書かれているのかわからなかったが、読み進めるうちに、私の顔には動揺がはっきりと表れていたはずだ。

北京は、遠く離れた中国の自治区の統治者が何をしようと、自分たちには責任がないというふりをしたがる。だが、この書類には「北京からの機密書類」という文字が躍っていた。実は、東トルキスタンの収容所は、北京の党本部からの命令にしたがって設置されていたのである。

彼らが私の手に押しつけた書類には、政府の「三段階計画」が記されていた。


【第一段階】(二〇一四~二〇二五年)：「新疆において同化する意志を持つ者は同化させ、そうでない者は排除せよ」

頭がくらくらしてきた。計画的な大量殺戮なのか？　各段階は、核となる方針と箇条書きの小項目で構成されている。北京政府は二〇一四年の時点で、私の故郷の国を北部と南部の二つの地域に分けることで、計画の基礎をすでに築きはじめていたのだ。南部のウイグル人が党の最初の犠牲者として選ばれたのは、自治区では最大の先住民だからである。北部地域には主にカザフ人やキルギス人をはじめとする先住民が住んでおり、二〇一六年以降、ますます狙い撃ちにされてきた。読み進めるのが怖くなってきた。嫌な予感を覚えながら、前かがみになって書類を読みつづけた。

【第二段階】（二〇二五〜二〇三五年）：「中国国内での同化完了後、近隣諸国が併合される」

キルギス、カザフスタン、ウズベキスタンなど、さまざまな国が「一帯一路」構想や手厚い融資制度によって徐々に掌握されていく。計画では、経済が低迷している国が北京に依存するように仕向けていく。そして、ますます多くの中国人がこれらの国々に移住して工場を建設し、その一方で、メディア企業や出版社、テレビ局に投資して政治的に介入する道を開いていく。さらに、スパイを送り込み、情報提供者を育成してその国の国家機密を収集する。

【第三段階】（二〇三五〜二〇五五年）：「中国の夢の実現後はヨーロッパの占領」

目は書類に釘づけになり、息をするのも忘れてしまうほどだった。つまり、中国の恐怖の政治活動は、ウイグル人やカザフ人にとどまらず、全世界を屈服させるのが目的なのだ。ほかの国々がその事実に気づくのが間に合わなければ、私たちが直面している悪夢は、世界の国々でも繰り返されることになる。

顔をあげると、士官のこわばった笑みから、相手が私の顔色の悪さや動揺をまぎれもなく見抜いているとわかった。「なぜ、そんな顔をしている？　いったい何に反応している？」

「あなたが偉い方だからです」と私は口ごもりながら答えて素直に謝った。「それに、自分が書類の内容を正確に理解しているかどうかわからず、それをうかがっていいのかどうかもわかりません」

相手はいかにも満足そうに顎をそらし、内容について私を質問攻めにした。「そこに書かれていることから何を理解した？」。党の用語を使って回答しないと、そのたびに「違う」とさえぎられ、党の公式解釈を叩き込まれた。そして、「もう一度だ」と吠えて自分の解釈を私に繰り返させた。

こんなことをする目的は、「底辺《クラス》」にいる哀れな者を歩兵として採用し、中国政府が妄想する世界征服に奉仕させるためだった。クラスの者を党の側に引き込み、最終的に国家を養蜂箱に変え、すべての人民が同じ考えを持ち、同じ信念を共有し、同じ目的のために働くように仕向けることにあった。一丸となって世界最強の国を目指し、「中華人民共和国が手がける栄光の事業に参加する」ことになっていたのだ。収容者たちは、中国共産党の目となり、耳となるはずだった。

彼らは最後に私の手から書類を取り上げ、立つように命じると、部屋の中央にある金属製の容器の前に連れていった。警備員が見ている前で、男の一人がライターを取り出して火をつけると、書類をそこにかざす。もう一人の人間が書類を処分した証拠として録画し、最後の一片が燃え尽きるまで撮影を続けている。

垣間見た情報の断片は消えてしまった。しかし、それは上級士官らが知っている情報のほんの一部にすぎず、ネットで送信された情報はもっと詳細な点に言及していた情報だったはずだ。書類が灰になったのを確認すると、彼らは私を独房に戻して眠らせてくれた。西側世界の人たちのなかには、この話を信じない人もいる。あまりにも荒唐無稽すぎて、本当だとは思えないからだ。私は別の収容所を生き延びたカザフ人に会ったことがあるが、その人もまた「三段階計画」については知っていた。さまざまな収容所で同じ内容を教えていた事実が明らかな以上、その事実を裏づける目撃者はもっといるはずだ。

同化教育──「いつまでこの施設にいなければならないのか」

翌日の授業は、党を称える歌から始まった。「共産党はこれほど多くの人間を再教育してきた。これは人民全体にとってよいことだ。われわれは一つの統一された集団なのだ」。それが終わると、私は「一帯一路」の話をした。

私は政府の機密情報を数日に分け、小出しにして伝えた。警備員は、部屋にいる収容者たちに問題を出し、話が伝わったかどうかを確かめた。そのチェックがすんで、ようやく授業を続けることが許された。

「新しいシルクロードによって、新疆とアフリカ、アジア、ヨーロッパはすでに密接に結ばれることになった。経済的にも地政学的にも途方もなく巨大なこの事業によって、中国の商品だけでなく、中国の偉大な政策も伝達されていくだろう」

収容者たちへのメッセージははっきりしていた。経済的にも、政治的にも、軍事的にも圧倒的に優れたパワーに抵抗しても無意味だということだ。

収容者たちは、新疆の同化に関する部分と、そこに示された時間枠に不安を抱いていた。質疑応答の時間に手があがり、「五カ月か六カ月以内に解放すると約束してくれました。二〇二五年であれば、私たちはあと一〇年近くここにいるということなのですか」。あるいは「二〇三五年までにここを出るには、何をすればいいのですか」などが問われた。

いつものように、警備員に通訳してから私は答えることを許された。「言われたことをすべて行い、常に服従し、豚肉を食べつづけ、党の代表が命じたことを残らずやり遂げれば、もっと早くここから出られる」

それは掛け値なしの真実だったのだろうか。明確な解答などなかった。この施設で私が過ごした五カ月間、解放された収容者は一人もいない。アクスでも、友人や知人のほとんどが何年も拘束されていたが、収容所から解放されたという話はその後も聞いたことはない。

たとえ、奴隷労働に従事させられることはなくても、その収容者は同じ人間ではありつづけられなかった。どれほどがんばってみても、これほどの虐待を受けた人たちが長生きできるとは私には思えない。肉体と精神の双方に対する絶え間ない重圧によって傷つき、彼らに残された短い時間のなかで、幸せなどまったく感じられなかったのではないだろうか。彼らの精神は破壊され、常に恐怖にさらされていた。少しでも大きな声を聞いただけで、心臓は高鳴り、不安に脅える。

栄養失調、虐待、感染症、正体不明の投薬などが横行していたので、収容所の門を出た人もまた、心理的にも肉体的にも深刻なトラウマを抱えていた。彼らの多くは、もはや自分自身ではなくなり、国家に管理されたロボットと化していた。

死者を消し去る

最後には燃やして灰にする機密文書についてはすでに説明した。しかし、問題になりそうな課題は収容者の教育には向かないので、別の方法がとられていた。こうした文書については、部屋にいる警備員さえその内容について知ることは許されていなかった。ある夜、私は小さな部屋で身動きもせずに立ちながら、「命令書21号」を黙読していた。

ここでも士官が私の表情を観察し、書かれている内容に私がどんな反応を示すのか探っていた。しかし、前の失敗に懲りていたので、どれほどおぞましい内容が書かれていても、私の顔はなんの反応も示さなかった。

「収容所で死亡した者は、なんの痕跡も残さず処分しなければならない」。腐った食べ物を処理するような、あけすけな公式用語で当然のように書かれていた。遺体には拷問をうかがわせる痕跡を残してはならない。収容者が殺されたり、ほかのなんらかの理由で死亡したりした場合、その死は絶対に秘密にしなければならない。あらゆる証拠、証明、書類はただちに破棄しなければならない。死体の写真撮影やビデオ撮影は厳禁とされていた。遺族には曖昧な言い訳をして死に際の様子をごまかし、場合によっては死んだ事実さえいっさい告げないほうがいいと説明されていた。

私が収容所にいたあいだ、人が殺されるのは目にしなかったが、たくさんの収容者が姿を消していた。その場に倒れ、死にそうな人も見た。あの収容所でも人が死んでいた可能性はきわめて高い。

死者の存在やその死因を知らされたのは、それなりの権限を持ったごく限られた職員だけだった。それ以外の者は死亡者が出た事実など何も知らされなかった。

一連の事実が収容者たちに知らされていなかったのも当然と言えば当然だろう。そんな事実が知られてしまえば、彼らをコントロールするのが難しくなり、集団パニックを引き起こしてしまう可能性があるので、収容者には絶対に知られてはならない。しかし、なぜ私には話してくれるのだろう。私はとまどいながら顔をあげた。

士官はペンと紙を差し出し、「これに署名しろ」と命じた。書類を受け取り、その内容に責任を持つことを私は確認した。あとになって事態が悪化した場合、自分を処罰する書類に私はサインをしているのだ。私はこの命令を実際に手がける者ではなく、手っ取り早く生《い》け贄《にえ》にできる駒にすぎなかったのである。

それぞれの収容所では、一人が日報を作成して、それをウルムチに送ることになっていた。ウルムチには、「一体化聯合作戦平台」(一体化統合作戦プラットフォーム:IJOP)と呼ばれる秘密の包括システムがあり、全国の収容所の情報が集められていた。そのなかには、収容者のDNAやパスポート、ID番号などあらゆるデータが含まれていた。士官は北京からの指示を受け、それらの指示をさまざまな地域や収容所に伝えていた。

署名した死亡者の処理に関する指令書に私がいったん署名すれば、当局はまずまちがいなくその書類をウルムチに送っていたはずである。

シャワー室

洗濯してもしばらくすれば、収容者が着ている制服は体にへばりつき、汗と汚れの混じり合った臭いを放つようになるが、収容者には洗濯は一カ月か二カ月に一度しか許されていない。一方、職員である私は、週に一回もしくは二週間に一回、シャワーを浴びることが許可されていた。

自動小銃を携えた二人の警備員が私をシャワー室の入口まで案内した。二人はそこで待つか、いっしょになかに入ってくるときもあった。シャワー室には必要最低限のものしかなく、それぞれのシャワーはカーテンで仕切られていた。私はいつも一人だった。ほかの女性は誰もいなかった。私に接触することが禁止されていたからでもあるが、お湯が出るのはわずか二分間だった。収容者がシャワーを使うときにもお湯が出るのかと考えたが、たぶんそうではないだろう。

すぐには気づかなかったが、シャワー室全体がCCTVカメラで監視されていた。一度、コントロールルームの床を掃除していたとき、監視カメラのすべての映像がさまざまなスクリーンに映し出されているのを知った。二人の中国人職員が裸の娘や女性職員の姿をいやらしい目で見入り、大声で笑っては、下品な冗談を言い合っていた。「ほら、あの格好を見てみろよ」と言ってばか笑いをしていた。

私はモップを使いながら、二人が女性の胸や股間など特定の部分にズームインするのを見ていた。何人かは録画されていることに明らかに気づいていたようで、衣服の一部だけをはだけて、急いで髪を洗う娘もいた。

次にシャワーを使用したとき、私は懸命になって体を隠した。頭をおそるおそるあげ、天井をよく見てみると、カメラのレンズに気づいた。目を凝らさなければ、見落としてしまうほど小さなレンズだった。

世界で最も危険な国——二六カ国のリスト

翌日の授業では、中国の公敵であるアメリカを中傷するように指示された。中華人民共和国に最も敵対的な国を分類し、党はそれに基づいて二六カ国のリストを作成していた。

第一位はアメリカである。第二位が日本、以下、順番は詳しく記憶していないが、第三位と第四位にドイツ、カザフスタンが続いていた。これらの国々と接点を持つ者は、国家の敵と見なされていた。

このリストの存在については、党も秘密にはしていなかった。むしろ、逮捕の明確な根拠としてリストを使っていたぐらいだ。私は収容者たちに向かって、中国共産党がいかに「神聖で格別のもの」であるか褒め称え、その一方で、ヨーロッパの特定の国と、とくにアメリカがいかに「悪しきもの」であるかを語って授業を終えた。

「中国が直面するあらゆる苦難は、中国人民に対して、アメリカが行っている分裂を扇動する政策の結果なのである」と私は説明し、収容所の管理部門から言われたことを繰り返した。中国人がムスリムを拷問しても、最終的にその責任はアメリカにある。なぜなら、別の信仰を持つ人々に誤った考えを植えつけ、問題行動に走らせている張本人こそアメリカだからである。これが共産主義者のものの考え方だった。

北京政府の考えにしたがうなら、西側の民主主義は危機と混乱に陥った失敗例にすぎなかった。

秘密の暗号——「最初に藁の靴、次に革の靴」

夜になると暗号化された秘密のメッセージをよく受け取っていた。

1「最初に〝藁の靴〟を世話して、次に〝革の靴〟を世話せよ」

「藁の靴」とは、羊飼いや農民、あるいは漁師などの普通の人たちを意味している。「革の靴」は役所や学校、警察官などの公務員を意味していた。

「藁の靴を世話」とは、まず先住民を中国人化せよということである。抵抗したり、協力したりしない者は力ずくで「靴を脱がされる」。それがこのメッセージの隠された意味である。

こんな暗号をどうして使っていたのか、私にはその理由が一〇〇パーセントわかるわけではないが、党には党の理屈があったにちがいない。おそらく、誰もがすぐにわからないようにしたかったのだろう。伝達者は担当者に連絡を伝え、その担当者は別の担当者にこのメッセージを伝えていたので、情報にアクセスできる長い連鎖ができていた。高等教育を受けたおかげで、私にはほかの担当者に比べてこうした暗号を解釈する能力があったので、彼らはこのような連絡を私と取ることにしたのかもしれない。

2「全世帯を〈主要世帯〉〈普通世帯〉〈信頼できる世帯〉の三集団に分類せよ」

彼らは先住民に対する威《い》嚇《かく》のレベルを定めようとしていた。〈信頼できる世帯〉とは中国人世帯のことで、政府による脅威は受けていない。ほかの二つはムスリムの先住民について言及していた。北京政府によると、彼らは洗脳を必要としていた。〈普通世帯〉は不審人物が一人もしくは二人の家庭のことである。一方、〈主要世帯〉は、家族全員が鎖につながれてしまう。

私がメッセージの内容を確認すると、職員の一人がライターを取り出し書類に火をつけた。書類はたちまち炎に包まれていった。

「黒い部屋」

授業中、何人もの収容者がうめき声をあげたり、血が出るまで体をかきむしったりしている姿に気づいた。本当に病気なのか、気が狂ってしまったのか私にはわからなかった。授業中、私は「愛の温もりをその手で伝える」献身的な家長、習近平について話していたが、そんな話をしている自分の声さえできるだけ聞かないようにしていた。私がそうやって口を開けたり、閉じたりしているあいだ、何人かの生徒は気を失ってプラスチック製の椅子からころげ落ちていた。

人間の脳には、電気回路のヒューズのように機能する装置が備わっていて、危機的状況に陥るとそのスイッチが入る。このスイッチは、直面している苦悩のレベルが感覚の許容量を超えると作動する。恐怖で発狂しないよう、極限状態に達すると人間は意識を失う。

このような場合、警備員は室外にいる仲間を呼び、駆けつけてきた仲間とともに収容者の両腕をつかんで、足を引きずったまま人形のように連れ去っていった。彼らが連行していったのは、意識を失った者や病人、正気を失った者だけではなかった。教室のドアが突然開いて、重装備の男たちが飛び込んできた。とくに理由があったわけではない。収容者が中国語で書かれた看守の命令を理解できなかっただけの場合も何度かあった。

彼らは収容所で最も不運な人たちだ。その目には苦痛と苦悩の嵐が吹き荒れているのが私にはわかった。彼らの悲鳴や助けを求める声を廊下で聞くと、血が血管のなかで凍りつき、私たちは恐慌の瀬戸際に追い立てられた。絶え間なく、ながながと続く悲痛な叫び声を耳にしているのにとても耐えられなかった。これ以上の悲しみに満ちた人間の声はありえなかった。

「黒い部屋」に置かれたさまざまな拷問の道具を私はこの目で見た。壁にかけられた鎖。手首と足首を拘束された多くの収容者が、座面に釘が刺さった椅子に縛りつけられていた。拷問された者の多くは黒い部屋から戻ってこなかったが、なかには血まみれでよろめきながら出てきた者もいた。警備員に連れられて監房内に入り、通訳をしたことが何度かある。拷問のせいで重傷を負い、立つことさえできずに、床に横たわっている収容者もいた。

黒い部屋に置かれたさまざまな拷問道具について、なぜ私がこれほど知っているのかと言えば、私自身、あの部屋で拷問を受けたことがあるからだった。

共同謀議——羊飼いの老婆との出会い

二〇一八年一月のある夜、新しい収容者の大集団が到着した。そのなかに、灰色の髪を短い三つ編みにしたカザフ人の老婆がいた。山間部で暮らす素朴な羊飼いで、彼女が不意に連れ去られてきたのはひと目でわかった。警察管は靴をはく時間さえ彼女に与えなかった。冬のとても寒い日にもかかわらず、老婆は靴下のまま立っていた。年齢は八四歳だった。

必死になって周囲を見回している。壁際に並ぶ酷薄な中国人警備員のなかに、私の丸い顔を見つけると、両手を広げてこちらに駆け寄り、私に取りすがりながら、「お願い、あなたはカザフ人ね、だったら助けて。お願いだから助けてください。無実なんだよ。私は何もしていません。だから、お願いだから助けて！」と声をあげた。

突然の出来事だった。その瞬間、私はどうしていいのかわからなかった。

びっくりして、私はその場に立ちつくしていた。老婆は寒さと恐怖で震えながら泣いていた。つかの間、おそらく私は彼女の体に腕をまわしていたと思う。自分が何をしたのか実は覚えていない。あまりにも、あっという間の出来事だった。しかし、私の示した反応は、署名した規則に違反する行為として当局に確実に見なされていた。

次の瞬間、警備員は私からおばあさんを引き剝がすと、私を列から引きずり出していった。向かった先は黒い部屋だった。そこは、私たちのフロアで唯一監視カメラが設置されていない場所で、部屋のなかで行われている醜悪な行為の証拠は残らないようになっていた。

私には共同謀議の嫌疑がかけられていた。

悪が棲む場所

およそ二〇メートル四方の空間は、暗室に似ていなくもなかった。壁の床下に沿って、誰かが泥を塗りつけたように、幅三〇センチほどの黒い帯が乱雑に描かれていた。部屋の中央には長さ三、四メートルのテーブルが置かれ、あらゆる種類の道具や拷問器具がところ狭しと並んでいる。テーザー銃をはじめ、太いもの、細いもの、長いもの、短いものなど、さまざまな形と大きさの警棒があった。手足を背中で固定する鉄棒を使えば、最大限の痛みを与える苦しい姿勢で犠牲者の体を固定できる。

壁には、武器やまるで中世の時代に使われていたような道具が掛けられていた。手や足の指の爪を剝ぎ取る道具、槍に似た、一方の端を短剣のように尖らせた長い棒があった。彼らはこれで人の体を突き刺していたのだ。

部屋の片側には、さまざまな目的に応じて作られた椅子が並んでいた。電気椅子や金属製の椅子には、犠牲者の動きをいっさい封じるバーやストラップがついていた。背もたれに穴が開いている鉄製の椅子があった。その穴に腕を通し、肩関節の上までねじりあげるのだ。壁と床にはセメントが荒々しく塗り込められていた。灰色に汚れ、見ているだけでむかつき、あまりに不愉快で頭さえ混乱してくる。まるで邪悪そのものがこの部屋にうずくまり、人間の苦痛を糧にして息づいているようだった。夜明け前に自分は事切れているにちがいないと私は考えていた。

目の前に二人の男が立っていた。一人は黒いフェイスマスクをつけ、編み上げの長靴をはいている。言葉遣いから漢民族であるのは明らかで、この男が尋問を担当した。私に向かって最初に言い放ち、その後何度も繰り返して怒鳴った質問はこうだった。「お前はどんな悪事を働いたのだ！」。何もしていないにもかかわらず、私を無理やり白状させ、罪状をでっち上げようとしている。もう一人の中国人は警察官の制服を着ており、マスクもしていない。その手にはテーザー銃が握られていた。

釘が突き出た「虎の椅子」に座らされるのではないか、メスで切り裂かれるのではないかと脅えていたが、二人が選んだのは電気椅子だった。貼りつくような金属の棒を体に押し当てられ、私はほとんど身動きが取れなくなってしまった。

「あの老いぼれの羊飼いはお前に何を言った？　なぜあんな行動におよんだ？　お前はあの女を知っているのか？」

「助けてくれと言っていました」と私はありのままに答えた。もちろん、助かりたいという気持ちは私にもあった。だが、その一方で老婆を助けたいという気持ちがあり、彼女が無実を訴えていた事実は伝えなかった。中国人には誰もカザフ語を話せる者はおらず、私がその部分を通訳して教えたら、拷問者たちは彼女にもっと厳しい罰を与えるだろう。あの収容所では最後には誰もが自分の罪を認めるしかなく、それに異議を唱えることはなかった。

突然、全身が震えてびくびくと痙攣した。勝手に筋肉が硬直して、もはや自分の体ではないようだ。同時に警棒が雨のように降りそそいできた。うなだれた私の目の前に編み上げの長靴が見える。私はゆっくりと、とてもゆっくりと顎を持ち上げた。「お前は陰謀をたくらんでいる！　嘘をついている！」と仮面の男は吠え立てていた。そして、私がふたたびうなだれるまで肩や頭や手を警棒で殴りつづけた。

返事や告白をためらえば、彼らはそのたびに電気椅子の電圧を高めていった。私は彼らが聞きたい言葉を話さなければならなかった。「はい、あの人は前から知っていました。小屋の扉が開けたままになっているので、電話をかけて親戚に知らせてほしいと頼まれました――」。ひと言ひと言押し出すように私は話した。

私を拷問する二人には、人間性や同情心、あるいは人間としての感情そのものを持ち合わせていなかった。鎖につながれた狂犬病の犬のようだった。残忍で凶暴を極め、私たちを人間として見ておらず、実験動物やモルモットのように扱っていた。電気ショックのせいで、私は意識を失いつづけた。人をさいなむことで、二人がどれほど快感を覚えているのかは明らかだった。彼らは笑いながら私を苦しめつづけた。痛みで泣き叫ぶ私の声を聞けば聞くほど、マスクをしていないほうの男の顔は喜悦で輝き、二人はますます狂ったように私に拷問を加えた。

苦しんでいる姿を見せてはいけない――昔、車で乗り合わせた謎の祈禱師の声が父の声と重なって頭のなかで響いてきた。その声は遠く、はるか遠くから聞こえてくる。

何もかもが麻痺して感じられず、耳の奥で動悸が高鳴っても、意識が朦朧《もうろう》として灰色がかった黒い闇の世界に後退していっても、私は重い舌を無理に動かして同じ言葉を口にしつづけた。「あのおばあさんは前から知っていました」とそのつど頭をあげ、できるだけ呻き声を押し殺して話していた。やがて、彼らも私をいたぶることに興味を失い、私はそれ以上の虐待から逃れることができた。

三時間後、私は自分の独房の床に倒れていた。瞬間、すべてが真っ黒になった。夜のとばりが黒い埋葬布のように私を覆っているようだった。そして突然、扉を叩く音が聞こえた。「起床！」。体を少しでも動かすと、刺すような鋭い痛みが走ったが、なんとか立ち上がって仕事をしなければならない。そうしなければ、彼らにまた拷問を加える理由を与えてしまう。次の拷問は私にとって死を意味していた。

忍耐

私はぼろぼろだった。体中の神経が剝き出しにされたように痛んだ。自分が宇宙人だと思えるほど、孤独で異質だと感じていた。なんとか起き上がったものの、足取りは重く、地面に飲み込まれそうで、足を持ち上げるのもやっとだ。痛みは限界を超えていたが、それでも収容者の前に立って教えつづけた。ドリルで穴を開けられているような音が頭のなかで鳴り響いていた。

警備員が羊飼いの老婆をはじめて尋問したとき、「お前はスパイだ、携帯電話で国外に電話をかけた」と問い詰めたが、彼女は決して認めはしなかった。そして、彼らは八四歳の老女を黒い部屋に連れ込み、彼女の指の爪を抜いた。そのあと、あらためて入所した理由を聞かれた彼女は、たどたどしい中国語で「携帯電話で外国に電話をかけた」と必死になって言葉を押し出したという。だが、老婆は携帯電話の使い方はおろか、携帯電話に触ったことすらなかった。

その彼女に無断で接触したとして、私は二日間の食事抜きの懲罰をさらに加えられた。だが、どれほど体が弱っていても、私はあの神からさえ見放された忌まわしい場所から脱出する希望を捨てなかった。絶対に諦めるつもりはなかった。

夜になると、カザフスタンにいる子供たちと手をつないで散歩している姿を想像して、私は自分を奮い立たせていた。ウキライやウラガートを最後に見たのは一年半前、離れ離れで暮らすつらさが重くのしかかり、まるで心臓をわしづかみにされている思いに襲われていた。

夜中、眠れずに寝返りを打つと父の声が聞こえることがあった。「強く生きろ、サイラグル」。私は「はい」と唇だけを動かして答え、そのままじっと横たわっていた。「父さん、もしすべてうまくいったら、私はいつか愛する家族といっしょにほかの国に行き、かけがえのない自由を味わってくるわ」と話していた。

死ぬという選択肢は私にはなかった。少なくとももう一度子供たちの顔が見たかったし、なんとか収容所を抜け出して、ここで行われている残虐な行為を外の世界に伝えるのだと固く心に誓っていた。

当たり前の刑務所なら、人は裁判所の判決に基づいて拘束される。当たり前の刑務所なら、刑期を終えれば釈放されもしよう。だが、この収容所では、無実であっても、釈放されるかどうかさえわからないのだ。このような超法規的な逮捕と組織的な拘束は、いまという時代においては、人類に対する最も大きな犯罪のひとつだ。

ひと月またひと月と私を生かしつづけてくれたのは、東トルキスタンで繰り広げられているおぞましい物語の実態が明らかになれば、ただちに自由主義世界で激しい抗議の声が起こるという希望だった。自由民主主義の国々も、自分たちが置かれている危険に気づくはずだ。そして、ほかの国の指導者が北京政府の非人道的な政策に介入し、世界をもう一度よりよき場所に変えてくれることを私は思い描いていた。
その思いが私を突き動かしつづけていた。

謎の予防接種

見張り番に戻ったある日の夜、医療エリアの通路に収容者の長い列ができているのに気づいた。看護師は「ただの予防接種」と収容者に説明し、接種すれば過呼吸になったり、暴れたりすることがなくなると話していた。医師も「感染症を防ぐ単なる予防策だ」と説明している。収容者はその話を真に受けていた。注射器を取り上げ、看護師や医師は収容者の上腕部に打っていった。なかには、「嫌だ！」と脅えて抵抗する者もいた。しかし、医師は二人がかりで抵抗する相手を押さえつけ、その間に別の医師が注射をしていた。その後、抵抗した収容者は黒い部屋で警備員に殴られた。

病気の蔓延を本当に防ごうとするなら、どうしてもっとすみやかで、効果的な対策を講じないのだろう？　どうして監房を消毒しないのだろう？　どうして一日二四時間、糞尿まみれの狭い空間に多くの人間を詰め込んでおくのだろう？

さらに言うなら、なぜ医師は収容者の上腕部に注射しているのだろう？　どうしてほかの部位ではないのか？　医者の端くれとして、子供の病気予防のためにワクチンを皮下注射することはもちろん知っていた。だが、大人にはその必要はないはずだ。それならなぜ、収容者全員がこの予防接種を受けさせられていたのだろう？

この収容所には、大勢の病人がいた。詳細なカルテが保存されていたので、管理部門は収容者一人ひとりの健康状態を正確に把握していたはずだ。それにもかかわらず、収容者は毎月のように予防接種を受けなければならなかった。病気の収容者を助けたいと本当に考えていたなら、なぜ収容者のなかに接種や治療を拒む者がいたのだろう？

入所前に脳の手術を受け、痛みのせいで文字どおり発狂した女性を彼らはなぜ助けなかったのだろうか？　糖尿病の若い女性は、なぜ監房の剝き出しの床に一日中横たわり、意識を朦朧とさせていたのか？　彼らが薬を与えなかったせいで、彼女の糖尿病は最悪の状態に陥り、真っ直ぐに立つことさえできなかった。彼女がどうなったかは知らない。私がこの収容所を出るとき、彼女はまだ監房の床に横たわっていた。

薬を飲ませる理由

しばらくすると、私にも薬が処方されるようになった。「体にもいいし、病気にならないようにするためだ」と医者は言っていた。以来、私は週に一度、大きな錠剤を一錠飲まされるようになった。「小陳」と仲間から呼ばれていた看護師が、私が薬を飲むのを確認していたので飲むよりほかになかった。

はじめて飲んだとき、激しい胃の不調と吐き気に襲われた。二回目以降も、常に吐き気との闘いだった。迷彩色の帽子を被った若いその中国人看護師は、私に同情的な目を向けていた。薬を配る係は彼女が担当していたのだ。ほっそりした体形の女性で、悲しそうな表情はしていたが、強い意志が感じられた。

夕食を受け取る列に並んでいたときだ。「小陳」の前に立ったとき、彼女は私の耳元で「もう、薬は飲み込まないで！　毒よ！」とうわずった声でささやいた。次の服薬で彼女といっしょにカメラの前に立ったとき、私は飲んでいるふりだけをした。私がたしかに飲んだと彼女は記録し、私は口元をさりげなくぬぐって薬を吐き出すと、その薬は掃除中にゴミ箱に捨てた。

管理部門は、職員同士が親しく交わったり、個人的につきあったりしないように徹底的に注意を払っていた。長時間いっしょに働くことで親密になってしまうのを嫌い、職員の配置換えがひっきりなしに行われていた。

しかし、私を助けてくれた中国人看護師は、私がここに着いたときから同じフロアにいた。カルテの整理をしたり、彼女の手伝いをよくしたりしていたので、私のことについてはすでに何週間も前から知っていた。中国人職員のなかにも人間としての感情を忘れず、勇気がある人間がいるのだと思うと胸が熱くなった。ほかの収容者とは違い、私が「予防接種」をせずにすんだのも、もしかしたら彼女のおかげだったのかもしれない。

しかし、医師たちが手がけるのはたった一錠の錠剤と一回の予防接種だけではなく、さまざまな薬が処方されていた。恐怖のあまり口を固く閉ざす者、「薬はいらない」とすすり泣く者もいたが、それで服薬を逃れられる者は誰もいなかった。医師たちは、彼らの口を力ずくでこじ開け、薬を飲ませていた。

その後、大半の女性収容者の生理がこなくなった。どうやら、私たちを不妊症にして、子供が産めない体にしたかったようである。私も例外ではなかった。その後、「小陳」が私の臆測を裏づけるように、「あなたはもう子供が産めないでしょう」と話していた。ほかにも、投与されたとたん、無気力な生ける屍になってしまう薬があった。そんな状態になった者は、もはや何も願望を持てなくなり、家族のこと、自由で当たり前の生活のことさえ考えられなくなる。永続的に体を蝕んでいく医薬品さえ使われていた。

あるとき、医務室を片づけてゴミを拾っていると、「小陳」がやって来て、通りすがりに「この紙を捨ててもいいか」と無愛想に聞かれた。去り際、彼女は私の足を小さく蹴った。蹴られた意味はわかった。ただ、医務室には警備員がいるので、気づかれないように注意しなくてはならない。

ゴミを入れた袋を取り上げながら、私は小さく丸められたメモをさりげなく拾い上げ、靴のなかに隠し、その日の夜、そのまま独房に戻った。ビニール製のマットレスに横たわり、頭からペラペラした上がけを被った。部屋の照明が明るいので、私はよくこうして寝ていた。わずかに震える指でメモを広げて読んでみると、「薬も注射もだめ。きわめて危険」。彼らは私たちを実験台にしていたのではなかった。私たちから生きる意志を奪い、永久に正気を失った状態にとどめておくのも目的ではなかった。彼らの本当の狙いは、私たちを絶滅させることにあったのだ。メモを口に入れ、ゆっくり噛んでから、私はごくりと飲みくだした。

女にとって最もつらいこと

来る日も来る日も黒い部屋から貫くような悲鳴が聞こえた。私たちは日々、心を閉ざしていった。拷問は大勢の屈強な男さえ打ち負かしていたが、ここで最もひどい目に遭っていたのは女性と少女たちだった。夜、見張りや掃除をしていると、警備員がいちばん若くてかわいい娘を監房から連れ出してくるのをよく目にした。娘たちの大半は一八歳か一九歳だった。

無力な彼女たちはどうやって自分の身を守ることができるのだろう。叫んだり、泣いたりすれば、あとで黒い部屋で拷問を受けることになる。上層部の人間は、私たちの体を好きなように扱うことができた。北京政府は彼らに無限の力を授けていたので、暴行を加えるばかりか、彼らは収容者の命を奪うことさえ許されていた。

事務室で掃除や報告書を作成しているとき、職員が集まって拷問に関する新しいガイドラインについて話し合っていた。私は、彼らが繰り返し確認している話に耳を澄ませた。「これは文書化しておいてよかった。いまでは拷問しても誰も罰せられない」。彼らのうちの二人が「それは本当にたしかか」とあらためて確認している。

「たしかにそれにちがいない。われわれは保護されているので、こっちの身には何も降りかからないはずだ。収容者をどうしようとわれわれの勝手だ」

このような会話を耳にしたとき、何が起ころうとしているのか正確に理解するため、私はいつもできるだけ多くの話を聞き取ろうと努めた。この男たちは無慈悲で恐れを知らない。報復を恐れる必要がない人間だからこそ、彼らはあれほど残酷になれるのだ。殺人者たちがどれほどサディスティックな妄想をこの収容所で繰り広げていても、その責任を問うはずの裁判所は存在しなかった。

警備員は連れ去った少女たちを翌日まで帰さなかった。彼女たちの顔は青ざめ、脅えきっていた。腫れ上がった顔に傷を負いながら、赤い目をしばたいていた娘もいた。もぬけの殻のようになっていても、彼女たちがどれほど愕然とし、どれほどの恐怖を味わったのかは誰が見てもわかった。

そうした少女の一人で、授業開始の三〇分前に帰された娘はこれ以上ないほど茫然としていた。腕は両脇に力なくぶらさがり、プラスチック製の園児椅子に座ることも、ペンさえ手に取ることもできず、椅子から崩れ落ちると、そのまま床に横たわってしまった。

警備員が「座れ！」と叫んでも、彼女はぴくりとも動かない。警告を与えるように命じられた私は、大声で彼女の番号を呼び上げた。「番号〇〇の娘、椅子に座れ」。なんの反応もうかがえない。そしてひと言、彼女は答えた。「私はもう娘じゃない——」。彼女はそのまま黒い部屋に引きずられていった。朝目覚めても、その日がどんなふうに終わるのかがわからない。その日の夜、自分が朝起きたときと同じ人間であるのかさえわからなかった。その日に直面する苦痛しだいで、自分という存在が変わっていた。頭のなかで有刺鉄線のように絡み合ったもののせいで、脳はひと晩でずたずたに引き裂かれていた。

最終テスト

二〇一八年一月末、突然一〇〇人ほどの収容者が大きな部屋に呼び集められた。はじめて入る部屋だ。なかにはすでに多くの職員が待機しており、プラスチック製の椅子を数列半円状に並べて座っていた。私はそのうしろに立った。ほかの収容者同様、何のために集まったのか私にもわからなかった。黒いマスクと編み上げの長靴をはいた男が半円の真ん中に進み出てくると、一人の娘を前に呼び出し、衆人環視のもとで自己批判をさせた。ほかの収容者のように髪の毛は剃られていたが、収容されて日が浅いのか、まだ少しふっくらしていた。年齢は二〇歳か二一歳くらいのようだ。

命令にしたがい、彼女は中国語で自己批判を始めた。「私は初級中学三年生のとき、祝日を祝おうと携帯電話でメールを送りました。それは宗教行事に関する行為であり、犯罪でもあります。もう二度としません」。私たちムスリムの日常生活では、休日に挨拶を送り合うのは当たり前のことだった。キリスト教徒が「ハッピー・イースター」「メリー・クリスマス」と挨拶を交わすのとまったく変わりはない。彼女の携帯電話を調べているとき、数年前のこのメールを職員が見つけた。

「横になれ！」とマスクをした男の一人が彼女に命令した。まわりで見ていた者たちもなにごとかと首を伸ばした。何が起ころうとしているのだろう。娘は目を見開いて彼らを見つめ、それからためらいがちに命令にしたがった。

彼らの一人が彼女のズボンを一気に引き裂いた。それから自分のズボンのジッパーに手をかける。「キャー」と娘は悲鳴をあげ、おののきながら立ち上がろうとし、両手で男をはねのけていたが、次の瞬間、男は彼女を床に押し倒し、全身の体重をかけて彼女の身動きを奪った。彼女は狂ったように取り乱し、すさまじい悲鳴をあげながら、周囲の人間を見すえ、「助けて！　お願いだから助けてください！」と泣いて頼んでいる。彼女に覆いかぶさった男は、やがてあえぎ声と獣のような荒い息を漏らしはじめた。

最初、周囲の人間は身動きひとつしなかった。誰もがその場で凍りついていた。裸のまま、氷のなかでカチカチに凍りついているような感覚だった。こめかみがズキズキし、頭のなかがぐるぐる回り出している。「逃げろ、サイラグル！　早く逃げるんだ！」。私は必死になって視線をめぐらせ、助けを求め、逃げ道を探したが、どの扉も固く閉ざされている。あらゆる場所に警備員が立ち、獲物を求めてうろつきまわるハンターのように私たちの顔に目を凝らしている。

何人かの収容者がその場に崩れ落ち、絞り出すような叫び声をあげる。だが、その瞬間に彼らは取り押さえられ、鎖につながれたまま、部屋から引きずり出されていく。なぜ私たちがこの部屋に集められたのか、私は不意に覚った。私たちは試されているのだ。彼らは、「病的な宗教的思考」から私たちが「治った」のかどうか、私たちが党に心から同調したのかどうかをこうやって確かめていたのだ。そうしているあいだも、「助けて！　お願いだから助けて！」という娘の悲鳴が続く。

常軌を逸した拷問を目の当たりにしながら、無力な傍観者でいることほど耐えがたい状況はあるのだろうか。麻酔なしで手足を切断されているようなものだった。しかし、自分の真情を露わにした者は、収容所の職員の目から見れば、カザフ人同胞に民族的、宗教的な感情を抱いていると証明したことになってしまう。「落ち着け、サイラグル！　落ち着くのよ！」

痛みと恐怖で我を失い、前後に頭を打ちすえている娘の様子を私たちは身じろぎもせずに見ていなければならなかった。一人目の男がまるでハイエナが腹を満たしたかのようにズボンを元に戻すと、二人目の覆面の男が床に横たわる傷ついた体に襲いかかった。

男性収容者のなかにはこれ以上我慢できなくなった者がいた。「なぜ、お前たちはこんなひどい拷問をするんだ？　お前たちには心がないのか？　お前たちにも娘はいるだろう！」と叫ぶ。その瞬間、警備員が飛びかかり、男たちは部屋から引きずり出されていった。そうしているあいだも娘は声がかれるまで叫びつづけ、やがて心そのものが打ちのめされていく。それでもなお三人目の男が、血まみれの太ももを割ってのしかかっていった。

汗が次々に額に浮かんでくる。そのころになると娘の叫び声はもう聞こえなくなり、彼女の荒い息づかいだけが聞こえた。娘は彼らの獲物だった。彼らがその気になれば、彼女を葬り去ることさえできる。見ていられなくなって力なくうなだれていた人もいた。武装した警備員はさらに何人もの収容者を連れ去っていった。その後、彼ら全員の姿を見ることはなかった。

それ以来、私は眠れなくなってしまった。体を休めることができない。毎晩、上がけを頭から被り、びくつきながら息をしている姿を見られないよう、薄いプラスチックの枕に顔を埋めた。鮮明に考えることももはやできなくなっていた。眠ったかと思っても、すぐに目が覚める。気がつくと、あの娘のあの半狂乱になった顔をじっと見つめ、彼女の悲鳴を聞いていた。「お願いだから助けて！　どうして助けてくれないの？」。しかし、誰も彼女を助けられなかった。彼女を助けられる者は誰一人としていなかった。

自由を得たのちも、私は何カ月もこの話だけは口にする気にはなれなかった。なぜなら、この話をすると、ふたたび同じことが自分のなかで繰り返されるような気がしていたからである。生きている限り、私はこの出来事を忘れない。この一件だけはどうしても受け入れることができない。

そして、この事件から一カ月半後、思いもしないことが起きた。

第7章「収容所で死ぬくらいなら、命がけで逃げよう」

二〇一八年三月――釈放

午前〇時、私はほかの見張り番といっしょに壁際に並んで彫像のように立っていた。数人の士官が訳ありげな様子で集会所を横切り、ある部屋へと入っていくのを目の隅で見ていた。収容所に着いた最初の夜、私が連れていかれた部屋だ。しばらくすると、警備員が現れ、なかに入るように命じられた。私になんの用があるというのだろう。そのころの私は常に最悪の事態を考えるようになっていた。

机の前には見慣れない士官が前かがみで座っていた。相手は私に向かって、「ここでのお前の仕事は終わった。本日をもってお前は自宅に帰り、幼稚園の園長としての仕事を続けることになる。園の職員には中国中央部での再訓練プログラムに参加していたと言えばいい」と怒鳴るように命じた。

家に帰れる？――相手の言うことなどひと言も信じなかった。おそらく、別の収容所に連れていかれるのだろう。相手は私の無表情な顔を細い眼でじっと見つめていた。「この収容所のことは絶対に外部の人間に漏らしてはならない。契約書があることを忘れるな」と言った。机の上には私が署名した書類が、まるで警告するようにこれ見よがしに置かれていた。相手はそこに指を置き、爪が白くなるまで押しつけ、「わかっているな」と念を押した。反射的に「わかりました」と私は答えていた。

それからハエでも追い払うように、私は邪険に部屋から追い出された。「制服を脱いで私服に着替えたら、荷物をまとめろ」。私のような目撃者を彼らは釈放するはずがない。「サイラグル、これはいったいどういう筋書きなの？」と考えていた。着替えを終え、携帯電話を渡されると、彼らはただちに私に黒い頭巾を被せた。

前年一一月にここに来たときと同じように、検問所を何カ所か通過した。いくつかの扉が開き、つかの間、春の暖かい空気を手に感じながら、車のドアが閉められ、二人の警察官が後部座席の両隣に乗り込んできた。

収容所の外観は見たことはなく、現在に至るまで建物がある正確な場所はわからないが、この地域にはいくつかの収容所がある事実を証明する地図や衛星画像が存在する。車に乗りながら、私は次の角で殺されると考えていた。その前にレイプされるかもしれない。

頭巾を剝ぎ取られたとき、目を疑った。あのアパートの横に立っていた。三月の終わり、朝の四時ごろだったと思う。車を運転していた警察官は、「明日はいつものように仕事に行け」と命じ、念を押すように、「契約書に何が書かれていたのか考えろ」とさらに脅しをかけてきた。目にしたこと、耳にしたことは誰にも言ってはならないことになっていた。

放心したようにアパートに入り、暗いキッチンの椅子に座って、夜明けまで私はそのままでいた。答えのない疑問が頭のなかで渦巻き、めまいがしてくる。「これから何が起こるのだろう？」。途方もない緊張は依然として変わらず、何か大変なことが起こるのではないかという疑念がぬぐいきれなかった。

翌朝、数カ月ぶりに自分の姿を鏡で見たとき、私は激しいショックを受けていた。骨と皮でできた青白い仮面がこちらを見つめ返していたのだ。鎖骨は骸骨のように突き出ている。私はすぐに化粧をして、マスカラと赤い口紅を塗り、いちばんいい服を選んだ。

党がずっと私たちをだましてきたように、ほかの職員には、私が大都市から地方に戻ってきたと思わせなければならなかった。自分がどこに行っていたのか誰にも知られないようにした。そうでなければ、私は殺されてしまう。

「どうしてそんなに痩せてしまったの？」

「よかった。ようやく戻ってきてくれたのね」。職員たちは大急ぎで集まってきて私を取り囲んだ。みんな本当に喜んでいる。とりわけ、若い女性職員はうれしそうだった。「どこの町にいたんですか？どんな様子でしたか？　楽しかったですか？」。そう尋ねる一方で、彼女たちは私を心配そうな目で見ていた。着ている服がぶかぶかで、肩から垂れさがっていたからである。「どうしてそんなに痩せてしまったの？」。彼女たちの不信をぬぐわなくてはならない。「仕事が山ほどあって、食事さえ満足に食べられる時間もなかったのよ」と答えた。実際、私の体重は一〇キロ以上も落ちていた。

そのとき立ちくらみがして、壁に一瞬手を添えた。めまいと脱力感を懸命になって隠しながら、「長旅で疲れているし、幼稚園でもまだたくさん仕事が待っているから」と言って職員たちの心配をはぐらかした。「私がどこに行っていたのかは、あとで腰でも降ろしながらゆっくり話しましょうね」と言って、今日はこれまでだと説明した。

翌朝、以前と同じように笑顔で挨拶をしながら登園したが、頭のなかに綿が詰まっているようだった。ほかの幼稚園に向かう途中、かつて私の幼稚園の上職についていたカザフ人男性と出会った。彼は悲しそうに首を振りながら、「なんとか生き延びることができたんだね？　私だったら、三階建ての建物からとっくに身を投げたはずだよ」。私の幼稚園は三階建てだった。ほかの人と同様、彼もまた私が収容所に送られ、いまだに悪戦苦闘していることを察していたのだろう。

その日の午後、執務室に教育局の関係者が集団で現れた。そのうちの一人が、私を即時解任すると告げた。「あなたはただちに帰宅して、次の指示を待ちなさい」。それ以降、一日中頭が痛みどおしだった。誰かが私を密告したのだろうか。それとも、当局が何かをたくらんでいるのだろうか。私は自分の言動を何度も思い返し、自分でも見落としていた過ちを誰かが見つけたのだという不安に襲われていた。

しかし、告発されるような事実など彼らはつかんでいないはずだと自分に言い聞かせ、諦めて待つことにした。二人の警察官がアパートに押し入ったのは夜の九時ごろだった。頭巾を被せられ、車に乗せられた。しばらくして、私は警察署の独房に入れられていた。鍵のかかった鉄格子と、向こうにいる制服姿の警備員を見つめていた。警備員は壁に寄りかかって椅子に座っていた。それから一時間ほどして、制服を着た二人目の男が合流した。

二人は鉄格子の前に身を置いた。取り調べは遅れてやって来た警察官が行い、もう一人は口をつぐんでいた。おそらく、二人とも秘密警察の人間なのだろう。今度こそ私は、ほかの人たちといっしょに収容所に閉じ込められると確信した。

「二〇一八年は、二つの顔を持つ者の粛清が始まる年だ」と男は語りはじめた。「二つの顔を持つ者」とは私のような人間のことらしい。「お前は最悪の裏切り者の一人だ。われわれが全面的な信頼を寄せていたにもかかわらず、お前は仮面を被りつづけてきた。善良な中国人の顔を見せながら、邪悪なカザフ人の顔を捨てようとはしなかった」

私が何か過ちを犯したというのだろうか？　何を見落としていたのだろう？「お前はいまだにカザフスタンから家族を呼び戻しておらず、夫とも離婚をしていない。この事実は、お前が国外にいる中国の敵に大きな愛情を抱いていることを裏づけている」と言われ、私はあっけに取られた。彼らに離婚を迫られても、私には絶対に応じるつもりはなかった。たとえ離婚しても、彼らは私を放っておいてはくれないだろう。

三〇分にわたり、私は必死に弁明した。「家族とはいっさい連絡を取っていません。どうして私を告発しようとしているのか、自分にはよくわかりません――」。相手はまるでゴキブリを見るように顔をゆがめた。「われわれに向かって、よくそんな下劣な口が叩けるものだ。お前は党員で、しかも園長という上級職の立場にもある」。男は両手をあげ、ことさら仰々しくあきれ返ったふりをする。「お前にはただちに再教育を受けさせる必要がある。その病んだ心が秩序を取り戻すには、おそらく三年はかかるだろう」

幼稚園の仕事は数日のうちに後任者に引き継ぎ、事務処理についても残らず指導しておくよう命令された。「身辺整理がすんだら指示を待て。こちらから迎えに行く」

これはとどめの一撃なのか？　とどめを刺されていても私はすでに何も感じなくなっていた。それどころか、私には本能的な抵抗や激しい反発心、そして、排除することで私たちを〝治療〟する党や政府に対し、掛け値のない、心からの嫌悪以外何も感じなくなっていた。このころになると私も気づいていた。もし、収容所に入ったら今度こそ出られない。自分はそこで死ぬのだ。

毎晩、よろめきながらシャワーを浴びた。膝、足、背中など体中が痛んだ。鼓動が速まり、恐怖が蘇って息が詰まる。通り過ぎるパトカーのライトが部屋の壁を青く染めるたび、私は凍りついていた。

収容所でこれという病気にかかったわけではない。私はただ壊れてしまっていたのだ。シャワーからお湯が降ってきたとき、私のなかで何かのスイッチが入った――「サイラグル、これは寝覚めの悪い夢じゃない。これは現実なのよ」

「収容所で死ぬくらいなら、命がけで逃げよう」

ある夜、私は夢遊病者のように部屋から部屋へ動きまわった。子供たちの部屋ではタンスを開け、二人の服をいくつか取り出して顔に押し当てた。鋭い感情が不意に込み上げ、私は泣き出していた。身も世もなく大きな声で泣いていた。拳を握りしめ、そのままベッドに倒れ込み、体を丸め、両手で子供服にしがみつきながら泣きじゃくった。

ここまで自分の感情をさらけ出したのは本当に久しぶりのことだった。この数カ月間、必死になって抑えてきたものが残らずあふれ出た。沼地の瘴気《しょうき》のように湧き上がってくる恐ろしいイメージの数々、鎖を巻かれた収容者の足、拷問を受けた彼らの体、取り乱して大きく見開かれた娘の目。「お願いだから、助けて！」。私は何も感じなくなるまで声をあげて泣き叫んだ。

朝になるころには涙もかれ果てていた。そして私は決断した。カザフスタンに逃げよう。もちろん、そこから先に一歩踏み出すことは、ただちに収容所に入れられてしまうことを意味しているのはわかっていた。だが、収容所で死ぬくらいなら、命がけで逃げて死ぬほうがまだましだ。早くしなければならない。私を追いつめている警察官たちよりも早く。

携帯電話を見ると、この数カ月、母や姉妹、兄弟たちが何度も私に連絡を取ろうとしていたことがわかった。実家の家族は私が収容所にいた事実を誰も知らなかった。ほかの人たちと同じように、私は別の都市で再訓練を受けているものとばかり思っていた。家族の声を聞きたくてしょうがなかったが、電話はかけられない。私のせいで実家の家族にまで累がおよばないようにするために必死だった。パスポートを取り返すのが先決だと考えた。だが、教師全員から集めたパスポートがどこに運ばれたのか私には見当さえつかない。翌日、警察署に出向いて確認したが、「わからない」の一点張りだった。

親しい中国人の友人に聞いてみた。彼なら知っているかもしれない。すぐに電話をかけ、「どうすればパスポートを取り戻せるのか知っている?」と単刀直入に尋ねると、相手は声をうわずらせ、「そんなこと、僕に話すなよ。さもなければ、まず僕の頭が切り落とされ、君だって無事ではいられない」と文句を言って電話は切られた。しかたがない。パスポートなしで、決行しなくてはならない。国境を越える方法をなんとかして考えよう。肝心なのは時間をむだにしないことであり、一分一秒でも早く逃げ出すことだった。

仕事を終えて車で帰ってきた私を見て、近所の人が駆け寄ってきた。「子供たちの消息がまだつかめないのよ。もう半年も前から面会許可を取ろうとしているのだけど」と袖で涙をぬぐいながら話してくれた。彼女の息子たちは二〇一六年から拘束されていた。母親はハンカチを顔に押し当て、「あの子たちが生きているかどうか、それだけでも知りたいの」。何と答えればいいのだろう。私は相手の肩に手を置いて慰めた。「きっと、まもなく解放されると思いますよ」。しかし、私もこの母親も本当のことについてよくわかっていた。

ドアを閉めようとしたそのとき電話が鳴った。警察で働くカザフ人の友人からだった。「お金を貸してほしい。三〇元くらい。だいじょうぶか?」。突然の依頼と少額のお金に私はとまどっていた。

「どうしても必要なお金なんだよ」。相手の口調には有無を言わせないものがあった。「いま別の町に向かう途中だけれど会えるかな。手間は取らせない」

約束どおり、町のはずれで彼を待った。彼はパトカーのハンドルを握り、後部座席にはカザフ語をひと言も話せない中国人の同僚が二人でおしゃべりをしていた。彼は、車の窓に肘を突き、何気ない様子で身を乗り出すと、私を手招きしてお金の入った封筒を受け取った。そのとき、「数日後、七〇人が逮捕され、収容所に送られる。君はリストの三番目だ」と声を押し殺して話してくれた。その話をどうしても私に伝えたくて、彼はこんな芝居を仕組んだのだ。

いよいよ決行というその日、私は幼稚園の執務室で終日を過ごした。後任者に仕事を引き継ぎ、職員には笑顔で接し、辞めると聞いて驚いた相手のもの問いたげな視線には応じず、手早く書類を整理した。これまでどおりの私の流儀にしたがって処理した。ほんの数日前、人間の心の奥底を見つめて泣き叫んでいた人間とは思えなかったはずだ。

無理をしてでも、いつもと変わらないように働きつづけた。突然、仕事場に現れなくなったら、むしろ怪しまれてしまう。実際は、寸暇を惜しんで逃亡の準備を進めていた。彼らが私の一挙手一投足を監視していることはわかっていた。

カザフスタン国境にある自由貿易地域に入るには、許可証が必要だった。切羽詰まったあげく、電話を切られた例の中国人の旧友に電話をかけた。「お願い、手を貸して。自由貿易地域の許可証がどうしても必要なの」。慌ただしく電話を切る前に、今度はあるウイグル人の電話番号を教えてくれた。

その夜、見知らぬウイグル人に電話をかけた。私の依頼に対して、相手はとても緊張した様子で返事をしていた。「自分が力になれると誰から教えてもらった？　命がいくつあっても足りないくらいだ」。私は友人の名前を伝え、電話を切られる前に「許可証が手に入るならいくらでも払います」と急いで言い添えた。何度か電話をかけ直し、ようやく了解が得られた。「金は四万元だ」と要求された。「国境に着いたら電話してくれ」。「わかりました。でもどうやって――」。もっと詳しく聞きたかったが、電話はすでに切れていた。

この電話から三日目だったか四日目だったか、いまではははっきりと思い出せないが、その日の夜、終日の最後の勤務から帰宅した私は夕食を作った。食卓を整えると、私はラジオで中国の音楽を聴いていた。ボリュームをあげ、戸外にいるはずの警察官にもよく聞こえるように大音量にした。窓も大きく開けておいた。一見すると、仕事から帰ってきた女性がありきたりな時間を過ごしているように見える。それから私は上着を着て、内ポケットにお金と身分証明書を入れて窓の前に立った。

二〇一八年四月四日、深夜〇時直前だった。

脱出

ラジオから鳴り響く音楽を背中で聞きながら、私は窓枠に足をかけて庭に飛び降りた。夜の闇に隠れて隣家の敷地を横切り、次の通りへと急ぎ、そこでイライラしながらタクシーを待った。しかし、どのタクシーも停まってくれない。

タクシーが行きすぎるたびに、額から汗がにじんでくる。神経はますます高ぶり、何度もうしろを振り返る。「まだ追っ手はやって来ないのか」。やっと一台の車が停まった。中国人の男性がハンドルを握っていた。「どこまで?」と聞かれた。「グルジャ市の病院に行ってくれますか」と答え、そこまで乗せてもらうために大金を差し出した。グルジャから国境まではそれほど遠くはない。

グルジャの病院では朝八時に採血が行われるので、アクス市の患者がそれに間に合うよう早朝に出発することは、たいていの運転手が知っており、荷物を持たないカザフ人女性が一人で道路脇に立っていても驚かれなかった。私はハンドバッグも持っていなかった。五時間から六時間は優にかかる旅だった。

検問所を通過するたびに息が乱れた。逃避行はここで終わるかもしれない。ここが終着点だ。検問所で停まるたびに、運転手は身を乗り出して行き先や車に問題がないことを伝えていた。もちろん、私はパスポートを持っていないので、身分証明書を渡した。幸いなことに、真夜中だったので警察官も疲れており、事細かに調べず、早々に解放してくれた。

運転手にあれこれ聞かれたくなかったので、頭をシートにあずけ、ずっと寝ているふりをしていた。誰かが私の胸に膝を突き、ジワジワと体重をかけてくるような気がしていた。ありとあらゆる最悪のシナリオが頭のなかを駆けめぐっていた。例のウイグル人からは、「国境に着いたらすぐに連絡しろ」と言われていた。だが、もし相手が電話に出なかったらどうすればいいのだ。うしろを走っているのが秘密警察の車だったら。私の携帯電話の位置情報が特定されていたら——

車の窓から携帯電話を捨てたくなったが、コンタクトを取るためにはやはり手放せない。とはいえ、東トルキスタンの治安機関は、アプリをはじめ、監視カメラや政府機関のデータなど、あらゆる情報を「統合プラットフォーム」として集約して継続的に監視を行っている。おそらく彼らは、私がこれほど早く逃げ出すとは思っていなかったはずだ。「だいじょうぶ」と自分に言い聞かせて落ち着こうとした。これまでのような脅しのせいで、恐怖で身動きが取れないはずだと彼らは信じて疑わなかった。収容所で私は、ヘビを前にして凍りついたネズミのように扱われていた。そのヘビは牙を剝き出し、いままさにネズミの肉に突き立てようとしていた。

運転手は病院の前で降ろしてくれた。車が見えなくなると、私はすぐに次のタクシーに乗って国境の町コルガスへと向かった。車にはウイグル人とドンガン人の四人が同乗していたが、たがいに言葉を交わすこともなく、めいめいが自分の考えにふけっていた。さらに二時間の旅だったが、すべての検問所を通過して国境に着いたころには、汗でびっしょり濡れていた。

最後にこの広大な複合ビルに来たのは、ワーリと子供たちに別れを告げたときである。ここは、「新シルクロード」構想と呼ばれる東西交易路の一大拠点で、作業員たちは無数の中国製コンテナを鉄道車両に積み込んでいた。ヨーロッパに物資を運ぶには、カザフスタンを避けて通ることはできない。シルクロードの最終目的地が、ライン川とルール川の合流地点であるドイツのデュースブルクだった。

あらゆる地域からやって来た人たちが商品の売買を目的にゲートをくぐり、中国とカザフスタンを結ぶ自由貿易地域へと押し寄せていく。私は携帯電話を耳に押し当て、壁に向かってウイグル人に電話をかけてつぶやいた。「着いたわ」。「わかった。いますぐ四万元を振り込んでくれ」

どうしよう。このまま振り込んでいいのだろうか？　だが、見ず知らずの人物を信用することが私に残された唯一のチャンスだった。私は銀行カードを使い、最寄りのＡＴＭからお金を振り込んだ。もちろん、アクスの町では当局が入出金をもれなく監視しているが、いくら当局でも、すべての銀行口座の取引を秒単位でチェックはできない。彼らが気づくころには、私はもうここにはいないはずだ。そして、そうであることを私は願った。

「言われたとおりにしたわ」と彼に連絡した。「いいだろう。では、あんたの身分証明書を出してくれ――」。そこに「必」と漢字を書き加えるように指示された。そうしたら、それを持って指定された窓口に向かえと言う。何も口に出してはいけないし、ほかに何もしてはならない。「落ち着くのよ、サイラグル。落ち着いて――」。血の気が引いて、顔色はこれ以上ないほど真っ青だったはずだが、それでも笑顔を浮かべつづけた。

係官が私を見た。それから身分証明書を開き、そこに記された文字を見つめると、視線をふたたび私の顔に戻した。体の力が抜けていく。こめかみがズキズキと痛む。だまされてはいないか？　警察に通報されるのではないか？　一時間以内に黒い部屋に連れ戻されるかもしれない。だが、係官は何も言わず、身分証明書を返してくれた。

やった！　神様のおかげだ。私はまだこうして生きている。つかの間、私は店が建ちならぶ通路を行き交う人混みに身を任せ、そのなかの一人のように前へと向かっていった。カザフスタンで何かするなら、手持ちの「元」を「テンゲ」に両替しておかなければならない。ここでも「だまされたらどうしよう」と用心しながら、信用できそうな顔を探した。

すると、向こう側に白いひげを生やした老人が立っているのに気づいた。「両替することはできますか」と尋ね、「家族や子供がいるので、だまさずにきちんと両替してもらえますか」とお願いした。すると相手は、「私は真っ当な人間だよ。私にも家族や子供がいるからね」と答えた。最後の五〇〇〇元を渡すと、老人は九万テンゲと交換してくれた。実は、相場の半値だったようだが、そのときはこの老人を信じていたので私は満足していた。

国境までのシャトルタクシーの乗り場はどこだろう。「カザフスタンに行きたいのですが、あなた方もそこへ行くのですか？」と、たくさんの荷物を抱え、息を切らしながら前を通り過ぎていく人たちに聞いてみた。「よかったら、いっしょに乗っていくかい？」と誘ってくれた。

乗り場を確認すると、私は携帯電話からバッテリーとＳＩＭカードを抜き出し、近くのゴミ箱に捨てた。そして、空いていたタクシーにみんなといっしょに乗り込んだ。一〇分ほどで国境に到着する。そこから、めいめいの道を進んでいった。

検問所でパスポートを見せるだけでカザフスタンに入国できる人たちを、私はうらやましそうに見ていた。

パスポートがない私はどうすればいいのだろう。

最後の遮断機

解決策が頭に浮かぶことを願いながら、カザフスタン側の検問所はどうやって通過するのかという大問題を、実は私はこの時点まで先延ばしにしてきた。私はいま、大きな疑問符を抱えながら国境に立っていた。目の前には武装した警備員がおり、遮断機が置かれている。一〇分ほど、私は檻に入れられた野生動物のように同じところをぐるぐる回っていた。いったいどうやってここを通過すればいいのだろう。

パスポートの検査所では、一段高いガードハウスの窓の前で、カザフ人の老人が爪先立ちで係官と交渉していた。老人はたくさんの鞄に囲まれている。振り返ってみると、私のうしろには誰もいない。係官はいら立った様子で壁の時計にしきりに鋭い視線を向けていた。老人をできる限り早く追っ払いたいという気持ちがありありとわかる。明らかに交代時間が近づいているようだった。

係官が書類を取りに行ったり、ハンコを押しに行ったりしてうしろを向いた瞬間、私はとっさに身をかがめ、できるだけ小さくなって窓口の下を通り抜け、老人のうしろに隠れた。目の前に二つのドアがある。そこから警察官が飛び出し、私を逮捕するのではないかと思った。しかし、誰もいなかった。私は走って走りつづけた。

突然、「タクシーだよ、タクシーだよ、タクシーだ！」という叫び声が耳に聞こえた。その声を聞いた瞬間、私は二四時間ぶりに息をした気がした。「神様ありがとうございます。私はまた生き延びることができました！」「私はいまカザフスタンにいるんだ！」。何度も何度も深く息を吸ったり吐いたりした。そのときまで、私の脳のスイッチは入っていなかった。それまで自分が何をしていたのかさえ意識にはのぼってこなかった。

意識が徐々に戻ってくると、そこはタクシー乗り場で、数台の車がカザフスタンに向かう乗客を待っていた。運転手に「バイトベクに行って」と告げた。バイトベクはアルマトイに向かう途中にある村で、この村にワーリたちは暮らしていた。運転手はジャルケントという町を経由しなければならないと説明してくれた。

ジャルケントで別のタクシーに乗り換えると、私は上着のポケットから一枚のメモを取り出して恐る恐る広げた。アクスの町では片時も離さずに持ち歩いていたメモで、夫ワーリの電話番号が書かれていた。「電話をしてもいいですか」と運転手にかすれた声で尋ねた。

放心したような思いで電話をかけると、「もしもし」というワーリの声が聞こえた。

「サイラグルです。いまカザフスタンにいます」とまるで秘書が書類を整理するように淡々と話していたが、実際には胃がぎゅっと縮まるほど緊張していた。いつなんどき、次の罠にかかるかもしれないと考えていたので、運転手に自分の緊張を覚られないようにしているのが精いっぱいだった。もちろん、ワーリにすれば、私からの電話はこれ以上ないほどの驚きだった。「サイラグルだって？　どうやってこんなに早くパスポートが取り戻せたんだ」。ほぼ二年ぶりに交わした言葉だった。

「タクシーに乗って、いま家に向かっているわ」とできるだけ手短に答えた。彼は笑いながら、「バイトベクのリンゴ市場で車から降りてくれ」と言い、そこまで迎えにいくと告げた。

二〇一八年四月五日――再会

リンゴ市場で車から降りた。夕闇が迫り、店は閉まりはじめていたが、それでもまだ市場は人でざわついていた。注意深く周囲を見渡した。市場のような狭い場所では誰もが顔見知りで、私のようなよそ者はどうしても目立ってしまう。

カザフスタンは中国のスパイだらけであるのはすでによく知られていた。国の命運を握っているのは、国家元首のヌルスルタン・ナザルバエフだ。独裁者のナザルバエフは政敵を監禁したり、抹殺したりすることを当たり前と考え、「経済が先、政治は二の次」という方針に基づいてこの国を統治している。中国の世界的なインフラ・投資プロジェクト「新シルクロード」構想を介して、カザフスタンと中国は強い貿易関係を維持していたので、隣国には多くの点で責務を負っていた。

こうした力関係の差のせいで、北京政府はカザフスタンに介入し、東トルキスタンのムスリムを好きなようにさらってくることができた。中国政府はカザフスタンを「危険な敵国」として二六カ国にリストアップしていながら、両国の関係がなぜこれほど緊密なのか、私にはどうしても理解できなかった。

誰かに見つかるのではないかとびくびくしながらも、できるだけ平静を装い、ここには毎日通っているようなふりをしていた。呼吸が浅くなり、行き交う人と上着の袖が触れるたびに引き絞った弓のように緊張していた。あの人は誰？　中国のスパイ？　目を輝かせ、ワーリがまっしぐらに向かって抱きついてきたときも、私は彼の腕を冷静に振り払い、他人行儀に、「ここで話をするのはやめて、まず家に帰りましょう」と素っ気なく答えた。何かがおかしいとワーリもすぐに察したようだった。

私たちは無言のままワーリの家に向かった。家まで一五分だったが、急がなくてはならない。脇目も振らずに歩いたが、いつなんどき曲がり角の暗がりから人が飛びかかり、私を連れ去っていくかもしれない。家の前の通りに出ると、ウキライとウラガートはすでに外にいて、大きな鉄の扉の前で待っていた。二人とも一目散に私に向かって走ってきた。押し合いながら、必死になって「私が先におかあさんを抱きしめるの」「いや、僕だ」と言い争っている。

それから、私たちは泣いたり、笑ったりしながら一家全員で鉄の扉を通って家に入った。この扉は一家を守ってくれる壁だ。自分の手で子供たちを抱きしめながら、私は驚いて目を見張った。「二人ともこんなに大きくなったのね」。もう一度子供たちを抱き寄せ、そのままじっと抱きしめていた。最後に見たとき、二人はまだ小さく、頬も丸々としていた。いま、ウキライは一三歳、ウラガートは九歳になり、二人ともすくすく育っていた。この二年、私が毎日毎時間耐えてきた苦しみも、いつか子供たちをもう一度この手で抱きしめられる日が来ると考えてきたからだ。

その夜、私たちは一睡もせずに起きていた。四人で寄り添い、抱き合ったり、キスをしたり、話し込んだりして夜明けを迎えた。子供たちは私のそばからどうしても離れようとはしない。明け方、「学校には行ってね」と私は諭したが、学校から帰ってきたら、私がまたいなくなっているのではないかと脅えて、二人とも化石のように固まって動かなかった。「お願い。今日は学校を休んで、いっしょにいさせて」と懇願する。

「それはできないの。ほかの人に気づかれてしまうかもしれないので、学校にはいつもどおりに行って。お母さんが家にいることは、人に知られてはいけないのよ」と説いた。二人が鞄に荷物を詰めて出かけたあと、私は家のなかと庭に植えられたリンゴの木々のあいだを歩いた。さしわたし一〇〇メートル近くの庭だった。どれも夢のようだ。庭のすぐ向こうに、天山山脈の最北端の山並みが見える。しかし、私にはその美しさに浸っていることはできなかった。

数日のあいだ、私は身を隠そうと努めたが、結局のところ、彼らが私を見つけるのは時間の問題だったのである。

緊張

最初の数日間、過去のことは努めて考えないようにしていた。思い出したくなかったからだ。それは古傷をえぐることであり、傷口がふたたび開けば、もう一度あの痛みに苦しむことになる。この美しい家で家族とともに過ごしていても、私はまだ収容所で捕らわれているように感じていた。必要なのは、まず自分自身を取り戻すことであり、心を落ち着かせることだった。自分が何者でどこにいるのかを納得し、新しい状況を確認しなければならない。自分が本当に国を逃れてきたことさえ現実だとは思えなかった。

取り調べの最中、中国政府はいつでも逃亡者をカザフスタンから新疆に連れ戻すことができると言われつづけ、頭に叩き込まれてきた。中国の手がおよぶ範囲は広く、しかもその影響力は尋常ではない。「お前のようなカザフ人など、どうとでもできる」。彼らの脅しは絞首台の縄のように私の首に食い込んでいった。

二人きりになるのを待って、国境を越えてカザフスタンに不法入国してきたことをワーリに告げた。彼は考え込んでしまい、両手をうしろに回し、そわそわと行ったり来たりしながら、「君を探して、彼らがここに来たらどうしよう」と小さくつぶやいた。

長い期間にわたって苦闘してきた恐ろしい出来事について、言葉にしたり、考えたりすることなど簡単にできるものではなく、ほとんど不可能にさえ思えた。〝友好〟プログラムの一環として、私がアクスの町に住む独身の中国人男性の家で何時間も二人きりで過ごしたことを話せるまでには四日かかった。いずれにせよ、隠しおおせるような話ではない。東トルキスタンの先住民が中国人の家に泊まらなければならない話は、カザフスタンでは誰もが知っていた。

私は自分の体験をワーリに話した。もしも私が話さなければ、彼は彼でなぜ話してくれないのかとひそかに考え、あらぬ結論に飛びついてしまうかもしれない。カザフスタンで暮らす人たちは、国境の向こう側にいる自分の娘や従姉妹《いとこ》、あるいは孫娘の身を案じていた。私たちはきわめて高い倫理観を持つ民族で、自分自身が負う肉体的な苦しみ以上に、こうした訪問にともなう罪悪感のほうをむしろ気に病んでいた。

それから、収容所の話をしようと思ったその瞬間、私は急に押し黙り、あらぬほうをじっと見つめていた。こんなよそよそしい態度をすればワーリが不安になるのはわかっていたが、その状態から抜け出せなかった。冷たくなった私の手を握り、「話してごらん」とワーリはうながした。私は全身の力を振りしぼり、彼の目を見て口を開いた。「私は収容所にいたのよ」。ついにその言葉を口にすることができた。そのひと言が口を突いたとき、私は医療エリアで毒薬を吐き出したときのような解放感を感じた。

二〇一七年以降、カザフスタンでも、中国で暮らす同胞が抑圧され、拷問され、あげくのはてには命まで奪われている事実は噂になっていたが、その話を自分の妻から聞かされて、ワーリは口もきけないほど驚いていた。私はためらいながらも、収容所で中国人がどのように虐待をしているのか、さらに詳しい話をぽつりぽつりと話した。私の息は乱れていた。詳細な点は控え、何が行われていたのかあらましだけしか話さなかったが、ワーリが絶句しているのはその様子からもわかった。「本当であるはずがない」とうろたえながら、「中国のような近代国家が、そんなに野蛮で原始的であるはずがない」と答えた。私自身、泣き声を立てずに自分の体験を話すことはできなかった。子供や老人がどのように虐待されているのかを聞いたとき、ワーリもまた涙を流した。

しかし、私たちには慰め合っている余裕などなかった。家にいても私は逃げまわっていた。私は逃亡者なのだ。訪問客や仕事仲間がひっきりなしに玄関の呼び鈴を鳴らして、家に出入りしていた。彼らに見とがめられずに過ごせるのもせいぜい一週間ほどで、大部屋が四室の平屋ではいずれそんなごまかしも通用しなくなるだろう。次に訪れた人物が部屋に置かれた私の上着に気づくかもしれないし、慌てて隠れる私の影を目の隅にとめ、当局に報告するかもしれなかった。家族全員が精神的な檻のなかに捕らわれてしまった。次に何をすればいいのだろうか。選択肢を絶えず検討しなければならない大きな重圧と、次に動いたときに私が絞首台に送られるかもしれない不安のせいで、家族全員が精神的にすっかりまいっていた。

中国の秘密警察の工作員がいまにも現れ、私を連行していくかもしれない。家族以外の人間が近くにいると、ウラガートとウキライは私の痕跡をすぐに消していた。玄関の呼び鈴が鳴るたび、私だけでなく子供たちも体を引きつらせる。私といっしょのときは、二人ともいつも私の腕にしがみついている。「もう誰にも連れていかせない」と言い、「僕たちが守ってあげる。僕たちがいる限り、もう怖がらないでね」。それでも二人は、自分たちが学校にいるときに工作員が現れるのではないかといつも恐れていた。「そんなことになったらどうしよう?」。そう考えて、九歳のウラガートはいつも取り乱していた。

私たちの頭上には、答えのない疑問が雲のように広がっていた。その雲は悪意に満ちた不吉な前兆だった。ワーリは髪をかき上げながら考えていたが、その髪には日に日に白髪が増えていく。「どの機関にも相談できない。誰を信じていいのかもわからない。どこに助けを求めればいいのだろう」。私は彼にはっきり言った。「家族全員のことを考えるなら、私がこの家を出たほうがいい」

誰が信じられるのか

結局、思いきってワーリのお兄さんに私のことを打ち明けると、義兄はすぐに隠れ家のアパートを手配してくれた。ワーリの家からは車で一時間ほどの場所にあり、一日置きに家族が訪ねてきてくれた。

さらに義兄は、「セリクジャン・ビラシュに電話しろ」と勧めていた。中国籍を持つカザフ人にとって、セリクジャン・ビラシュは最も心強い寄港先だった。「アタジュルト」(「祖国」)のリーダーが信用できなければ、いったい誰が信用できるのだろう。ビラシュは連日、拷問を受けた被害者へのインタビューを録音し、彼らの証言を文章に記録して、東トルキスタンで組織的に行われている人権侵害の証拠としてネットで公開していた。ビラシュ自身が新疆ウイグル自治区の出身者で、カザフスタンに移住した。テレビにも頻繁に出演し、放送の最後には自分の電話番号を伝えていた。収容所に関する情報が必要な人、あるいは情報を提供できる人は連絡してほしいと訴えていた。しかし、私のように脅えている者にとって、ビラシュとはいえ容易には信じられなかった。

そんなふうにためらい、電話を先延ばしにしていたとき、ある記憶が私の頭のなかで閃光のように蘇った。「この人の名前、以前にも聞いたことがある」。彼の組織に関する情報は中国で検閲されており、真っ赤な「×」印がついたメッセージが届いたことがある。彼に連絡を取った者は死刑になると脅されていた。

それからまもなく、私たちはビラシュのアスタナ事務所の番号に何度も電話をかけ、さらに手紙やワッツアップで連絡を取ろうとしたが、質問や相談が殺到していたため、彼からの返事はすぐにはなかった。

新しいアパートでも、私は部屋に引きこもり、外には一歩も出ないようにしていた。行き詰まりを感じていたが、誰かを近づけることもできない。人とは一定の距離を置いておきたかったほど、体中が痛く、実際、私の体のあちこちが悲鳴をあげていた。

アパートに移ってから一週間もしないうちに、私は重い病気にかかった。突然、動けなくなってしまったのだ。朝になって目覚めてもベッドから起き上がれない。背中と胃腸が焼けつくように痛んだが、どうしても体は動かなかった。ワーリと義兄は、私を個人病院に連れて行ってくれた。その病院では個人情報を残らず提供する必要はなく、支払い能力だけが問題にされた。私のような指名手配中の女性には、いちばん安全な選択肢に思えた。

入院から一カ月のあいだ、医師や看護師は投薬や理学療法で治療に当たってくれた。その間もワーリは助けを求めたが徒労に終わり、あいかわらず中途半端な状態が続いていた。しばらくしてなんとか起き上がれるようになったころ、ワーリが子供たちを連れて訪れた。もう少し回復したら、「君を家に連れて帰る」と言った。医師は退院をなかなか認めてくれなかったが、そのかわり、一カ月後に検査に来るよう言われた。

退院は五月一九日の土曜日だった。彼らが私のもとに来たのは、それから二日後の二〇一八年五月二一日の月曜日である。朝、私はベッドで横になっていた。大量の鎮痛剤を投与され、抵抗する力もほとんどなかった。家の入口のほうから、「中国政府があなたの奥さんを探しており、奥さんの送還を要求しています」という声が聞こえ、ワーリを木偶《でく》のように押しのけながら、「奥さんを連行していきます」と言って見知らぬ二人の男が家に入ってきた。私は震える指で、ブラウスとジーンズに着替えた。

ワーリと娘のウキライは愕然としていた。息子のウラガートは「お母さん！　僕のお母さんのことは放っておいて！」と大きな声で叫んでいた。男たちは国家安全保障局の職員で二人ともジーンズにシャツ、革のジャンパーという私服だった。いずれも三〇歳ぐらいで、一人は浅黒い肌の中背、もう一人はいささかずんぐりした男だった。「彼女をどこに連れて行くんだ」とワーリはただした。「私の妻がどんな罪を犯したというんだ。その証拠はあるのか。連行するなら令状を見せろ！」と要求した。「だめだ」と取りつく島もなく相手は不愛想に答えた。

上着を着込みながら、足を引きずって彼らについていき、「お願いだから薬を持っていかせて」と頼んだ。「その必要はないでしょう」と一人が答えた。「ちゃんと話してくれたら、今晩にでも帰れますよ」という返事だ。

しかし、二人とも嘘をついていた。

カザフスタンの秘密警察

外に出ると覆面パトカーが停まっており、それに乗るよう言われた。窓の外を見ると、鉄の扉のかたわらでワーリと子供たちが立ちすくんでいる、ウキライもウラガートも取り乱していた。車は長い時間走っていたが、途中、横に座る男が電話を取り出し、「確保完了」と連絡していた。

その言葉に驚き、私は黙っていられなくなった。「いったい、私になんの用があるの?」と口に出した。相手は、「本当のことを話してもらい、できるだけ詳しく説明してもらえれば何もしないし、今晩中に帰れますよ」と言う。私はその言葉を信じた。声を荒らげてはおらず、二人とも穏やかでごく普通の人間に見えたからだ。それに、彼らは私と同じカザフ人で、拘留が長引くようなら、きっと薬を許可してくれるだろう。ぼんやりした頭のどこかで私はそんなふうに考えていた。「わかったわ。それなら、そうしましょう」とため息をついた。

およそ二時間後、車は納屋がある小さな農場の前に停まった。庭のテラスで二、三人の男たちが話をしており、そのうちの一人は軍服を着ていた。私たちに続いて、彼らも狭い取調室に入ってきた。私は木のテーブルに向かって座らされ、連行してきた二人の男と向かい合った。そのあと、三人目の男が加わった。五〇歳前後の巨漢で、腹がでっぷり出ており、シャツの下に小麦粉の袋でも詰まっているようだった。ほかの男たちは私を監視しながら、部屋のなかを行ったり来たりしている。

部屋にいる男たちは全員ひげを剃っており、黒髪で背の低い者はおらず、こういうことに手慣れているように見えた。明らかに全員が同じ情報部隊に所属しているようだ。たがいの姓名を知り、仕事の分担も正確に理解していた。しかし、誰も名乗りをあげようとしない。私は恐怖で喉が締めつけられた。「あなたたちは何者ですか?」。彼らは不吉な笑みを浮かべながら、私を値踏みするようにジロジロ見下した。返ってきたのは、「ここで質問をするのはお前ではない」という言葉だ。

目の前に座る三人の関心は、「お前はどうやって国境を越えた? 誰が手引きをしてくれた?」のただ一点だった。私がなんと答えようとも、彼らは絶対に信じようとはしない。太った男の額には血管が浮き出し、テーブルを拳で打ちすえていたが、私はひるむことなく背筋を伸ばしたまま、「検問所の下に潜り込み、走って通過した」という嘘いつわりのない本当の話を説明しつづけた。

「そんな話を誰が信じる。誰が助けたのか、その名前を答えろ」

「神様のご加護です」

「気が狂ったのか? 誰が裏にいる?」。彼らの険しい顔から、私の弁解を聞き入れる気はないことがわかった。

中国で何が起きているのか、私はその話を相手に訴えつづけた。「新疆にはたくさんの収容所があり、私たちの同胞であるカザフ人がそこで拷問を受けています。あなたたちの親戚や兄弟、姉妹もいるかもしれません。みんなでなんとかしなければならない。大統領に手紙を書いて助けてくれるように嘆願しましょう。そうすれば、世界中の人に中国の残虐行為を知ってもらうことができます」。しかし、男たちはまったく興味を示さない。「そんな話はやめろ。われわれはそんな問題に関心はなく、口にしたくもない。それより、自分の身を守ることを先に考えるんだな」とすごんだ。彼らにとって重要な質問はただひとつ、「どうやって国境をすり抜けた?」でしかなかった。

しばらくすると恫喝《どうかつ》が始まった。「お前は嘘をついている。本当のことを話さなければたったいま中国に送還する」。向こうに座る三人がにじり寄ってきた。捕食動物が獲物に襲いかかるように身構えている。そのうちの一人が私を殴り、私は土間に叩きつけられた。このまま土間の土に飲み込まれ、溶けてしまいたいと心から願っていたが、本能的に体を丸め、両手で頭を守った。ほつれた黒髪で顔が覆われた。だが、彼らは私の手を引き剝がした。

恐怖に見舞われ、私は溺れる者のように息をあえがせた。だが、相手は残忍でまったく容赦ない。あらゆる手段を使い、本当の話を私から聞き出そうとした。殴られ、蹴られつづけた。三人以外の男たちがまだその場にいたのか、それともすでに立ち去っていたのか、いまとなってはわからないが、彼らが人間として私の芯《しん》の部分を破壊したのはわかった。ガラスを無造作に割るように、彼らは人間としての私の尊厳を粉々に踏みにじっていた。だが、本当に失われていたのはいったい誰の名誉だったのだろう。無実の者の名誉なのか、それともその残虐行為を命じた者、あるいはその命令を実行した加害者の名誉のどちらだったのだろう。

その後、彼らは私を大きな鉄の扉の向こうに閉じ込めた。そこは部屋というより大広間で、屋根がなかった。雨が容赦なく降りそそいでいた。冷たくて空虚で、外界からいっさい遮断され、恐ろしいほど寒々とした場所だった。世界とはこれほどまでに孤独な場所なのだと思った。打ちっ放しのコンクリートの床に横たわり、私の意識は遠のいていき、やがて消えてしまった。

残っているのは私の抜け殼だけだった。ほかには何も残っていなかった。

無力感

私は自分自身と自分の無力を憎んでいた。こんな事態に怖じ気づき、どうしようもないほど失望したが、同時に怒りと混乱を抱えていた。よりにもよって、同胞の人間に虐げられ、おとしめられたのだ。その事実に私は激しい衝撃を受けていた。こんなことになるとは思ってもいなかった。体は痛み、そのせいで息もできない。夜に食事が運ばれてきたが、私は顔を背けた。三日間、ほとんど何も食べず、何も飲まなかった。トイレ代わりのバケツさえ置かれていなかったが、その必要もなかった。

「取り調べだ。出てこい」。三日目、ふたたびあの部屋に連れ戻された。起き上がろうとしたがすぐには立ち上がれなかった。なんとか立ったものの、足元はふらついている。頬は燃えるように熱い。何もかもがぼやけ、はっきり見えなかった。彼らの一人が、「お前は二時間後に中国に送還される」と言った。それだけでは飽き足らず、二人目の男は、「お前を助けた亭主は刑務所行きだ。法律を破ったんだからな。それどころかお前をかくまって、当局にただちに知らせようとしなかった」。さらにだめ押しをするように、「お前たち夫婦の二人の子供は孤児院に送ることになった」と告げていた。

その瞬間、私は意識を失い、椅子からころげ落ちた。意識が戻ったとき、私は別の場所にいた。目が慣れるのに時間がかかったが、横には若い男性が立っていた。古ぼけて、粗末な装備の救急車のストレッチャーに乗せられているのだとようやく気づいた。

次に目を開けたとき、私は小さな部屋のベッドに寝かされていた。おそらく診療施設の一部だ。そばには若い男性がまだおり、しばらくして話しかけてきた。「気づいたか」。そう言って腕時計に目をやり、「三〇分近く気を失っていた」と教えてくれた。

ベッドから起き上がり、すぐに逃げようとした。無理だ。全身の血が頭にのぼってくるのがわかる。「ここから逃げ出さなくては」という警鐘が体中で鳴り響いているが、指一本満足に動かせない。全身が麻痺してしまい、体の上に見えない石が積まれ、その下であがいているような感じだ。永遠とも思える時間をかけて、なんとか腕と脚を動かすことができた。午後遅く、私を尋問した例の浅黒い肌をした男が現れた。

相手は携帯電話を取り出し、そこに映っている写真を見せた。私は落ち着きをなくして見つめたが、視線は定まらない。「この男を知っているか」。私の胸は激しく上下した。「もちろん。主人の兄。その写真をどこで？　どうして私に見せるの？　これはどういう意味？」

「そんなことは知らなくていい。二時間後、お前は中国だ」と答えると、男は部屋から出ていった。強制送還の準備はすべて整ったのだ。それまでの二時間、私は心のなかで収容所に送られる覚悟を決めていた――もうすぐ終わりよ、サイラグル。そう、もうすぐなのよ――殺されて墓に埋葬されることもない。ただ、消えてこの世からいなくなってしまうだけだ。たぶん、どこかの火葬場で私は消えてしまうのだろう。

それだけに、直後に二人の警察官が現れ、私をジャルケントの施設に送ってくれたときの驚きは途方もなかった。二〇一八年五月二三日のことである。執務室で判事からいくつかの質問をされたあと、「あなたが中国に送還されるかどうかは裁判所が決める」と告げられた。部屋中の風景が涙で揺れはじめ、はっきり見えなくなった。判事の顔も半分しか見えない。相手の声はどこから聞こえてくるのだろう。私はどこにいるのだろう。「まず、あなたの事案について調査しなければならない。それまではあなたにも我慢してほしい。時間もかかるだろう」。こうした話のあいだも私の視界は奪われていき、途中、何度か意識を失っていた。

そして、私は独房に拘置されたのである。

独房にいるあいだ、何が起きていたのかまだ何もわからなかった。国家安全保障局の人間に連行されたあと、ワーリと義兄は全力を尽くして探したが、まったく痕跡を残さず私は消えていたという。警察や当局に問いただしてもわからない。ワーリと義兄が藁《わら》にもすがる思いで駆け込んだのが、セリクジャン・ビラシュのアタジュルトの事務所だった。「話を聞いてください。一刻の猶予もありません」と言いながら二人はドアを叩いた。

話を聞いたビラシュは二人をバスの停留所に連れていき、そこで短い動画を撮影した。動画のなかで義兄は、多くの人たちに向かって次のように訴えた。「無実のカザフ人女性、サイラグル・サウトバイは中国の収容所でずっと拷問を受けてきました。そして、東トルキスタンを逃げ出し、カザフスタンに来たのですが、二日前の早朝、自宅からカザフ人の男たちに拉致されました。彼女はいま非常に危険な状態に置かれています。どうか、サイラグルを見つけ出すために力を貸してください」。撮影された動画はただちにインターネットにアップされ、数時間後、私の拉致事件は国中に知れわたることになった。

私の友人たちも何度も捜索に加わってくれた。ネットは私の写真であふれ、人々は路上で私について話を交わした。「彼女はどこにいるんだ。家族は必死の思いで探しまわっている」。多くのカザフ人が怒りを爆発させたのは、彼らの親戚もまた中国の収容所に拘束され、行方不明になっていたからである。彼らにすれば、なんとかしてカザフスタンに逃げ込むことができた女性を、よりにもよって同じカザフ人である政府がその口を封じ、追っ手である中国政府に引き渡そうとしている。

怒りの声は政府の上層部にもただちに届き、当局も動かなくてはならなくなっていた。一件はもはやもみ消せず、手っ取り早く中国に送還するようなことにでもなれば、批判の矛先は政府に向けられるのが避けられなかった。国家安全保障局の男が義兄の写真を持って病院に現れ、私が中国に送還されず、この国で裁判にかかれるようになったのもこの動画のおかげだった。

一方、私はジャルケントの警察の独房にいて、頭を水のなかに押し込まれているような感覚に襲われていた。私はもがきつづけ、なんとか空気を吸おうとしたが、何度も意識を失っていた。沈鬱で重苦しい毎日だった。片隅にカメラが一台設置されていたが、映像に目を凝らしている者は誰もいないと考えていた。朝になると、飲用としてお湯が提供された。昼と夜にはきちんとした食事も与えられた。ゆっくりと、本当にゆっくりとだが私は徐々に生気を取り戻していった。ワーリは私の居場所を知っているのだろうか。子供たちはどうしているのだろう。「もし、中国への送還が決定されたら、私はまちがいなく死ぬ」と考えていた。

私が独房の簡易ベッドでうとうとしているころ、外の世界では記者会見が開かれていた。短い期間のうちに、いくつかの団体が支援にかかわるようになっていた。高名な弁護士がワーリに接触し、私の弁護を担当しようと申し出てくれた。五月末、その弁護士――チブザル・フスマン――が面会に訪れ、私に着る物や食べ物、そしてなによりも前向きに取り組む勇気を差し入れてくれた。

ただ不幸なことに、この弁護士は私ではなく、私に敵対する側のために動いていたことがのちに明らかになる。

二〇一八年六月三日――タルディコルガンでの拘留、小鳥と幽霊

一〇日後、私は州都タルディコルガンの州立刑務所に移送された。同じ監房には二人のロシア人女

性と、詐欺で捕まったカザフ人女性がいた。カザフ人女性から、ロシア人のうちの一人は泥棒を刺し殺し、もう一人は暴力ばかりを振るう夫を殺したと聞かされていた。ロシア人の二人は、看守の目を盗んでは私を小突いたり、蹴ったりしていた。二人にとって私は格好の餌食だったようだ。このころの私は、依然として中途半端な世界にとどまっていた。それは遠く離れた世界だったが、まぎれもなく存在する世界だ。私は生きてはおらず、死んでもいなかった。

過去に負った恐怖は私の体と心に生々しい影響を残していた。刑務所の医務官から定期的に投薬と注射をしてもらっていたが、それでも頻繁に意識を失っていた。たぶん、前触れもなく湧き上がってくるあらゆる感情に私は圧倒されていたのだろう。どうすればいいのかわからず、私は心の底から不安を感じていた。

食べ物はほとんど喉を通らず、子供たちに会いたくてしかたがなかった。子供のことを考えただけで胸が痛くなり、まるで自分の心臓が誰かにつかみ取られ、目の前で打ちすえられているようだった。そんなとき、鉄格子の窓に一羽の小鳥が舞い降りてきた。私は慎重にパンくずをその前に置いた。小鳥はパンくずをくちばしでつまむと、そのまま飛び去っていった。近くの巣にいるヒナにパンくずを持っていったのだろう。そう思うとうれしかったが、わが身を親鳥と比べてますます涙が流れた。

ある日、一人で監房にいたときだった。見たことのない別のロシア人女性が監房のなかに出し抜けに現れた。流れるように長い白い服をまとった不思議なほど美しい女性で、カールした金色の髪は膝まであった。「あなたは誰?」。私はおそるおそる尋ねた。しかし、相手は何も答えようとはしない。

この不気味な女性は、私にどうしてほしいのだろう。ハッと気づいたその瞬間、私は真っ青になり、壁を背にして助けを呼んだ。彼女は「電気をつけなさい」と言うとそのまま消えてしまった。それからというもの、彼女は毎日のように現れた。ときどき、床に置いてある私服の入ったバッグのなかに手を入れていた。夜、彼女の姿ははっきりと見えたが、昼間は影のようだった。少しずつではあったが、私たちは思いを交わすようになった。

時折、彼女は私のうしろに立ち、首筋に息を吹きかけてくる。困惑したあまり、「あの女性の姿はあなたにも見えますか？」と、毎朝監房を点検に来る刑務官に尋ねたことがある。迷信深い彼は、「あれは、以前ここに閉じ込められていた女の幽霊だ。無実にもかかわらず監房に入れられ、ここで首を吊った」と教えてくれた。青白い手で私の涙をふいてくれたことも一度や二度ではない。彼女の手は温かかった。監房内の明かりはとてもまぶしいうえに騒音が続き、私の唇は乾ききっていた。「あなたにもあの人が見える？」と同房のカザフ人女性にも確かめた。

「あの人はね、あんたが早く解放されるという希望を与えているんだよ」と自信たっぷりに答えていた。そのロシア人女性の顔はいまでも私の目に焼きついているが、人の精神を守るために、脳には不思議な力が備わっていることをまざまざと感じさせる。

しかし、体調は日増しに悪くなる一方だった。六月二二日、カザフ人女性が出廷していたので、私は二人のロシア人と監房に残された。上段のベッドから降りようとしたそのとき、二人は私を引きずり降ろして殴りはじめた。コンクリートの床に頭を打ちつけ、周囲が真っ暗になった。脳の大切な神経が突然、残らずどうにかなってしまったようだったが、それでも、逃げるのか抵抗するのか、最後の手段を必死に考えた。だが、そのどちらもできない。身じろぎもせずに横たわっていた。「死にかけているぞ」。誰かがそう叫んでいる声が聞こえる。私の命を救うために、医師と救急隊員は奮闘し、刑務所の管理官にただちに診療所に移すよう要求した。私が意識を取り戻したのは三〇分以上もたってからのことだった。

左腕の激痛で目が覚めた。「ここはどこ?」。さまざまな映像が回転木馬のように頭のなかでぐるぐる回っている。私を拳で殴る男たち、苦痛に悲鳴をあげる女たちの声、自分の顔が引きつっている――混乱した意識が静まるまでしばらく時間がかかった。手を動かそうとしたが動かない。一方の腕には手錠がかけられており、血だらけだった。もう一方の腕にはカニューレが挿管されていた。「あやうく死ぬところだった」と武装した警備員が教えてくれた。首を少し持ち上げて見てみると、私一人ではなかった。

覚醒

重度の脳震盪《のうしんとう》に加え、私の血圧は危険なほど高く、心拍数にも異常があると医師は診断した。体を起こすのがやっとという状態だったが、そんな私を三人の警察官が二四時間体制で監視していた。そのうちの二人は自動小銃で武装しており、ドアも内側から施錠されていた。彼らは何を恐れているのだろう。こんな状態の私が逃げ出すことか、それとも私を逃がしてしまい、隣の大国の怒りを買うことなのだろうか。医療関係者以外の人間は一人としてなかに入れなかった。季節はすでに夏を迎え、暑くて湿度も高いので汗ばんでベタベタする。狭い病室に四人では空気さえ足りないくらいだった。

ワーリと子供が見舞いに来たが、病室には入れなかった。だがワーリは、二人の警備員がドアを開け、トイレに行った瞬間を待った。食べ物が入った皿を持って部屋に駆け込むと、そのまま部屋の外に飛び出した。警備員は「出て行け!」と叫んだ。差し入れてくれた食べ物は、ベッドから手の届かないところに置かれた。これでは鎖につながれた犬と変わらない。怒りが込み上げていたが、凶悪犯罪者のように手錠をかけられ、汗にまみれ、動くことも食べることも眠ることもできなかった。

数日後、体調が安定したので刑務所に戻された。私を応援してくれる人たちが送ってくれた支援物資のおかげで回復も早まった。おいしそうな食べ物、歯ブラシ、石鹸や励ましの手紙でいっぱいだ。とくに「アタジュルト」という団体の名前が私の目を引いた。「アタジュルトと、この団体を組織したセリクジャン・ビラシュは、中国の支配に苦しむカザフ人の同胞を守るために生涯を捧げてきたのさ。ビラシュはね、そういう人間なのさ」と同房のカザフ人女性はまくし立てた。そうした人たちに支えられていると思うと希望が湧いてくる。その希望が私に新たな力を授けてくれた。

中国の収容所に比べれば、カザフスタンの刑務所は豪華なホテルだった。一日三回、十分な食事が与えられ、中庭で一〇分間過ごすことも許されていた。窓を見上げて、鉄格子の隙間から空も見られる。図書館も利用でき、私はそこで法律関係の本を見つけた。カザフ語で書かれているが、通常のアラビア文字ではない。

キリル文字をすぐに覚える必要があったが、本を読むことで自分のケースがどう扱われるのかがわかった。夫と子供がカザフスタンの国籍を持っていること、私自身がカザフ人であるので、中国への強制送還の法的根拠には乏しいことがわかった。それを知って、希望はますます膨らんだ。

さらに一カ月、この刑務所で過ごし、裁判が始まる二日前に最初に拘置されたジャルケントの施設に移送された。「そのまま国境を越え、中国に送還する計画では――」と一瞬そう考えたときには不安を覚えたが、次の瞬間、裁判に臨む高揚感で胸がいっぱいになった。これでようやく自分の願いが聞き入れられるかもしれない。もちろん、そうでなければ、私の道はここで閉ざされてしまうことになる。

第8章 カザフスタン――北京政府に介入される国

二〇一八年七月九日――裁判初日

子供のころから父に、「強く、誇り高くあれ」と励まされてきた。私は自分の内なる強さを信じて、予期しない事態に直面しても打ちのめされないように努めてきた。二〇一八年七月九日、カザフスタン中の人々が待ち望んだ裁判の初日、ジャルケントの法廷に立ったときにもこの力が私を支えてくれた。

傍聴席がおそらく二〇席ほどしかない小さな法廷だったが、人権活動家や国外のジャーナリストなどを含め、一〇〇人以上の人間が部屋にひしめき、通路にまで関心がある傍聴人が立っていた。中国の収容所でどのような犯罪行為が行われているのか、私はその事実をおおやけの場で証言する勇気を持った、世界ではじめての重要証人だった。中国が極秘とする制度について、内部から知ることを強いられた唯一の教員であり、しかも、その詳細な事実を知るとともに、世界最大の監視国家から生還できたただ一人のカザフ人の公務員だった。

裁判官らが入廷すると、傍聴人はいっせいに立ち上がった。裁判官はカザフ人女性で、検察官はウイグル人だった。手錠をかけられたまま彼らのうしろに続いて入廷した。満員の法廷に入ったとき、私はたじろいだ。喧噪の声があがり、「インタビューをさせてほしい」と記者たちが叫んでいる。一瞬脅えはしたが、彼らはみな私を支援し、私がこの国にとどまれることを願ってくれているのだと気づいた。「もしかしたら、強制送還を免れるかもしれない」と考えていた。心のなかで、「サイラグル、あなたは闘わなければならない。怖じ気づいてはだめだ」と考え、堂々と胸を張って立ち向かっていこうと努めた。

護衛に連れられて部屋を進み、正面がガラスで仕切られた小部屋に入ってそこに座った。法廷内は騒然としたままだ。裁判はまだ始まっておらず、裁判官や関係者は書類を整理している。その五分程度のあいだに、子供たちが人混みをかき分けて駆け寄ってきた。ガラス越しにウラガートが私の前に立ち、「お母さん、お母さん、とても会いたかったよ。お願いだから、一回だけキスして」と声をかけてきた。

息子の顔は希望で輝いていたが、それだけにナイフで胸を刺されるような鋭い思いが込み上げてくる。願いどおりにしてやりたいが、ガラスの壁の隙間は狭くて子供の顔さえ寄せられない。「お母さん、せめて僕の手にキスして」と泣きつき、狭い隙間から手を伸ばした。ウラガートの小さな指にキスをしようと身をかがめたとき、カメラマンたちはいっせいにシャッターを切った。のちにこの写真は世界中のメディアに掲載された。

「静粛に！」という廷吏の声とともに全員が着席した。「これより開廷します」。書記官が私の都合を踏まえ、中国語とロシア語が話せる通訳を私のかたわらに配置していた。カザフスタンの法廷では公用語としてロシア語が使われる場合が多い。私はロシア語が話せず、また中国の北西部に住んでいたこともあり、中国語によるやりとりを希望していると思われたのだ。二人の通訳が交互にロシア語で話をする手はずだった。

だが、支援者たちの後押しが私に自信を与えていた。私は怖さを忘れ、不意に「私がカザフスタンに来たのは、この国が私の故郷だからです。故郷であるなら、中国語ではなく、自分の母国語で話したいのです。そうでなければ、私は証言を拒否します」。怒りのせいで声に力がこもっていた。こうして、裁判は開廷からわずか数分で中断した。

緊張した沈黙が続いたあと、誰もが驚いて蜂の巣をつついたような騒ぎになった。「この問題はどうすればいいのか」「彼女はカザフ人だ。だったら、カザフ語を話したいのは当たり前だ」。裁判長には「さらにもう一人、通訳が必要ということですか」と尋ねられたが、自分の考えを譲るつもりはない。関係者はなおも議論を続け、しばらくして全員の意見が一致した。「ここはカザフスタンだ。この裁判はわれわれの国と国民にとってきわめて重大な意味がある以上、唯一、カザフ語で審議されなければならない」。検事でさえ親身になって友好的に応じ、まるで私の弁護士のようにふるまい、午後になったら家族との面会を許可してくれた。

三〇分後、裁判官は審理を後日に延期した。

家族との面会

裁判所の前の通りにはたくさんの人たちが集まっていた。遠くの町や田舎から私をひと目見るためにわざわざ来た人たちもいた。私は心から感謝し、感動もしていたが、同時にとまどっていた。だが、見知らぬ人たちの気遣いを目の当たりにすることで、わずかとはいえ正義と人間性に対する私の信頼は蘇った。

しばらくして、看守が刑務所内の面会室に連れて行ってくれた。部屋にはすでにワーリと子供たちがテーブルの前に座っており、三人とも身を乗り出して入ってきた私を見た。二カ月近く前に拉致されて以来、ようやく家族全員で再会することができた。私たちは抱き合ったり、話し合ったりしたが、面会は一〇分間しか許されていない。ふたたび引き離されると思えば、一秒一秒がこれ以上ないほど貴重なものに感じられた。

「いままで何をしていたの?」とウキライが聞く。「体はよくなったの? ご飯はちゃんと食べている?」とウラガートが尋ねる。ワーリは自分の喉元に手をやり、「ここでは殴られたり、虐待されたりしていないかい?」と目をうるませながら聞いてきた。「何も問題ないわ。ただ閉じ込められているだけ」と私は答えた。こんな状況で洗いざらい話せるものではない。おそらく一生癒やされない傷を抱え、ぎりぎりのところで心の平静を保っているのにすぎない。子供たちには平穏な日々を送ってほしかったし、二人を脅えさせたくはない。そのほうが私も気持ちが楽になる。

そのころ、刑務所の正門の前では長い列ができつつあった。差し入れを持って集まってきた人たちだが、警察は解散を命じ、「サイラグル・サウトバイへの差し入れは、親族にしか許可されていない」と答えていた。この話を聞き、見知らぬ人たちが声をあげた。「私はサイラグルの兄だ」「私は従弟《いとこ》だ」「姉よ」と言いながら、差し入れを置いていったのだ。独房に差し入れを持ってきた警察官は、「ずいぶんたくさんの親戚がいるようだな」と言って片目をつむった。

私は顔を赤らめ、「いいえ」と弁解した。命を落としかねない失敗を犯すのがいまだに怖くてうつむいてしまった。「何かしてくれなど、私は本当に誰にも頼んでいません――」。のちの話だが、「あなたの支援者はこの国のあらゆる人たちだ。金持ちがいれば貧乏な者もいる。青年がいれば老人もいる」と別の警察官が教えてくれた。

二〇一六年以降、カザフスタンの人たちは、東トルキスタンで暮らす親戚の消息をめぐり、日ごとにいら立ちを募らせるようになっていた。なんの前触れもなく、どうして音信がとだえてしまったのか、〝職業技能教育訓練センター〟ではいったい何が起きているのか知りたがっていた。しかし、そうした疑問も、東トルキスタンの国境に張りめぐらされた沈黙の壁に阻まれ、聞きとどけられることはなかった。ついにその答えを知ることに、彼ら全員が息を凝らしていた。

私の処置をめぐり、通りでは大勢の人たちが怒りの声をあげていた。「なぜ、われわれの同胞が投獄されているのだ。彼女は無実だ!」「サイラグル・サウトバイをただちに釈放せよ!」「母国への亡命を認めろ!」。しかし、カザフスタン政府はいくつにも細分化された虫のように、それぞれの部分があらぬ方向にうごめいていた。彼らはどうすればよかったのだろう。一方では自国民に突き上げられ、もう一方では、隣国の巨人が威嚇するように編み上げの長靴をはいた足を振り上げていた。

二〇一八年七月一三日——裁判二日目

二回目の裁判は五日後に開かれた。裁判所に向かう途中、車に同乗していた警察官らはうれしそうな顔で、「ほら、見なさい。あなたはかならず釈放される。町中が応援している」と言って窓の向こうを指差した。どの広場も、どの公園も、どの街角も大勢の人たちであふれ返っている。道端で私に手を振っている人たちの着ている白いTシャツには、「サイラグル・サウトバイに自由を!」とカザフ語、ロシア語、英語の三カ国語で書かれた青い文字が記されていた。

アタジュルトがカザフスタンでは前例のない大規模な抗議行動を組織したことで、私の国外追放はおいそれとできなくなっていた。ただ、カザフスタンは独裁的な政府が支配する国なので、街頭で声をあげるにはとても勇気がいる。欧米のようなわけにはいかず、デモや拡声器、ポスターは歓迎されない。「われわれは真実を求めている!」と誰かが叫んだ。何百人もの平和的なデモ隊が、政府に対して自国の人間に同情を示すよう呼びかけた。政府が北京に屈してしまえば、国の威信は損なわれ、国内では反乱が起こるかもしれない。政府としては渋々ながらもデモを許すしかなかった。

車を降りる前、横にいた警察官に、「手錠を子供たちの目から隠してもらえませんか」と頼んだ。相手はうちとけた笑顔で私の手をうしろに回し、自分の服の袖で覆い、手錠が見えないようにしてくれた。法廷には前回よりもさらに多くの傍聴人が集まっていたので、通路では警備員が通り道を確保しなくてはならなかった。周囲からは「がんばれ!」「もうすぐ自由になれるぞ!」という声があがっていた。

裁判所は私の要望をすべて認めてくれた。ロシア語の通訳は不要となり、裁判はカザフ語で行われることになった。つまり、容易に意思の疎通を図れるようになったのだ。私は裁判官が何を言っているのか直接理解し、裁判官もまた私の発言の意図を察し、傍聴人も事のなりゆきをすべて理解できる。これで、私がこれから行う中国を糾弾する裁判に全員がついてくることができる。

私に対する主な容疑は、不法に国境を越えた罪だった。したがって、まず私はなぜ自分が違法行為におよんだのかそれを弁明しなくてはならなかった。私にとって絶好の機会だった。私は背筋を伸ばし、視線を真っ直ぐ前に向けた。「新疆ウイグル自治区の全住民は徹底した弾圧を受けています。そこには、中国が表向きには『職業技能教育訓練センター』と称する収容所が存在します。しかしそこにいる人々は、どんな刑務所よりもひどい扱いを受けているのが現実です。中国では現在、私たちカザフ人をはじめとするイスラム教徒に対する大量虐殺が進行しています。この事実を私が知っているのは、そのような収容所のひとつで私自身が教師をして働いていたからです。そこにあったのは独裁的な制度でした。先住民たちは暴政のもとに置かれつづけています――」

私は、わずか一〇分のあいだで、新疆ウイグル自治区と収容所の状況について、できるだけ客観的に説明しようと努めた。「そこで行われていることを世界に知らせようと決心したために、私の命はいま大きな危険にさらされています。だから私は逃げなければならなかったのです」。さらに、当局にパスポートを没収され、合法的に帰国できなかった事実を話した。傍聴席のなかには、私の証言に衝撃を受けた人がいれば、椅子から立ち上がり、「これ以上、こんな真似を許してはおけない。強制収容所からわれわれの同胞を解放させよう！」と拳を突き上げて叫び、中国共産党や中国政府への嫌悪を露骨に訴える人もいた。

私はハラハラしながら見守っていた。騒ぎ立ててもその場で拘束されたり、拷問されたりしない人たちを見たのは生まれてはじめてだった。裁判官も心からの理解を示し、彼らが大声で怒りを表明することを許していた。「われわれは北京に国を売りつづけている」が、「その見返りに得たのは、弾圧と自由の剝奪でしかなかった！」。

裁判が終わったのは午後の遅い時間だった。家族とは七月二三日まで会うことができず、その間、「明日、中国に送られるのではないか？」とか、「カザフスタンの刑務所で終身刑の宣告を受けるのではないか？」「もしかしたら、まもなく自由の身になれるかもしれない？」と私の心は絶えず揺れ動いていた。

七月二三日——裁判三日目、判決の日

最終日の法廷では、それまで考えられなかったことが起きていた。これまでより、さらに大勢の人間で法廷はひしめき、世界各国のメディアだけでなく、主要国の代表や世界的な機関の代表者が詰めかけていたのだ。

裁判長は、私の釈放を求めて熱心に活動してきた海外の数々の機関の名称を読み上げた。国連、アムネスティ・インターナショナルをはじめ、アメリカ、イタリア、ドイツなどの各国大使、さらに欧州議会、被抑圧民族協会（GfbV）などの主だった機関が、カザフスタンのナザルバエフ大統領本人に直接かけ合い、影響を与えていた。私が置かれていたような状況で無事に生き延びていくには、国際的な支援はどうしても欠かせない。こうした支援のおかげで、私は将来に希望を託せた。「中国がいくら強固でも、自由な西側諸国の影響力のほうが依然として強いはずだ——」とはじめて考えてみることができた。

法廷で質問されるたび、ここぞとばかりに私は収容所の状況を話した。メディアが私のメッセージを世界中に伝えてくれたため、今回はさらに大きな影響をもたらすことができた。

それまで中国は、こうした収容所の存在をかたくなに否定してきた。笑顔の学生の写真を使って中国は世界をあざむいてきた。彼らのプロパガンダによれば、こうした学生たちは「無料で食事と語学学習が提供される学校」に所属していることになる。

その日の午後、裁判に関連する文書と証拠が残らず提出された。この時点で裁判所は、私が亡命希望者であることを示す一時的なカードも与えてくれた。私を起訴するはずの検事も、刑法の条文から最も軽微なものを選び、最終弁論では私に対する刑罰はぎりぎり最小限のものにとどめるよう裁判官

に勧めていた。

一週間後、結審となる四回目の裁判で、「サイラグルを自由にする」と裁判官が判決を口にしたとき、法廷は大きな歓声に包まれた。私は刑務所から出ることが許され、処罰は自宅での禁足にとどめられた。みんなが飛び上がって喜び、私を取り囲んで祝福してくれた。マイクが四方八方から差し出された。

自由になった――茫然としながら、私はそう考えていた。無上の誇りに満たされていた。それは何年ものあいだ、私がずっと忘れていた心の震えだった。

中断された祝賀会

殺到した人たちで裁判所の通路はあふれ返り、一歩も足を踏み出せなかった。私は押し寄せる人混みに流されるまま、出口のほうへと向かった。爪先立ちでワーリや子供たちを探したが、飛んでくる帽子と握手を求める手しか見えない。目の前に一〇段か一五段の階段があり、そこから次の人混みへと私は向かっていった。

階段の下には花束を持った女性や、プレゼントを手にした子供やお年寄りがたくさん待っていた。涙を流している人も何人かいる。カザフの民族楽器を演奏している人もいる。著名な詩人や作家と握手を交わした。涙が止まらず、ハンカチが手放せなかった。お金持ちの実業家がレストランを貸し切ってくれていた。子羊の肉を焼いて祝い、訪れた人たちに料理がふるまわれた。このときの気持ちを何と言えばいいのだろう。空気と光と笑いが一度に訪れたようなものだった。これにまさる歓喜はないだろう。信じられないほど幸せな瞬間だった。

裁判所の外で私は、集まってくれた人たちを前にしてこう話した。「カザフスタンに来たとき、私は独りぼっちだと感じていました。いま、私はそうではないと心から信じています。私は、私の同胞と、私の国と、私の故郷を見つけたのです！」

私は六カ月間の自宅拘禁の判決を受け、その間、監視下に置かれ、拘置所ではなく自宅で拘束、どこかに行くときは、まず地元の役所の許可を得なければならなかったが、もっと苛酷な状況に置かれてきた私には、大した問題ではなかった。

「カザフスタン万歳！」と集まった大勢の人たちが何度も繰り返していた。永遠に垂れ込めてきた薄暮を貫いて、明るい太陽の光が私の心のなかに差し込んだ思いがしていた。自由に向かって一歩踏み出したとたん、世界は明るい光で満たされた。群衆の歌声と歓声を背に受けて、私はふたたびパトカーに乗り込んで刑務所に向かった。私物を取りにいくためだ。愛する家族に会えたのはその日の午後で、釈放を祝うレストランでのことだった。子供たちはわれを忘れて喜んでいた。ウラガートは、「ねえお母さん。僕ね、お母さんが自由になって家に帰ってくるよう、神様にずっと祈っていたんだよ」と楽しそうに話していた。ウキライは私の首に抱きつき、「ほらね、神様が願いをかなえてくれた」と言って、私の息が詰まるくらいキスをした。ワーリは感に堪えない面持ちで、私の肩に腕を回していた。ぬくもりで体が満たされていくのがわかった。本当に長い道のりだった。

それから私たちは車に乗り込み、アルマトイへと向かった。車でおよそ三時間の旅だ。車が進むにつれ、うしろからついてくる支援者の車列も長くなっていく。ワーリは、「カザフスタン中の人が君の裁判を見ていたみたいだ」と驚いていた。私は黙ってうなずくしかなかった。胸がいっぱいだった。たくさんの人たちが通りに出てきて声援を送ってくれ、場所によっては前に進めないところもあった。

何百人もの人たちが、私が車から降りて挨拶をし、私と話をするのを待っていた。みんなでカザフスタンの国歌を歌った。私の目に映るのは喜びに輝く顔と、食べ物や贈り物を渡そうとする手だけだ。誰もが私といっしょに写真を撮りたがっていた。高速道路では手を振ってくれる人もいた――きっとこれは夢なんだ――と不安になって子供たちを振り返る。二人とも私のそばにいた。

アルマトイではレストランの気前のいい経営者が、私たち家族や地元の名士をはじめおよそ二〇〇人の人にごちそうをふるまってくれた。見知らぬ人たちばかりだったが、誰もが私を抱きしめ、口々に感謝の言葉を述べていた。大きな薄型テレビにはカザフスタンの国旗がはためく映像が映し出され、民族音楽が流れていた。祝宴は明け方まで続き、木々の梢から鳥の鳴き声が聞こえるようになったころお開きになり、私は招待先の家で眠ることができた。

翌日、『ニューヨーク・タイムズ』や『ワシントン・ポスト』、ＢＢＣをはじめとする世界の主要メディアが、東トルキスタンの収容所生活の真実に関するニュースをいっせいに報じた。二、三時間ぐらいしか眠っていなかったが、すっかり元気になっていた。固定電話も携帯電話も鳴りやまず、私は短いインタビューを次から次に受け、「祖国では、苦難と制約のもとで生きるとはどういうことかを経験した。だから、自由とはなにものにも替えがたい喜びだと断言できます」と答えた。

さすがに疲れて、ワーリの家がある村に向けて出発したかった。「カナダの記者からの電話だ。もう一度インタビューに応じてくれ」と、この家の主人が電話口に手招きした。隣で通訳者が英語で答えているとき、周囲の人たちが心配そうな顔をしていることにふと気づいた。その後、記者と何を話したかは定かではない。足元をすくわれるようなニュースが飛び込んできていたのだ。

「一番下の妹さんが、今日、逮捕された」と私の前で、この家の主人が目を伏せながら言っているのが聞こえた。暑い日だったが、その瞬間、私は凍りついた。相手はせき払いをして、さらに「昨日、判決が出た直後、お母さんも連行されたそうだ」とつけ加えた。中国では、亡命した人間が自身の体験を恐れずに公表しようとすると、このような報復を受けることが常態化していた。おこりに見舞われたように全身が震えた。

体が支えられなくなり、私はソファに身を沈めた。うしろから誰かにいきなり殴られたような思いだった。出し抜けに、黒いマスクをした男たちと泣き叫ぶ娘の姿が浮かんだ。「助けて！」と悲鳴をあげる娘の顔に、私の姉妹たちの顔が重なる。母は七〇歳ですでに体が弱っている。下の妹は二六歳。私と同じ教師で、結婚が決まり、準備を進めていた。妹は結婚をとても楽しみにしていた。

今日にいたるまで、母と妹が収容所に連れていかれたのかどうか確認できない。一カ月間収容されていたと言う人がいれば、二カ月間だったと言う人もいた。そしてどのような扱いを受けていたのか、私には容易に想像ができる。

解放されたという高揚感は長くは続かなかった。カザフスタンのような国では中国の影響が日増しに高まっており、政治の腐敗や隠蔽工作、拝金主義がこれまで以上に幅をきかせ、カザフ人社会に備わる最後の健全な細胞さえ、悪性の腫瘍にも似た影響に蝕まれていた。

アルマトイの祝賀会から三日後、疲れきった私たちはようやくバイトベクにある家に帰ってきたが、ここでも驚くような出来事が待ちかまえていた。何者かによって家が荒らされていたのだ。引き出しという引き出しが開けられ、書類や衣服が床一面に散らばっていた。子供たちの部屋さえ、嵐が吹き荒れたあとのようになっていた。ウキライもウラガートも乱雑に散らかった部屋のなかで泣き出してしまった。何も盗まれていないが、何もかもがめちゃくちゃだった。

「中国の秘密警察のしわざかもしれない」とワーリは考えていた。亡命先の故国でさえもはや安全ではない事実に私たちは脅えていた。子供たちが私にしがみつき、「お母さん、お母さん、早く行こう。中国人にまたさらわれてしまう」と私を引っ張っていこうとする。

いずれにせよこの家はもう私たちのものではなかった。私の入院費や捜索費用、また弁護士への支払いをはじめ、急なお金がとにかく必要になったので、ワーリは家を売っていた。だが、そのお金もすべて使ってしまった。家を買い取ってくれたのが親切な人で、もっと安い場所が見つかるまで住みつづけるのを許してくれていたのだ。しかし、荒らされた家を見た瞬間、もうこの家には一分一秒もいられないと思った。侵入者がまだこの家のどこかにひそんでいるような気がした。自分たちが汚された思いがした。連中はこの家のどこに手を触れたのだろう。

必要な書類だけを手早くかき集めて家を出た。食べ物や服はそのままにしておいた。信じられないようなことばかり経験してきたせいで、身につけたり、口にしたりするものにまで秘密警察が毒を仕込んでいるかもしれないと考えても、異常だとは思えなかった。私たちはアルマトイの郊外に小さなアパートを借りた。自立できるまでのあいだ、アタジュルトのような組織から経済的な支援を運よく受けることができたのだ。

このときから、日々の生活で、恐怖を感じずに過ごせた時間は一分たりともなかった。

祖国で逃げまどう日々

判決は二週間以内に発効した。私たちはエシクという小さな町に引っ越すことを余儀なくされた。なぜなら、発効した時点で私たちはその地区に登録されていたからである。私には六カ月間有効な亡命権が認められていたが、その後、カザフスタン政府が私の永住権を認めない場合、私は三カ月ごとに延長しなくてはならなかった。しかし、いつなんどき延長申請が拒絶されてしまうかもしれない。そうなれば、私は中国に戻らなくてはならなかった。もちろん、それは死を意味していた。

秘密警察に雇われたカザフ人から、私たち一家は執拗な嫌がらせを受けていた。その資金はどれも北京政府が出していた。私たちを精神的に追いつめることに興味を持つ人間が北京政府のほかにいるだろうか。引っ越したばかりの平屋の家では、見知らぬ人が夜中に強引に窓を開けようとするなど、そんなことが何度もあった。そのたびに血管を流れる血が凍りついていた。襲われるのを恐れ、子供たちを真ん中にしてみんなで同じ部屋に寝た。

そのうち、ウキライやウラガートの学校にまで姿を現す者が出てきて、ほかの生徒の親から話を聞き出そうとした。「自分にかわって彼らを監視し、二人の子供が何を話しているのか探ってくれ。どんな毎日を送っているのか。いつ、どこに出かけるのか。誰に会いに行くのか」。連中は、ウキライやウラガートに直接接触するほどの厚かましささえ持ち合わせていた。「答えるんだ。記者が来る予定はあるのか。誰と連絡を取っているんだ」。私とワーリは常に身辺を確かめ、あらゆるものを目の届く範囲に置くようにした。ドアや窓に鍵はちゃんとかかっているかどうかも忘れなかった。

そんな私たちを救ってくれたのは、またもや当たり前のカザフスタンの人たちだった。作家のハッバシ・ハブシは八〇歳近い老人で、「サイラグル、君が自由になったらすぐに盛大なパーティーを開いてあげるよ」と約束していた。ハブシ自身、深刻な病を抱えているにもかかわらず、アルマリ地区にある温泉地の山で約束どおりに祝ってくれた。たくさんの知識人や芸術家、著名人が参加し、ようやく手に入れた自由を祝い、亡命申請の受理を支援してくれた。ハブシは別れ際、私たち夫婦に彼が書いたカザフ人の物語を贈呈してくれた。本には私たちへの献辞が書き添えられ、その後、私やワーリにとっては大切な宝物のひとつになった。

二〇一八年一〇月三日、タルディコルガンの裁判所は私が最初に申請した亡命を却下した。手続きは私一人でしなければならず、家族は裁判所の外で待っていた。しかし、私の担当弁護士はどうしたのだろう？　この日、チブザル・フスマンはついに姿を現さなかった。

亡命申請が認定されるように、何名かの支援者が集まってくれた。アタジュルトのセリクジャン・ビラシュは、「次回の亡命申請では、いい結果が聞かされるかもしれない」と言って励ましてくれた。セリクジャン・ビラシュは、年齢は私と同じくらいで、とても大柄な男性だ。きわめて高い教育を受け、しかも雄弁で政治にも非常に詳しかった。信頼性と専門性の高さから、ビラシュは国際機関やジャーナリストの窓口にもなっていた。

東トルキスタンの収容所の実態を私に教えてくれたのもセリクジャン・ビラシュだ。知らされた実態は、私が恐れていたよりもはるかにひどかった。いまの時代に存在する最大の強制収容所《グーラグ》システムだった。この悪夢を終わらせるには、世界中の介入しかないというのが、誰もが認める考えだった。

こうした支援者たちとの打ち合わせを終えたある日のことだった。私は秘密警察から来た二人のカザフ人に道をふさがれた。「これからも記者に中国の内情をわめき立て、その口を閉じないようなら、今後、半年もしないうちに永久に消えることになるからな」と脅迫された。

私の望みはカザフスタンへの亡命が認定され、母親としての生活に専念すること以外になかった。しかし、それさえできるかどうかわからなくなった。私は二つの思いのあいだで悩んでいた。一方でカザフ人としての地位を揺るぎないものにしたいと思いながら、他方では、母国で繰り広げられている悲惨な状況を、これまで以上に詳しくメディアに伝えることの大切さがますます明らかになったからである。以前までの私はなるべく目立たないようにしていた。安全が保障され、必要な援護がなければ、すべてを明らかにはできないと考えていたからだ。

私の弁護士であるチブザル・フスマンは、秘密警察と同じような考えを唱え、おおやけの場から私がただちに身を引くべきだと言い張りつづけた。誰もフスマンの方針が理解できず、「そんなことをすれば、中国政府の思う壺ではないか」と考えていた。その晩、フスマンが帰ったあと私たちは話し合った。彼らの計画ははっきりしていた。カザフスタン政府は、世間の関心と政府に対する批判が一段落したところで、ひそかに私を国外に退去させようともくろんでいた。

私は終日、ジャーナリストと会っていた。たいていの場合、家から離れた場所に停めた車のなかでひそかに会い、私たちの現在の生活状況を大まかに話していた。夜は夜で台所のテーブルに夜遅くまで向かい、さまざまな国際機関に対して援助を求める申請書を書いていた。

収容されている母と妹のため、私は国連や主要機関に次々と嘆願書を書いた。「母と妹を助けてください。二人ともなんの罪も犯してはおらず、私の亡命にもまったく関係していません。母も妹も、私が収容所にいたことやカザフスタンに逃げたことも知らないのです」

最終的に政治的な圧力がかけられ、母と妹は収容所からは出られた。しかし、現時点でも二人がどのように暮らしているのかわからない。信頼できる情報が容易に得られないからだ。それ以来、実家は家の内外からCCTVカメラで監視されているらしい。当局は家族の一挙手一投足を記録し、トイレにいようが台所にいようが関係ない。実家を訪れる者は誰もいなくなってしまった。友人や知人、妹の婚約者さえ、すべての人が私の家族に背を向けてしまった。収容所という大きく開いた口に引きずり込まれるのを誰もが恐れた。

そのせいで、私はいまでも自分を責めつづけている。妹が結婚して、新しい家庭を築けなかったのは私のせいだ。年老いた母が鉄格子の向こうに追いやられ、欠乏と空腹に苦しんだのは私のせいなのだ。私の親族や友人、私を知る者みんなが命の危機にさらされたのも私のせいだった。人づてで、東トルキスタンから伝言が届くことがあるが、私から友人や兄弟姉妹に連絡はできない。彼らの家もまた四六時中監視されているからである。

尾行者たち

脅迫はますます露骨になった。外出するときは、かならず見知らぬ人間に尾行されていた。いつも同じ車が家の近くに停まっており、運転席にいる人間はそのたびに違った。

二〇一八年一二月二六日に、首都アスタナの裁判所に提出した二度目の亡命申請書は却下されたが、結果について正式な通知はなかった。問い合わせつづけて、ようやく二〇一九年一月六日にその事実を知った。私の担当弁護士はまたしても姿を現さなかった。だが、私もワーリもそんなことで落ち込むことはなかった。ここ数カ月というもの、それほど多くの人たちが私たちの気持ちを後押ししてくれていたからだ。何百という数の動画がネットにアップされ、カザフ人の子供や祖母たち、家族やビジネスマン、知識人や労働者が政府に対して、「サイラグル・サウトバイは無実にもかかわらず、中国の強制収容所に入れられて耐えがたい苦しみを味わってきました。彼女は私たちの同胞の一人です。どうか彼女の亡命を認め、この国で保護してください」と訴えていた。

私たちがそうだったように、どれほど可能性が低くても、それをやれば何かよいことがあると心から信じられる人は、目的を実現するためにあらゆる努力をする。この希望が私たちを勇気づけた。私たちは我慢の限界に達していたが、なんとかその限界を乗り越えられた。私たち夫婦は、完全とは言えないまでも、もう一度、普通の生活を営む方法を模索しつづけた。二人で新しい事業を始めようと考えていた。「牛や羊を育てて、その収益で支援者にいくらかでもお金を返しましょう」とワーリに提案した。「子供服の店をもう一度出してみよう」とワーリも口を開いた。私たちはすでに牛一頭を買っており、飲みきれなかった牛乳は市場で売るようになっていた。

だが、ミルク缶を持って家を出たとたんに尾行が始まる。私はキッとして振り返り、相手に詰めより、「どうしていつもついてくるの？」と何度かとがめた。相手はひと言も口にせず、せせら笑うように私を見下していた。

街角で急に曲がったり、遠回りをしたりすることもあったが、しかし、それでも相手をまくことはできなかった。なんとかやり過ごし、「振りきれた」と胸をなでおろした瞬間、次の街角から連中が現れ、ふたたび尾行が始まる場合が何度もあった。

そうしているあいだも、北京の情報機関は私たち一家に関する根も葉もない話をでっち上げ、カザフスタンの人々や世界の人たちが支援の手を差し伸べるのをやめさせようとしていた。敵対者を黙らせるため、中国共産党が用いているいつもの手口だ。ネットやソーシャルメディアを使って私たちを中傷し、「犯罪者」「嘘つき」「反逆者」と決めつけ、姉妹や兄弟や知人に私たちを誹謗中傷するように強要し、その様子を動画に収めていた。

私が熱を出して数日間寝込んだときだった。二〇一九年一月、心配したワーリはエシクにある私立病院に私を連れて行き、私は検査を受け、注射を打ってもらった。午後遅く家に帰ると、ウキライとウラガートの二人は手がつけられないほど動揺していた。恐怖のあまり声も出ず、ショックで震えつづけている。涙も流せないほど脅え、助けを求める声は喉に詰まったままだった。

「どうしたの、何があったの」と私とワーリは卒倒しそうなほど驚いて声をあげた。熱で体はふらついていたが、私はウラガートに駆けよった。息子は痛みがうずく首をさすりながら、あえいでいた。ひどいショックを受けて、息をすることさえ忘れたようだった。「アパートにとても大きな男の人がいたの」と言ってウキライが泣きはじめた。「ドアを閉める間もなかった。私たちを押しのけて家に入ってきたの。お母さんがどこに行って、何をしているのか知りたがっていた」

「それからどうしたの」とワーリは子供たちを落ち着かせようとしていたが、私と同じように取り乱すまいと必死だった。「ずっと同じ質問――『どんなやつらがこの家に来るんだ』――を繰り返していた」とウキライは話を続けたが、その顔は真っ青で、冷たい汗が額に浮かんでいた。「ウラガートは警察を呼ぼうとしたの」。万一の場合に備え、家の壁には最寄りの警察の電話番号を記した紙が貼ってあった。しかし、男はウラガートの手から電話をもぎ取り、「お前は何をするつもりだ。誰に電話をかけようとしている」と怒鳴ると、息子の喉を片手でつかんだまま持ち上げ、助けを求めて悲鳴をあげる娘に向かい、「今度お前たち家族が中国人にさらわれたら、そのときは皆殺しだからな」と吠えた。子供であろうと容赦のないむごい扱いだった。子供たちは死ぬほど脅えていた。

しかし、禁足処分を受けている以上、私たち一家はエシクの町から引っ越すことができなかった。

この事件以来、私とワーリは夜も昼も交代で周囲を見張るようになった。一方が寝ているときには、一方が寝ずの番をする。しかし、身を守る道具と言えば長い棒一本しかなかった。

片時も子供たちから目を離さないようにしていた。登下校のときも常にいっしょだった。ウキライもウラガートも毎日脅えて暮らし、夜になると恐怖は大波となってそそり立ち、家族全員を飲み込もうとするその直前、私たちは泣き叫びながら目を覚ました。そのあとはもう眠ることはできない。私たちはそのまま夜が明けるのを待った。

私の場合、いまでもそれは変わっていない。真夜中に目が覚め、そのままひと晩中、常に警戒をしている。恐怖のせいで全身に汗をかいている。

少しでもお金を稼ぎたいとワーリも私も考えていたが、それはやはりできなかった。ワーリはしわを寄せた眉間に指を押しあてながら、「僕が家を空けているそのときに、連中が押し入ってきたらどうするんだ？　君や子供たちの身に万一のことでもあったら」。私たちの神経はボロボロになっていた。

三回目の亡命申請が却下されたあと、私は不服を申し立てたが、再審査が二〇一九年二月一一日にタルディコルガンの裁判所で審理されることについては誰も教えてくれなかった。私の代理人である弁護士はこの日も不在だ。そんなことがあって以来、私は口をつぐんでいるのではなく、一家の状況をさらに積極的にメディアに公表しようと決心した。

私たちは孤立して途方に暮れていた。

地下収容所と水中監獄

こうやって話を続けていると、自分が記憶をたどることによく耐えられると不思議な気持ちになる。ジャーナリストと収容所の話をすると、決まって過去のことが生々しく蘇り、当時と同じように、その生々しさにはいまでも耐えられず、ふたたび同じ状況に引き戻されたような気持ちになる。動悸が高まり、汗に濡れたシャツが肌にまとわりつく。頭のなかでさまざまな光景が回りだし、ぐったりして先に進めなくなってしまう。

たいていの場合、当時のことについて記者に尋ねられると、そのたびに私は飛び上がり、相手を追い払ってしまう。一秒たりとも我慢できないのだ。「お願い。そっとしておいて」。私はくたくたに疲れはて、這うようにしてベッドにもぐり込み、一日もしくは二日じっとそうしている。そうやってから、なんとかしてふたたび立ち上がることができるのだ。ほかの収容者について聞かれるのもつらい。胸が締めつけられ、心臓の鼓動だけしか聞こえなくなる。

たとえば、イリ地区の中央部に位置するフリジャの近くにある収容所の警察官のような話だ。この警察官は『コーラン』のページを破り取るとそれで尻をふき、床に投げ捨てて靴で踏みつけ、最後には尿を浴びせたという。収容者たちの目の前でこんな真似をしたあと、全員に同じようにすることを命じ、「これがわれわれの神だ。これがわれわれの偉大なるアッラーなのだ。これがわれわれの聖なる経典『コーラン』なのだ」と叫ばせた。

そのほかにも、収容者を意図的に結核や肝炎に感染させたり、妊婦が中絶を強要されたりしたことを訴える生存者の証言は数えきれず、これらの報告は人権擁護団体によって検証されてきた。

さらに最近では地下収容所の話が広まっている。国際的な人権団体は、写真を使って収容所の情報を収集し、それに基づいて、東トルキスタンの強制収容所には一二〇万から一八〇万の人間が拘束されていると推定している。

しかし実際には、衛星写真では確認できない、巧妙に隠蔽された収容所や地下に設置された強制収容所が数多く存在する。兵団——東トルキスタンの新疆生産建設兵団——は容易には発見できない地下収容所をいくつか運営している。

昨年、グリデンで暮らす両親を訪ねた友人から、二カ所の地下収容所の話を聞いた。友人は数年前に東トルキスタンからカザフスタンに移住し、現在はカザフスタンの国籍を得ている。イリ・カザフ自治州のトグスタラというところに住む両親に会いに行ったとき、家族やほかの目撃者からグリデンの地下収容所の話を聞いたと言う。どうやら、そこでは一万四〇〇〇人が収容されていたらしい。友人は、自分の兄がどこの収容所に拘束されているのかを警察官の友人から聞くため、チャプチャル・シベ自治県のソムに車で向かった。その警察官は、彼の兄はソムにある水中監獄に収容されている事実を話して、さらに恐ろしいその内部の様子についても教えてくれた。水中監獄には、ほかにも大勢の人たちが捕らえられていた。

そこでは、収容者は天井から鎖につながれたままプールのなかで拘束されていた。水の深さは口元まであり、収容者は横並びにされ、鎖につながれた両腕を頭上に伸ばしている。痛みを和らげるため脚を伸ばしてもすぐに我慢できなくなるのは、水を飲んでしまい、息ができなくなるからだ。糞尿は水のなかにそのまま垂れ流しだ。プールから出られるのは一日三回、食事のときだけ。一度プールに入れられると、その状態のまま数週間拘束される。このような状態で人間はどれだけ我慢できるのだろう。大半は生き延びることさえできないのではないか。こうした水中監獄が数カ所あるという話を一度聞いたことがある。

友人がカザフスタンに戻ってきてから、この話を教えてくれたのだ。向こうに暮らしていた友人の兄は、昨年不当に投獄された。嘆願書を送るため、私は関連する国際機関の住所とありったけの情報を彼に教えた。

私やほかの活動家は、地下収容所に拘束されていた多くの人たちの信頼できる証言に基づいて、東トルキスタンの収容者の本当の数は三〇〇万人近いと推定している。

このような話を聞くたび、自分が収容者に戻った気になり、病んだように心が沈んだ。

脅迫――「弁護士を変えることはできない」

二〇一九年二月、「私は弁護士を変える」と動画に撮影してネットに投稿した。チブザル・フスマンはもはや私の代理人ではなく、私に代わって発言する権利がない事実を法的に明らかにしておくためにも、ネットで公表する必要があったのだ。

投稿からしばらくした午後六時ごろだった。突然、家の入口のドアが開け放たれ、四人の警察官がアパートに押し入ってきた。子供たちは悲鳴をあげ、別の部屋に逃げ込んで姿を隠した。「そこに座れ」と侵入者は有無を言わさずに私たち夫婦に命令した。私とワーリは並んで固いスツールに座った。制服を着た警察官たちは、ソファに腰を降ろし、「お前は弁護士を変えることはできない」と私に向かって大声で命令した。

「しかし、私には別の弁護士に依頼する権利があります」と穏やかな口調で言葉を返したが、彼らは私を嘲笑した。「権利だと？　お前のような人間にか？」とあざ笑った。だが、権利こそ私にとっていちばんの問題だ。

私もワーリも恐怖ですくみあがっていた。「たったいま新しい動画を撮影して、考えが変わったので、このまま同じ弁護士で続けるとあらためて公表しろ」。私はためらった。その命令に応じてしまえば、自分の命運が尽きることはよくわかっていた。だが、彼らは何時間も居すわり、私たちを脅しつづけた。

その間、椅子から立ち上がることも、水を飲むことも、震える子供の様子を確かめることさえ許されなかった。「命令にしたがわなければ、お前の家族はもっとひどい目に遭うことになるぞ。悔やんでも悔やみきれないほどのな」。深夜一二時ごろ、彼らは望みどおりの目的を果たした。ウキライとウラガートのことを考えると私は心配でたまらず、絶望的な気持ちのまま、相手にしたがうよりほかになかった。

次の日の朝、数人の警察官に連れられて警察に出向くと、驚いたことに弁護士のチブザル・フスマンがいた。首都から駆けつけた政府の高官がいっしょだったが、名前も立場も明かそうとしない。相手の要件は簡潔で、口にする脅し文句は政府が手先として使っているごろつきと変わらなかった。「お前は何も話さず、ここにいる弁護士といっしょに仕事を続けろ。さもなければ、お前とお前の家族の身に災いがおよぶ」。選択の余地など私にはない。彼らは私の愛する者の喉元にナイフを突きつけているようなものだった。私はうなずくしかなかった。

ワーリも私もひどくいら立っていた。その日の午後、肘掛け椅子に座っていると、ワーリに「サイラグル、話したいことがある」と声をかけられたが、私は返事をしなかった。目を開けたまま私は眠っていたのだ。その三日後、タルディコルガンの裁判官が私の控訴の再審理をすることになっていた。

明日が再審理という日の夜、私たちは居間にいて、ぴりぴりしながら足を揺すっていた。あれほど脅されていたにもかかわらず、勇気を振りしぼり、新しい弁護士に依頼する決心を固めたのだ。それから数分後、アイマン・ウマロヴァは私の必死のビデオメッセージを受け取った。「私の弁護を引き受けてください。受けていただけなければ、私はもう終わりです。北京政府は私の国外追放を要求しています――」

連絡を取ったその直後、私たちはすぐに姿を消したかったが、外では車に乗った警察官が私たち一家を監視していた。

北京に迎合する政治家の犠牲者

私たちはどうすればいいのだろう。深夜、友人に電話して、「お願いです。迎えに来て、私たちを連れて行ってください」と頼み込んだ。しばらくして彼が車で現れると、家の外にいた警察官たちは、「ただちに立ち去れ」と叫んで追い払おうとした。「こんなところで何の騒ぎだ。石炭を買いにきただけだよ」と適当な理由をでっちあげた。そして、脇道に車を停めると、携帯電話で「着いた」と連絡をくれた。警察官が車のなかで眠るのを確認すると、ワーリと子供たち、そして私は家の塀を乗り越えて道を走り、息をあえがせながら彼の車に飛び込んだ。村でひと息つき、安全を確認すると、アイマン・ウマロヴァは、「弁護士を解任する」と題した私の最新動画をアップした。

そして再審理当日の二〇一九年二月一一日の朝、私はタルディコルガンの裁判所の前で、自分の元担当弁護士だったチブザル・フスマンとばったり会った。頭がくらくらするほど怒りくるっていた私たち夫婦は、金輪際いっしょに仕事はしないとはっきりと伝えた。相手はあっけに取られていた。

新任の弁護士となったアイマン・ウマロヴァはとても勇敢な女性で、政治的な問題を抱えていた案件だったにもかかわらず、私の弁護を引き受けてくれた。彼女もまた、脅迫や尾行を受けていたことは私も知っている。あるとき、CNNの記者たちをカフェで待っていると、こちらを見張っている人間に気づいた。だが、私たちは無視していた。

しかし、記者の一人が最初の質問をしたとたん、この男――ズボンとジャケットの私服だった――は私たちの前に立ちはだかり、スマートフォンで私たちを撮影しはじめたのだ。CNNの記者はあまりの無礼さにいら立ち、「撮影はやめてください。邪魔です。向こうに行ってください」と文句を言ったが、男はそのまま撮影を続けた。

あとで調べてみると、この男は地元の警察署に勤務する警察官だった。また、私の弁護を引き受けたアイマン・ウマロヴァを脅すため、彼女が飼っている犬を庭で殺し、死体を玄関先に置いていった。殺された犬の口には土が詰められていた。彼らはその後、彼女の猫にも同じことを繰り返した。

最終的に裁判所は、私に不利な判決をくだした。この決定と前後して三月中旬にはアタジュルトのリーダー、セリクジャン・ビラシュも「民族憎悪を扇動した」という理由で逮捕され、自宅に軟禁された。追って通知があるまで、人権活動家としての活動を続行することが禁止される。並はずれた勇気の持ち主である私の弁護士は、ビラシュの事件も担当したが、その彼女は「国家の敵」と中傷された。

それにもかかわらず、ウマロヴァはメディアに向かい、この事件は中国がカザフスタンで行使している巨大な力に大きく影響された「政治裁判」だと訴えつづけた。「カザフスタン政府は、中国の収容所の実態について国民が公然と話すことを望んでいない。私は、途方もない恐怖と個人的な危険を冒しても、この事実については明言したい」。もう一人の並はずれた勇気の持ち主セリクジャン・ビラシュも、禁止命令を受けている身にもかかわらず、収容所の目撃証言を公開しつづけた。

このころになると、私をひそかに中国に送還することはカザフスタン政府にも不可能になっていた。その事実が全世界に知られてしまうからだ。だから政府は、最終的に私を西側の国に移住させた。うるさく飛びまわる虫さえつまみ出してしまえば、それ以降、カザフスタンと中国の関係は私という証人のせいで悪化することはなくなる。

私に続いて東トルキスタンから逃れてきた者にとって、私の経験がその道を開くうえで役に立っていた。そう考えることは、私にとってある種の慰めでもある。二〇一九年三月、カザフスタンの初代大統領ヌルスルタン・ナザルバエフは彼の忠実な従者であるカシムジョマルト・トカエフに権力の座を譲った。現在、北京政府に対する世界の目はますます厳しくなり、カザフスタン政府も、東トルキスタンから逃亡してきた同胞の亡命申請には、少しだけとはいえ寛大に対応するようになった。

私たち家族は、北京政府に迎合するカザフスタンの政治家たちの犠牲者であり、彼らは自国民を意のままに支配しようとする中国政府の前に這いつくばっていた。「新シルクロード」構想に関連して、カザフスタンは中国から約一二〇億ドルの負債を負っているので、政治的には逃げ道をふさがれた困難な状況に置かれている。

結局、私たち一家が、母語を話すこの国で暮らせたのは、二〇一八年四月五日から翌年の二〇一九年六月三日までのことで、わずか一四カ月足らずの期間にすぎなかった。

第9章 ウイルス——世界への警告

二〇一九年六月三日——新しい世界へ

私たち一家が向かう国が決まったのは、カザフスタンの滞在許可の期限が残り三日を切ったときだった。「スウェーデンが受け入れてくれた！」とワーリは声をあげ、私の肩に両手を置いて、「神様が君に三度目の命を与えてくれた」と言った。出し抜けの話に、私はもの問いたげな目でワーリを見返した。遠い異国で暮らす未来の生活を考えると気持ちはたかぶるが、カザフスタンに別れを告げるのはやはりつらい。

「一度目は、中国を脱出できたこと、二度目はカザフスタンで拷問と拘留を乗り越えたこと」と指を立てて数え上げ、「そして、三度目は、カザフスタン全土で怒りの声があがったことだ。あの声が起こらなければ、あれから数時間後、君は中国に送還され、死刑になっていたはずだ」

「ねえ、スウェーデンはどこにあるの？」と娘に聞かれた。子供たちはさっそくパソコンの前に座り、スカンジナビアで暮らす人たちについて調べた。亡命先はどこになるのか、そんな興味に駆られ、私たち一家はカナダやアメリカ、ドイツなどの西側のいろいろな国についてすでに調べていた。

「スウェーデンでは人権が非常に重んじられており、著名な人権活動家に対しても、ノーベル賞が授けられている」とウキライが声に出して読み上げる。「見て！」と写真を見ていたウラガートが声をあげ、その声に驚いた私たちに向かって、「島や湖だらけだ。松の大きな森や氷河もある。海岸線に沿って大きな町があるって――」と大はしゃぎしている。「これでようやく安心して暮らしていけるのね。びくびくしている必要はもうないのね」と娘もうれしそうに言う。

たしかに、これでようやく安心して暮らしていけそうだが、同時に私たちは悲しんでもいた。その日の夕方、子供たちはずっと泣いていた。「どうして、このままここで暮らしていくことができないの?」と言ってウラガートがしゃくり上げた。二人ともカザフスタンの学校生活になじんでいたからである。友人や親戚も大勢いた。

もちろん、カザフスタンも独裁国家で、迫害され、精神的な恐怖を強いられたが、中国に比べればまだ自由らしきものは感じられる。自由に移動することができ、人目をはばからず語り合い、オンラインで情報を探すこともできる。とてつもなく恐ろしい襲撃を受けたとはいえ、私たちはこの国で最もすばらしい生活を経験することができた。

だが、私やワーリが困っている様子に気づいた子供たちは、悲しみをこらえ、努めて平気な顔を装った。「でも、これで中国から逃げられるからなによりよね」とウキライは考え深げに言った。「スウェーデンなら、きちんと守ってもらえるね」とウラガートもうなずいて私に抱きついた。一方、ワーリは背中を丸め、聞き耳を立てているかのようにうつむいている。「もし、このままカザフスタンにとどまるようなら、状況は悪くなる一方だ。連中は君を生かしてはおかないはずだ」。私の目を見ながら、考え込むようにそう言った。

私は両手を固く握りながら、「わかったわ。だったら、新しい人生を始めましょう。私の三度目の人生よ」と顔をあげてきっぱりと答えた。さっそく荷造りに取りかかった。とりあえず必要なものだけで、荷物はそれほど多くはない。子供たちの成績表、重要な文書や書類、カザフスタンのパーティーや東トルキスタンで撮った写真などだ。いちばんかさばったのは作家から寄贈された本で、個人的な献辞が書き込まれている。最後にカザフスタンの大きな国旗一枚と小さなものを数枚丸めてスーツケースに入れた。

万一を考え、出国の話はごく身近な親戚と友人にしか話さなかったので、空港での見送りに集まった人たちはごく限られていた。出国した話をあとでカザフスタンの人たちに伝えるので、短い動画を撮ってほしいと頼まれたが、私は泣きどおしで、ほとんど言葉にならなかった。この期におよんでも、亡命申請が認められるかもしれないという希望を私は捨てられなかった。何千もの人たちが、私を心から支援してくれていたからである。しかし、その願いは決してかなえられることはなかった。

夜の飛行機に乗ってアルマトイから首都アスタナへと向かった。飛行機の窓から町を見下ろした。通りには誰もいない。みんな眠っている時間だ。その光景を目にして私は心から切なくなった。みんな、私たちのために本当によくしてくれた人たちばかりだ。その人たちが眠る家の上を私たちが飛び去っていく。だが、その事実に誰も気づいていない。

心のなかで私は、こうした人たちが投稿してくれた動画を何度も思い返していた。「お願いです。サイラグル・サウトバイと彼女の一家が故国であるカザフスタンで暮らせるように、亡命を認めてやってください」というメッセージを最後の最後まで政府に送りつづけてくれた。私は涙を流しているのを気づかれないよう顔をそらし、元気にふるまおうと努めた。「いま、こうして雲の上を飛んでいるのも神様のおぼしめしなのだ」

フランクフルトの空港で私はカザフスタンの友人に電話をして、結局、最後に撮影したビデオメッセージを投稿するのは見合わせてほしいと頼んだ。「私のあんな姿を見たら、大勢の人が悲しんでしまう」と説明した。そのかわりスウェーデンに着いたら、お礼の動画を送る。そのころには落ち着きを取り戻し、涙も流してはいない。飛行機を乗り換える先々の空港で、私たち一家の名前が書かれた紙を持った人が待っていた。最終的にストックホルムで待っていてくれた人が運転する車に乗り、マルメ経由でトレレボリへと向かったが、「どこに行くのだろう」と私たち家族はそっとささやき合っていた。

あれこれ聞いて、相手のよけいな注意を引くようなことはできればしたくなかった。ただ、スウェーデンでの生活はどうなるのか、ワーリも私もこの時点までほとんど考えていなかった。想像していたのは薄汚れたホテルか、それとも何百人ものほかの難民といっしょに暮らす、粗末で狭い収容施設だった。いったい何が待ち受けているのだろう。漠然とした不安はあったが、高望みはしていない。肝心なのは家族の安全だ。

私たちはどこで暮らすのですか?

車が二階建てのテラスハウスの前の小さな脇道に停まると、ワーリは身を乗り出して車を運転してきた相手に、「私たちはどこで暮らすのですか?」と怪訝そうに尋ねた。

「いま到着しましたよ」という相手の返事に私たちは目を見張った。「これはホテルじゃないんですか?」と私も息を飲んで聞き返した。「ここがあなたたち一家の暮らす家です。いまからここがあなたたちの家ですよ」と、相手は携帯電話で通訳を呼び出して、そう説明してくれた。

私たちはとまどいながら、案内してくれる二人の別のスウェーデン人に続いて家のなかに入っていった。「これは――」。ため息しか出なかった。ただ驚くしかない。何もかもがきれいで、真新しかった。子供部屋が二つ、リビングルームとベッドルームもある。家具からはどれもたったいま荷ほどきしたばかりのような匂いがし、台所には二、三日分の食べ物がすでに用意されていた。私たちのためにすでに万全の準備が整えられていたのだ。最後に、スウェーデン人の男性がワーリの手にこの家の鍵を渡すと、「おやすみなさい」と言って帰っていった。

夢かどうか確かめようと、ワーリは三回鍵をかけ直した。子供たちがカーテンを引いてから、私たちは四つの部屋を何度も出たり入ったりした。幸せで我を忘れてしまう。家具にそっと触れてみる。シャボン玉がはじけるのではないかという手つきで、おそるおそる触った。ウラガートは、「スウェーデンは思っていたよりもずっときれいな国」と納得している。「見ず知らずの私たちのために、この国がこんなに歓迎してくれるなんて」とウキライは目を輝かせながら笑っていた。

スウェーデンの人たちは、最初からとても親切で、すぐに受け入れられたと私たちも思った。なんとも言えないほどうれしかったが、もっともその思いは長くは続かなかった。

しかし、最初の夜、私たちは新居の大きなベッドに身を寄せ合って眠った。

幸せを噛みしめて

翌日の朝八時三〇分、二人のソーシャルワーカーが家を訪ねてきた。必要な書類の記入を手伝ってくれてから、一キロほど離れた町の中心部を案内してもらった。子供たちと手をつなぎながら、郵便局から銀行、さらにスーパーマーケットや私たちにとっていちばん大切な地元の役所などを歩きまわった。

その日の午後、家族四人で歩いて家に帰る途中、すでに私たちの家が見えてきたときだった。ワーリは突然立ち止まり、深々と息をすると、「海が近い」と言う。「海？　どうしてわかるの？」と私はいぶかしんだ。

「匂いがする」

地球上で最も海から遠く隔たったウルムチのような土地で育った人間に、どうして海の匂いがわかったのだろう。大きな通りを真っ直ぐ向こうに渡ってみると、たしかに私たちのテラスハウスの家並みの真うしろに海が広がっていた――バルト海だ。すぐ近くにはフェリー乗り場があり、かたわらには駅が建っている。

夏の六月、一年で最も美しい季節だった。私たちは磁石に引き寄せられるように海辺へと向かった。子供たちが私の前を走っていく。家族連れが幼い子供たちを連れて海ではしゃいでいる。ウキライとウラガートはそのまま海に飛び込んでいった。シャツとズボンを着たままで、二人とも泳ぐのはこれが生まれてはじめてだ。「戻ってきて！　二人とも泳げないでしょ。危ないわ」と私は心配になって叫んだ。しかし、ウキライもウラガートも戻ってこようとはしない。ウラガートは、「見て、お母さん！　ほかの子たちはこうやって泳いでいるよ」と言って、細い腕で真似をしている。せき込んだり、水を飲んだりしながら必死に浮いていた二人だったが、それからじきに泳げるようになった。

毎日のように誰かが支援に来てくれた。カザフスタンにいたころは、恐怖と金銭的な事情のせいで引っ越しを繰り返していたが、ようやくひとつの家に落ち着けるようになったのだ。この小さな町にはお高くとまった人はおらず、私たちは二流市民のように扱われることもなかった。みんな親切で、分けへだてなく接してくれる。ごく普通に暮らせることは本当にすばらしかった。娘は三つ編みを楽しそうに肩で揺らしていた。「来週はどこに逃げようかとやっと考えなくてすむようになった」とワーリもうなずき、「ここは楽園のようだよ」と言っていた。

近所の人たちは、私たち家族のことはよく知らなかったが、道端で会えば私たちのほうに寄ってきて気さくに挨拶をしてくれた。「いつスウェーデンに来たの。シリアそれともウズベキスタンから?」。どうやら、ここに暮らす人たちはそうした国から逃れてきた人たちが多かったようである。「いいえ、カザフスタンです」と答えると、みんなびっくりしていた。

数日後、ウラガートはインターネットで家の近所に大きなスーパーマーケットがあることを見つけた。「お母さん、いっしょに行こうよ」と言って、私を引っ張っていく。食料品コーナーを見ていると、六〇歳くらいの品のいいスウェーデン人男性が寄ってきて、「ようこそスウェーデンへ。サイラグル・サウトバイ」と声をかけられた。

自分の名前以外、相手の言葉がわからなかったが、ウラガートはロシア語と英語が少し話せるので、かいつまんで説明してくれた。このスウェーデン人の男性は中央アジアに何年も住んでいたことがあり、今でもインターネットで中央アジアのニュースを見ているという。私のことはカザフスタンで大きく報じられていたので、顔を見て私だと気がついたらしい。何度もねぎらいの言葉をかけて、「よかった、よかった、ここがあなたの新しい故国だよ」と、私がスウェーデンに亡命できてとても喜んでいるようだった。

この出会いがスウェーデンに来て、次に出会えたすばらしい体験だった。しかし数日後、高揚感は消え失せ、私たちは一転してふさぎ込むようになっていた。

憂鬱な日々

世間が夏休みを迎えるころ、生活は一変して厳しいものになった。ここには友だちがいない。学校がない。働こうにも仕事がない。子供たちは二人とも勉強が好きで、カザフスタンにいたころは教師からもかわいがられていた。しかしいまは、ワッツアップで友だちの写真を見たり、元クラスメートからのメッセージを読んだりしては毎日を過ごしている。夏休みになって数日後には、ウラガートとウキライは、目を泣きはらして夕食のテーブルに着くようになった。二人とも心の底からさみしがっていた。

近所にはカザフ人もウイグル人もいなければ、東トルキスタンのイスラム教徒もいない。ワーリもある日を境にして黙り込んでしまう。以前はいつも元気で明るく、人には常に心を開いて、朝昼晩問わず、友人や親戚を招待するのが大好きだった。私たちの食卓にはいつも客が座っていた。賑やかだった家が突然静かになり、子供たちがしくしく泣く声だけしか聞こえてこない。

私たち家族は四人とも、まったく別人のようになっていた。ちょっとしたことでも涙を流し、とくにワーリの変化は激しかった。普段の私は、悩みごとがあると自分のなかに閉じこもり、人をあまり近づけようとはしなかったが、少なくとも、こんなふうになってしまう前までは、ワーリは私とはまったく正反対のタイプだった。

ワーリはここ数日、老作家のハッバシ・ハブシの本をずっと手にしていた。以前、山で開いたパーティーの際に寄贈されたあの本だ。このころのワーリにとって、ハッバシ・ハブシは、彼の唯一の理解者だった。一度読み終えては、またはじめから読み返していた。その本には「美しい月は消えてしまった／星も瞬きを失って——」のような詩が書かれていた。そして、あれほど快活で屈託のなかったワーリが、なんの前触れもなく、家族ともまったく口を利こうとはしなくなってしまったのである。

ある日の午前、本を手にワーリは寝室に引きこもってしまった。私と子供たちは、最初は順々に、ついには三人でなんとかワーリをなだめ、部屋から出てきてほしいと頼んだ。ドアノブを回しても、「一人にしておいてくれ」という返事が返ってくるだけだ。私も子供もとても心配した。「お父さん、どうしたの」と言ってウキライは泣いている。暗くなってもまだこもったままだ。こんなことははじめてだ。

その日の夜遅く、私は閉ざされたドアの前に立ち、ドアの枠に頭をもたげて、寝室にいるワーリに語りはじめた。「あなたがこんなふうでは、この先、私たちはどうやって前に進んでいけばいいの。お願いだから出てきて」。東トルキスタンで私は、悲しみに蝕まれていく人をたくさん見てきた。それは病気と変わりがない。苦しさを忘れようと、大半の人たちがお酒を飲むようになっていた。「いつまでもこんなことを続けていると、もうその穴から二度と抜け出せなくなってしまう」。ドアの縁に口を近づけ、私は話しつづけた。だが、室内は静まり返り、沈黙だけが唯一の返事だった。さらに大きな声で話しつづけた。「たしかに、ここには友だちは誰もいないし、いまのあなたが独りぼっちなのはわかる。でも、せめて私だけにでも悩みを話してくれれば、胸の内を明かすことはできる」。夜遅く、ワーリはようやく部屋から出てきた。

最初の語学研修が始まった六月三日から一七日ごろは、私たち一家にとってたいへん難しい時期に重なっていた。物質的には申し分ない生活だが、どうしようもないほど人恋しくて、私たちは激しいホームシックに苦しんでいた。子供たちも口にするのは依然としてカザフスタンの友だちの話で、彼らに会えなくなって二人ともとてもさみしそうだった。「ここは本当にいいところだけど、誰とも話すことができないね」とこぼし、「僕たち、これからどうしていけばいいの」と口にしていた。言葉は通じず、人ともかかわれない。大きく見開かれたあどけない目は、どうしようもないほど途方に暮れていた。

私はときどき、ウキライとウラガートを外に遊びにいかせ、リビングルームでワーリと二人きりで話せる時間を作った。「私たちは、いまよりもはるかにたいへんな時期を過ごしてきたのよ。だから、今度もきっと乗りきれるはず。こんな状態もいずれ通りすぎていくわ」。ワーリは力なく顔を両手で覆ったままだ。「なんでも抱え込んではだめ。そんなことをしていたら、いつか自分がだめになってしまう」とワーリを自分のほうに引き寄せながら、私は話を続けた。「私たちはいつもいっしょにいなくてはいけないの。この状況を乗りきるにはそれしか方法がないのよ」

家にはインターネットがまだ接続されていなかった。電話代はかかったが、それでも私はワーリにカザフスタンの親戚と毎日連絡を取らせるようにした。彼の好奇心をかき立てるために、できるだけのことをしようと絶えず心がけ、隣町や海岸に行かせたり、役所で書類を提出する用事を頼んだりしていた。

ある日のお昼ごろだった。玄関のドアをノックする音が聞こえたので、開けてみると金髪の男の子が立っていた。たぶん、近所の子供だろう。どうやって応じていいのかわからなかったので、ウキライを呼び、「ちょっと来て。なんのご用か聞いてみて。あなたも英語は少し話せるでしょう。お願い」。その少年は、「この家に男の子がいるのを見たので、いっしょに遊ぼうと思って」と答えた。苦情のたぐいではないかと思っていたので、私はほっとして笑った。

私は背中を押してウラガートを送り出した。「この子といっしょに遊んできなさい。何を言っているのかわからなくても、いっしょに遊んでいればいいの。もしかしたら、ほかの子供がいるかもしれないわ」。そう言われて息子は遊びにいった。だが、しばらくして泣きながら帰ってきて、濡れた顔を私のお腹に埋めてしがみつき、「みんなに話そうとしてみたけど、みんなキョトンとしているんだ。どうすればいいの」と泣きつづける。

それからしばらくして、子供たちもこんな状況に慣れていった。水着を買ってあげると、今度は海で遊ぶようになり、教えもしていないのに泳ぎ方を覚えるようになった。

スウェーデンで描くカザフスタンの国旗

子供たちの学校が始まるおよそ二カ月前、二人は入国者向けに語学コースを受けることになった。娘と息子を送り出すとき、私は不安を覚えていた。東トルキスタンから来たムスリムであることを理由に見下され、きちんと対応してもらえないのではないかと考えたからだった。しかし、ウキライとウラガートを担当してくれた二人の教師は、子供たちを自分の子供のように温かく迎え入れて、のちのことになるが、私も笑顔が絶えない教師たちの顔を見て心からうれしくなった。

ウキライとウラガートは、スーダンやイラク、シリア、アフガニスタンなど、紛争から命からがら逃れてきた難民の子供たちといっしょに言葉を学んでいた。教室の壁には一七カ国の国旗を描いた絵が飾られている。その日の下校時、先生は新しくやって来た子供たちに向かい、自分の出身国の国旗を描いて、明日持ってくるように言った。描いた国旗を壁に追加して貼り出すというのだ。

「私たちは外国にいるのに、先生は私の出身国に興味があるの」とウキライとウラガートはとまどいながらもうれしそうに驚いていた。私は素直に聞けなかった。子供たちの出身国に対する教師の関心と寛容は、はたして本心からなのだろうか。難民を生み出した国に対して、非難や嫌悪をひそかに抱いてはいないのか。だが、ウラガートは姉の言葉に激しくうなずいている。「僕の先生は、『あなたたちは、祖国のことを決して忘れてはならないの。あなたたちのルーツはそこにあるからなの』とまで言ってくれたよ」。「先生たちは親戚のおばさんたちみたい」。ウキライはそう言って、感に堪えないように胸に手を当てた。

食事が終わると、二人はすぐに机に向かって色鉛筆で描きはじめた。鉛筆を動かしていくうちに、故郷の楽しい思い出があふれてきたのか、二人は鼻をすすりはじめた。涙が落ちて色がにじむ。国旗に描かれた輝くばかりのターコイズブルーは、カザフの大草原の空に広がる青空を表している。鮮やかな青緑色と混ざり合うように、明るい黄金色の太陽、その下には翼を広げたソウゲンワシの姿が描かれている。

涙に濡れてしまうので、二人ともまたはじめから描きなおさなければならなかった。私たちの祖国の国旗の色と図柄は、平和と統一、希望と精神の自由な飛翔を表している。子供たちは夜中まで涙を流しながら描きつづけた。二人が寝静まったあと、私もまたソファに座って涙を流していた。

翌日、子供たちが自分の国に誇りを持てるようにと、教師たちは子供たちが描いた国旗をさっそく壁に貼ってくれた。この日を境に事態は好転していった。ウキライもウラガートも予想以上に早く勉強を覚え、まもなく友だちもできた。夜になると、家族四人でキッチンのテーブルで語学コースの宿題をしながら、単語を覚えていた。そのうち、みんなで競争し合うようになり、「誰が一番早く終わるかな?」と私は子供たちをからかった。

隣に座るワーリを肘でそっと突きながら、「最後には、何もかもが前よりもよくなっていることに気づくわよ」と言った。ワーリは頭をあげた。まだ元気のない顔だったが、「本当に以前のようになれるだろうか。新しい友だちもできるかな。自分たちでもう一度お金を稼げるようになれればなあ」と期待を込めて問い返してきた。

「もちろん、そうに決まっている。もう一度、教師として働けるかもしれないわ」と私は明るく答えた。彼の顔に笑みが広がり、「君の言うとおりだ。悲しむ必要などないんだ。僕たちには幸せになる権利があるんだ」と言って私を抱きしめてくれた。

私たちにとってスウェーデンの生活は大きな冒険の始まりだった。ワーリと私は、さまざまな国から訪れた大勢の人たちと出会うようになった。興味を引かれる人たちばかりで、彼らの文化や生活様式も知ることができた。うれしかったのは、デンマークに何十年も住んでいるカザフ人が、最初の客としてわが家を訪ねてきてくれたことだった。六月中旬には、二人目の客を迎えられた。このときの客はアメリカからやって来たスウェーデン人で、私たち家族を車に乗せ、彼の美しい国を見せるためにわざわざ飛行機に乗って来てくれたのだ。それればかりか別れ際には、フラットスクリーンのテレビをプレゼントしてくれた。「スウェーデン人として、私の国があなたたち一家を受け入れてくれたことをとても誇りに思うよ」と言っていた。本当に得がたい経験で、この人のことを私は一生忘れないだろう。

八月、スウェーデンの外務省からストックホルムに招かれ、私は中国の収容所の状況について声明を発表した。これは、私たち家族にとってても好ましい結果をもたらした挑戦だった。カザフスタンで世話になった弁護士のアイマン・ウマロヴァも二度訪問してくれた。そうこうしているうちに、生活のほうもだんだんと落ち着きを取り戻していった。スウェーデンの教育制度はカザフスタンに比べて格段に優れおり、子供たちの未来もこの国にある。二人の前にはたくさんのドアが開かれているのだ。

ジャーナリストや外国の各機関からの招待はいまも続いている。二〇二〇年三月、私はワシントンで「国際勇気ある女性賞」*を当時の国務長官マイク・ポンペオから贈られた。授賞理由のひとつは、私の格別な勇気と、そして「並はずれたリスク」と直面しながら人権活動を行っている点だった。もっとも私自身、自分が経験した事実について報告しただけで、何か特別なことをしたなどとは思っていない。

それでも真実を訴えつづける

本書の取材の合間にドイツのショッピング街を歩いているときだった。「一ユーロショップ」と呼ばれる小売店に中国製の安い品々が所狭しと並んでいるのを目にして、私はとても驚いていた。色とりどりの小さな商品そのものは、一見すると他愛ないものでしかないが、その背後にある考えや政策は決して看過できるようなものではない。

北京政府は安価な製品で各国の市場を圧倒し、手厚い融資を提供することで、世界各地にひそかに足場を築きつつある。彼らの長期的な目標とは、中国が独占的な地位を獲得し、新しい世界秩序を確立することにある。ひとたびそれが実現すれば、中国共産党が、そして中国共産党だけが世界のルールを決める。そうなれば、私たちは一人残らず、専制的な政治組織に支配されることになる。

中国政府と中国共産党は、これまで長い時間をかけて、世界中の大学にクラーケンにも似た長大な触手を四方八方に伸ばし、経済界や政界のエリート、オピニオンリーダーたちへの影響力を強めてきた。その一方で、ヨーロッパを分断するため、ポーランドやハンガリーなどの東ヨーロッパの右派諸国を巨額の融資で取り込んできた。国外に逃れた自由な考えの持ち主たちを迫害し、メディアや大学に圧力をかけ、携帯電話網の構築と管理を提唱することで、他国に中国の検閲システムを輸入させてきた。

その結果、自由主義国でも、世界的なサッカー選手であるメスト・エジルが競技から締め出されるような事件が起きている。トルコ系のイスラム教徒として知られるメスト・エジルが、中国の収容所を批判したからだ。ドイツの自動車大手ダイムラー傘下のメルセデス・ベンツは、インスタグラムに掲載した広告にダライ・ラマ一四世の変哲もない言葉を引用しただけで中国の批判を受けた。メスセデス・ベンツは当局の指示にしたがって広告を削除すると、北京政府にひれ伏して謝罪した。また、ルフトハンザは台湾を「中国台湾」と呼ぶような児戯に等しい真似をしている。自由世界の企業や国民が、人権よりも経済的な利益を重んじる限り、私たちは悪魔に魂を売りつづけることになる。

だが、そのドイツ政府は、他の二二カ国とともに、中国の収容所で行われている人権侵害を非難した。一方、東トルキスタンで暮らす信仰上の兄弟や姉妹に対して、連帯を表明したイスラム教国は一カ国もない。自由諸国が非難の声をあげた直後、ロシア、シリア、ミャンマーなど三七カ国は中国の新疆政策を支持する共同書簡を国連人権理事会に提出している。こうした国の支配者は、自国民の自

＊国際勇気ある女性賞（ＩＷＯＣ）：アメリカ合衆国国務省が授与する賞で、毎年、世界各地の卓越した女性を表彰する。受賞者は時に危険にさらされながらも、平和、正義、人権、男女平等のために闘っている人たちだ。二〇〇七年から始まり、各国の代表を大使館がノミネートし、最終的に一〇名程度が選ばれる。

由を踏みにじり、自分たちの利益をなによりも優先しているのだ。

中国は融資や投資によって三七カ国の忠誠心を買い、彼らをますます中国に依存させるよう仕組んでいった。だが、こうした国の国民は、中国政府が約束したような繁栄と豊かな生活に浴していない。それどころか、山のような借金を抱え、中国に対して道路網、農地、港、発電所、パイプライン、空港、鉄道などを次々に売り渡してきた。一国の権力者が自国の富をすべて中国に売り払ってしまえば、結局、その国の人たちには何も残らなくなってしまう。

こんな無責任な政府とは対照的に、二三カ国の西側諸国は私に希望を与えてくれる。もちろん、経済的な利益はどの国にとっても重要だが、人権を優先する先見性をこうした国は持っている。ドイツにとっても中国はきわめて重要な貿易相手国だが、みじめで苦しみに満ちた生活を送っている地球上のすべての人たちにドイツは希望を与えている。その点では、自由と正義のために闘い、専制政治に対抗する人たちと同じだ。おそらく、こうした国々がいつの日か勝利を収めることになるだろう。そうなれば、世界のすべての人々にとってよりよい未来が訪れるはずだ。

私を黙らせるため、北京政府がこれからも嘘つきや裏切り者の烙印を私に押しつづけ、暴力やデマを流したり、家族を人質にしたりと、あらゆる手段を講じたとしても、私は決して証言することをやめはしない。そして、スウェーデンで家族と平和に暮らせるようにしてくれた二三カ国には心からの感謝を捧げるとともに、真実を語る自由を与えてくれたことにもお礼が言いたい。

カザフスタンでの裁判の最終日、中国領事館の二名の代表者が、私と三人だけで会いたいと申し入れてきた。もちろん、彼らの狙いは、私を脅迫して、永遠に黙らせておくことにあった。しかし、私は法廷の中央に立ち、世間の注目を一身に浴びながら、「私を黙らせるために二人の中国人がここにいる。だが、私は真実を語ることを絶対にやめない！」と叫んだ。

私の四三年の人生とはなんだったのだろう。生まれ落ちたときから、私は中国共産党が支配する世界で生きてきた。党が「飛べ」と命じれば、私たちは素直にその命令にしたがってきた。もしも、二〇年前にヨーロッパに来ることができていたなら、私はたくさんの言葉を学び、多くの仕事を手がけながら、さまざまな国を訪れ、さまざまな人たちと知り合うことができただろう。もちろん、いまからでも遅くはない。与えられた時間を使い、失ったものを取り戻したい。そして、平和的な手段によって、自由を得るために闘っていきたい。なぜなら、自由とはあって当然のものではなく、闘って勝ちとるものであるからだ。

東トルキスタンで拘束されている多くの人間の存在を知れば、邪魔立てする者に対し、中国政府はひるむことなく残忍な手段を講じるのははっきりしている。本書を読んでいただいたいま、その事実を「知らない」と言える者は誰もいない。

心に巣くうウイルス

本書のためのインタビューが続けられていた二〇一九年一二月中旬、一一〇〇万人の人口を擁する中国の武漢でコロナウイルスの感染者が驚異的な勢いで急増していた。湖北省のトップは独自に行動する権限を持っていなかったので、北京の国立感染症対策センターに状況を報告した。しかし、誰も感染の拡大を食い止めることはできなかった。

それどころか、中国共産党がやったのは、すべての検査を中止し、分析によって確認されたサンプルを破棄することに全力を尽くすことだった。急速に広がるウイルスについて警告を発した中国人記者や個人は逮捕されたばかりか、湖北省のトップも解任された。さらに二〇日間が経過して、ウイルスは広大な都市で猛威を振るった。

疫学者の推定では、ウイルスの最初の感染は一〇月に発生していた。そして、一月二三日から武漢が都市封鎖されることを知ると、約五〇〇万人の市民がこの町から逃げ出し、お金とパスポートを持っている者は中国を逃れて世界各国に飛び去り、それができない者は新疆や国内のほかの町に逃げていった。

中国共産党が一挙に放った悲劇は、結局、世界中に影響をもたらすことになった。何も知らない何百万人もの人々がこのウイルスに苦しみ、不都合な真実を隠す中国政府の方針のせいで苦い代償を払っている。もしも、ウイルスの発生当初に中国政府が積極的な対策を講じて蔓延を防ぎ、世界保健機関（WHO）に早い段階で報告をしていれば、人類はその後の惨事を免れたはずだ。しかし、中国政府は、医療データを改竄《かいざん》し、症例を隠蔽したばかりか、統計値を捏造することで、ほかの国々が中国の現状から学び、自国民を適切に守ることを不可能にしてしまった。

本書の原稿を用意しているあいだも、中国政府はいつもの筋金入りの戦略を用いて、中国こそ人道的なソフトパワーを駆使し、国際社会の信頼を得ている国であるかのようにふるまっている。真実を巧妙にねじ曲げ、中国のウイルス対策こそ模範的な対応だと世界に信じ込ませることで、自国の組織的な失態から世界の目をそらし、そもそもウイルスがどこでどうやって発生したのかという事実を忘れさせようとしている。財政支援やマスクの提供などの〝惜しみない〟人道支援と引き換えに、今後将来にわたって、さらに多くの国に忠誠を求めることができるだろう。ほかの独裁国家がそうであるように、中国政府も狙いを定めた偽情報を発信することで、コロナ禍という危機に乗じ、欧州連合

（ＥＵ）の結束に対するヨーロッパの人々の信頼に混乱と破綻をもたらす種をまこうとしている。

だが、武漢の惨状を報じた勇敢な人たちは、黙殺される以前にあっという間に忘れ去られてしまった。そして、忘れ去られたもうひとつの事実は、やはりコロナウイルスが関連したＳＡＲＳ（重症急性呼吸器症候群）の集団発生と鳥インフルエンザを引き起こしたインフルエンザＡ型ウイルスなどの、今回のコロナ禍に先立つ病原体もまた中国に端を発していた事実である。専門家によれば、これらの病原体は生鮮市場の普及と徹底的な環境破壊ときわめて密接に関係しているという。武漢の生鮮市場の近くにあるウイルス研究所では、コロナウイルスの研究が行われていたことも話題になった。『ワシントン・ポスト』紙は、二〇一八年の時点で研究所の安全性確保の欠陥について取り上げていた。この種のウイルスは理屈を並べ立てても対抗できるものではなく、世界的な協力とオープンな情報交流があってこそ闘うことができる。だが中国政府が唱えているのは、このウイルスはアメリカの軍事研究所に由来するという珍妙なおとぎ話だ。それどころか、中国はその優れた資源によってこのウイルスを退治し、いまでは世界の国々に惜しみない協力を差し出していると主張する。

しかし、コロナウイルスよりも恐ろしいのは、現在、東トルキスタンで開発中の独裁国家中国という〝心のウイルス〟であり、そのウイルスは猛威を振るって世界中にくまなく広がりつつある。このウイルスに感染すると、自由、平和、人権が世界中で脅威にさらされている現実に気づけなくなる。中国政府は過剰なほど政治宣伝された〝中国モデル〟を利用して、民主主義国家に対する独裁国家の優位性を証明しようとしている。このウイルスもまた、世界中の人々を苦しめることができるウイルスなのだ。それだけに、世界全体の問題として、このウイルスを理解することがいかに重要であるかがますますはっきりしてくる。

やがてコロナウイルスも徐々に沈静化し、私たちの日常はふたたび回復されるだろう。だが、自由世界に対する中国発の〝心のウイルス〟の攻撃はやまない。私が願うのは、中国共産党と北京政府が脅かしているのは自国民だけでなく、地球上のすべての国の人々なのだという事実を世界の人たちに気づいてもらうことなのだ。このウイルスはＣＯＶＩＤ‐19よりもはるかに危険なウイルスだ。

地獄——それがこのウイルスが運んでくる現実にほかならない。

あとがき

アレクサンドラ・カヴェーリウス

本書『重要証人』の影響は刊行直後からはっきりと表れた。スウェーデンで暮らすサイラグル・サウトバイの自宅の電話はほとんど鳴りやむことはなかった。もっとも、ナンバーディスプレイに表示される電話番号は、いつものように大半が中国からのもので、電話の向こうの相手は、母親にとって最も恐ろしい脅し文句を口にしていた。「子供の身のためを考えろ――」

私はサイラグル・サウトバイの身をいつも案じている。彼女はとても勇敢な人権活動家で、ウイグル人やカザフ人をはじめ、イスラム系少数民族のために平和、正義、自由を求めていまも闘いつづけている。私の最初の本『ウイグルの母 ラビア・カーディル自伝――中国に一番憎まれている女性』（水谷尚子監修・熊河浩訳、武田ランダムハウスジャパン）を書くことになったのはいまから一四年ほど前だった。この本は、ノーベル平和賞に何度もノミネートされ、世界的に有名なウイグル人の人権活動家ラビア・カーディルについて書かれたものだが、私に会うため彼女がドイツに来る直前、衝撃的なニュースが飛び込んできた。暗殺されかかり、からくも難を逃れることができたという知らせだった。ＦＢＩが犯行をたどっていくと、事件の痕跡は中国大使館にたどりついた。単なる脅しではないのは明らかだった。

それにもかかわらず、事件から日も浅い二〇〇六年にラビア・カーディルへのインタビューは始まった。ドイツに来たラビア・カーディルには、襲われた傷跡がまだ生々しく残っており、首を保護するために頸椎《けいつい》カラーを巻き、額のあざは消えていなかった。個人としての彼女は繊細な人柄でありながら、信じられないほどの闘志と生気に満ちた女性だった。しかし、突然、通訳が不安を募らせるようになり、私を混乱させようとしたり、あるいは重要な資料を隠したりするようになった。出版社から法的措置を取ると迫られ、通訳はようやく中国政府から圧力をかけられていた事実を認めた。

不適切な通訳を選ぶという失敗は、二〇一九年に行われたサイラグル・サウトバイとのインタビューではどうしても避けなければならなかった。彼女はカザフ人の内部告発者として世界的にも知られていた。そこで今回は学識ではなく、人権団体から信頼できると判断された人物を通訳として選んだ。

しかし、彼もまたインタビューの記録が始まると態度を変えていった。話がある事柄におよぶと通訳が曖昧になり、収容所に関する重要な情報をわざと隠すようになったのである。その部分は、サイラグルが私のためにわざわざメモ帳に書き込んで具体的に説明していた箇所だった。彼の挙動を不審に思った私は、結局、それまで書き記した内容をほかの通訳に手伝ってもらって残らず検証しなおすしかなかった。ストレスがたまる仕事だが、それだけではなく時間も費用もかかり、とくに本書の版元であるオイローパ・フェアラークのような独立系の小規模の出版社にとっては破綻を意味する。

その通訳は最初に私たちの仕事を妨害しようと試み、次に本が印刷されるのを阻止しようとした。最後にはネットを通じて、同胞のカザフ人に悪質な噂を流した。彼がなぜこんな行為におよんだのか、その理由はわからない。しかし、言うことを聞かなければ、中国共産党は中国に住んでいる家族を罰したり、大金をちらつかせて寝返らせたりすることは知っている。悲しいことにこの男性は、ほんの数カ月前、ブリュッセルで開かれた会合に招待されたサイラグルのかたわらに立っていた。会合は、彼女の勇気と人権活動に対する功績を称えるためにＥＵが催したものだった。

彼女との話を一冊の本にするまでには、さらにいくつかのハードルを乗り越えなければならなかった。記者会見の席上、私はサイラグルの強さと迫力を目の当たりにしていたが、会見が終わったその直後、彼女が人目のないところでどれほど必死に収容所の後遺症と闘っているのかを見ていた。彼女は心的外傷後ストレス障害に悩まされており、激しい動悸や恒常的な吐き気などさまざまな症状が現れ、事実、彼女の消化器官は激しく損傷されていた。

タクシーに乗っているとき、疲れはてたあまり、シートにもたれかかっている彼女の姿を見たことがある。蘇ってくる過去の情景に翻弄されるまま、高鳴る動悸を抑えるように胸に手を当て、目をつむり、うめき声をあげている。「いまこの瞬間、私の故国の仲間にお前たちは何をしようとしている？私にはわかっている。たったいまレイプしたばかりの娘たちを、お前たちはまるでゴミでも捨てるように監房に放り込んでいる。一人で泣くことさえお前たちはあの娘に許そうとはしない――」。人の苦しみを和らげ、東トルキスタンで行われている圧政と闘うため、夜遅くまで倦《う》まずに働こうと、気を取りなおしている彼女の姿を前にして、私はただ驚くしかなかった。

公的な席に姿を現すたび、彼女は自身の命を懸けている。インタビューを受けるたびに、そのつどあの忌まわしい記憶が蘇ってくる。しかし、彼女がその苦しみに耐えているのは、祖国で拷問を受けている罪のない子供や女性、老人や男性の存在を世界に訴えるためである。真相をおおやけにすることで、言うに耐えないほどの彼らの苦難にいつの日か終わりがもたらされることを願っている。そして、世界が目をそらし、その事実を見て見ぬふりをすることがもはやできなくなるように。

二〇二〇年、本書のプレスツアーのため、彼女といっしょにベルリンからミュンヘンに向かう列車に乗っているときだった。彼女はスマートフォンで中国政府の政策について調べていた。そのとき彼女が最初に見せてくれたのは、人権活動組織「アタジュルト」のサイトに掲載されていたチベット寺院の写真で、写真の上には中国語で「中国共産党がなければ、如来も存在しない」というプロパガンダのポスターが掲げられていた。サイラグルは考え込んだ様子で見上げ、「東トルキスタンでは党員が住民に向かい、『お前たちの命と所有物はすべて党から与えられたものだ。中国共産党がなければ、神も存在しない』と教えている」と話してくれた。

画面をタップして次にブラジルの画像を見せてくれた。やはりプロパガンダ用のポスターだ。「ブラジル人も中国が大好きだ」。次に動画を見せてくれた。アフリカ人の二人の子供が泣いている動画で、自国の共産党員に中国語教育を強いられ、「私たちは大きなひとつの家族で、その家族は中国と呼ばれている」と声に出して歌わされていた。幼い顔が苦痛でゆがんでいるのがはっきりわかったが、二人とも口を大きく開いて、「そして、私たちには大勢の兄弟姉妹がいる／風景は美しく――」と歌っていた。サイラグルもこの歌――「偉大なる中国」――は東トルキスタン時代から知っていたと言う。彼女が教えていたカザフ人やウイグル人の園児たちもこの歌を歌わされていたのだ。

不意にサイラグルの目がある動画にとまった。二〇一七年、北京で開催された第一九回中国共産党全国代表大会を映した動画で、大勢の聴衆を前に党の幹部たちが演説をしている。

「いま話しているのは何者？」と私は尋ねた。

「教育大臣の陳宝生よ」

「なんと言っているの？」

「『二〇四九年の時点で、中国の教育制度は世界の主要な教育システムとして受け入れられているだろう』って」

驚いた私は、眉をひそめ、「正確には、どんなふうに話しているの」とさらに聞いた。

「その年までに、世界の教育システムは中国共産党が主導し、規定するようになる。世界の教育システムは中国が決定する」

「いったいなんの話なの？」

「全世界が中国共産党に服従して、党から提供された教科書のみを使用する」

私は席に座っているのがやっとだった。「続けて――」

「中国の教育制度が世界中のあらゆる学校に導入される。すべての生徒に対して中国語で書かれた教材が与えられ、生徒たちは中国語を話すようになる」

これ以上黙って聞いていられなくなった。「彼らにとって、世界制覇の計画はすでに秘密ではないのね」と私は口走っていた。「この陳宝生の演説も、『三段階計画』を裏づける決定的な証拠よ」

その後、インターネットで調べものをしているとき、陳宝生がミュンヘンを拠点とするハンス・ザイデル財団を訪問した写真をたまたま目にした。財団は保守政党のキリスト教社会同盟（CSU）に関係する組織だった。それからしばらくした二〇二〇年六月二七日、この財団で上級職を務めていた連邦情報局の有力スパイが、中国の情報機関に亡命したというニュースがドイツのメディアで報じられた。このスパイが関係していた仕事の一部に、世界ウイグル会議の講演者から情報を「搾り取る《スクイズ》」（諜報機関の専門用語）ことがあった。彼は以前、何度か私を招待して質問しようとしたが、結局、その試みは成功しなかった。治安関係者の噂では、この一件に見られる手口は、中国の諜報機関の典型的な戦略だといわれている。「オンラインの仮想世界での攻撃だけではなく、あらゆる公的分野においてスパイを潜り込ませるため、中国の情報機関は執拗にリクルートを続けている」とベルリンのドイツ公共放送連盟（ＡＲＤ）はテレビニュースで報じ、これは看過できるような事態ではないと言っていた。

二〇二〇年七月、予定されていた本書のパブリシティ・イベントがキャンセルされた。ある政治団体が予定していたイベントで、いったん中止し、一年ほど延期されることになった。この話をサイラグルに伝えたとき、一瞬だったが、彼女はだいぶショックを受けていた。香港であらたに導入された「香港国家安全維持法」の結果、本の宣伝にかかわることで、中国で働く仲間が報復を受けることを団体は恐れていたのだ。

その一週間後、ドイツ外務省はホームページから台湾の国旗を削除し、空白にしたというニュースを新聞で読んだ。『ミュンヘナー・メルクーア』紙の見出しには、「外務省、白旗を掲げる。なんとも無様」と書かれていた。それからまもなく、今度は『フランクフルター・アルゲマイネ・ツァイトゥング』紙の見出しが飛び込んできた。「中国を批判するとき、連邦政府は自己検閲を推奨する」と書かれていたのだ。ドイツ人は今後、中国を批判する際には、〝注意せよ〟と自国の外務省が警告しているのだ。

香港国家安全維持法によって、中国共産党には北京政府を批判した者を誰でも逮捕できる権限が授けられた。そのなかには中国を逃れて海外で暮らす自由を訴える思想家や、中国を移動している単なる旅行者も含まれている。本書『重要証人』の共著者の私などは、さしずめ終身刑やおそらく死刑に処せられてしまうだろう。このような容疑での告発は通常、分離主義もしくはテロリズムと呼ばれる。「怖くはないのか？」とほかのジャーナリストからよく聞かれる。私は「ノー」と答えているが、この質問を受けるたびに決まって考えることがある。こんな質問が当たり前のように繰り返されること自体、ドイツでも中国共産党の影響がいかに深刻な状態にあるのかがうかがえる。私個人に対する中国共産党の脅迫には脅えてはいない。本書の執筆中、中国からの電話を示す番号で、電話が頻繁にかかってきた。留守電に「消え失せろ」のメッセージが残され、無言電話がかかってきたこともあった。ラビア・カーディルの本を書いているときには、テーブルに置かれたナイフや壁に立てかけられたカラシニコフの写真、あるいは私のような異教徒の死を願う『コーラン』の一説を記したメッセージが送られてきた。ムスリムのしわざのように見せかけていたが、警察が調べてみると、これらのメッセージはいずれも北京から発信されていたことがわかった。

二〇二〇年七月、『ディ・ヴェルト』紙が「北京はいかに勢力を拡大しているのか」という記事を掲載すると、雑誌『シュピーゲル』は「中国はアフリカで、大規模かつ公然と軍事的プレゼンスを拡大している」という記事を掲載した。これらの報道やパズルの個々のピースをすべて合わせると、中国共産党幹部が世界に対してどのような野心を抱いているのかだけでなく、ドイツのような民主主義国家においてさえ、中国政府の手がどれほど伸びているのか、その事実が明らかになってくる。

これほど圧倒的な証拠が存在するにもかかわらず、世界中の政治家やジャーナリスト、あるいは政策決定者の多くは、自分の目と耳で見聞きした事実を信じようとはしない。中国共産党が勢力範囲を執拗に拡大していく様子を見て見ぬふりをしている。私たちにとってこうした対応は、検閲やプロパガンダ、腐敗、虚偽、人種差別、拷問、収容所、ファシズムを招くことを意味する。西部ドイツ放送（WDR）がドキュメンタリー番組で、ひそかに収録された映像が放映されたことがあった。その映像のなかで、新疆ウイグル自治区の内政部の責任者は、この地域のムスリムたちの悲惨な状況を端的に語っていた。「彼らの人権は侵害されていない。なぜなら、そもそも彼らには人権がないからだ」。刻一刻と時間は過ぎていく。だが、このような残虐行為を世界が黙認しつづける限り、ますます多くの罪のない人たちが命を落としていく。

いたたまれない絶望に押しつぶされそうになると、私は家の近くを流れる川に出向いて新鮮な空気を深々と吸い込む。このあたりにはコクチョウが飛来し、季節になると川岸を滑るように飛びすぎていく。中国ではコクチョウは非常に珍しい鳥とされており、入念に準備した計画が思いもよらない形で破綻する予兆だと信じられている。これまでの常識が突然通用しなくなれば、既存の制度は壊滅的な影響を被るかもしれないだろう。その意味では、コクチョウは新しい時代の到来を告げる象徴でもあるのだ。

まれにしか起こらないこうした予兆には、政治がもたらす影響がいかに計り知れないものであるかという考えが反映されている。中国では、サイラグル・サウトバイのような人間もまた、コクチョウのようにきわめて例外的な存在なのだ。身も蓋もなく言うなら、もしかしたら彼女はこの世に存在していなかったかもしれない。中国の思いどおりになっていれば、彼女もまた無数に存在するどこかの強制収容所でとっくの昔に命を落としていたはずだ。突然、中国に対し、香港をはじめ、イギリス、アメリカ、インドなどの国が狼煙《のろし》をあげた。そしてもし、中国共産党が考える以上に、人々が彼らの監視に対して声をあげ、それを乗り越えていこうとしたなら。あるいは、最終的に東トルキスタンの人たちが、抑圧と拘束、そしてますますひどくなっていく困窮に対して立ち上がったとしたなら、いったい何が起こるだろう。そうなれば、習近平の計画は頓挫するだろうし、中国の独裁体制は終わりを迎えるはずにちがいない。

川辺から家に戻った私は、力こぶしの絵文字をワッツアップでサイラグルに送った。この絵文字は私たちが新たなハードルに直面し、それを乗り越えていくとき、勇気と強さをたがいに確認しあう際に使うサインだ。絵文字の下に私は、「自由に生きている限り、私たちは真実を世界に伝えていく。誰にもそれを邪魔させない。たとえ誰であっても」と書き込んだ。

すぐにサイラグルから返事が届いた——💪💪💪💪💪

解説

真実の声は必ず世界の知るところとなる

櫻井よしこ

二〇二一年六月、英国南西部の町、コーンウォールで開かれた先進七か国首脳会議で、西側諸国は結束し、私たち人類が守るべき価値観を鮮やかに掲げた。一言でいえば中国共産党政権の価値観は断じて受け入れないという決意表明だ。

それはとりわけ新疆ウイグル自治区におけるウイグル人、カザフ人など少数民族の強制収容、彼らの根源的自由の全否定、死に至る拷問、彼らから言語や宗教を奪いとり民族としての存在を抹消する民族浄化を念頭にした中国批判だった。中国は国際社会で孤立しているのである。

これまで、中国の持つ世界最大規模の市場にひきつけられ、どの国も対中貿易に依存してきた。企業は目前の利益ほしさに対中批判を抑制し、各国政府は経済界の意向を無視できず、結果として中国に対して断固たる措置を講じるのをためらってしまう。とりわけ弱小国家は経済の魔力に縛られ、中国共産党につき従う。

しかしいま、中国市場の経済力に引きずられながらも、先進諸国は明確に中国共産党批判の旗を掲げた。そして突きつけた。民族浄化は許さない。民族、そして全ての個々人の尊厳と根源的自由を守れと。

それに対して中国政府が返してきたのは、「強烈な不満と断固とした反対」「アメリカは病んでいる。G7は中国よりもアメリカに対して処方箋《せん》を出した方がいい」「アメリカなど少数の国の腹黒い魂胆がさらに露見した」などというお定まりの反撃だった。

彼らは国際社会の批判に耳を傾けるかわりに、二〇二一年六月二十三日、民主と自由を追い求め共産党政権を批判してきた香港唯一の自由メディア「蘋果日報（りんご日報）」を「廃刊」に追い込んだ。前年の七月一日に施行した国家安全維持法、その法の下に設置された国家安全維持公署、彼らに与えられた治外法権と呼ぶべき強い権限によって、香港における報道の自由は物の見事に奪い去られた。蘋果日報と香港人の自由を求める声を完全に封殺した背景に、中国本土から派遣された公安当局や外国人スパイを取り締まる国家安全省の職員によって構成される国家安全維持公署（公署）の暗躍があった。中国共産党政府の出先機関である公署の実態は公表されていないが、彼らが香港政府をはるかにしのぐ権力を持つのは明らかだ。これによって中国共産党のおぞましい悪行を報じるメディアは、当面、根こそぎ刈りとられ、香港人弾圧、ウイグルにおけるジェノサイドなど全ての悪行を隠しおおす仕組みを中国共産党は作ったことになる。

だが、人間社会はそんなことには負けない。歴史を振りかえれば、人類史の醜い一断面としての悪魔的ジェノサイドは、必ず露見する。中国共産党の悪行を告発する声が完全に封じ込められることはない。真実の声、勇気ある人の声は必ず世界の知るところとなる。まさに本書がその一例である。

サイラグル・サウトバイさんはカザフ人で、東トルキスタンに住んでいた。東トルキスタンは毛沢東に侵略され新疆ウイグル自治区と命名され現在に至る。

東トルキスタンの強制収容所に連行され教師として働かされたサウトバイさんはきくも耐えない拷

問を受け恐怖にさらされた。しかし彼女は教師、つまり職員の一人であったために収容所の仕組みを断片的ながら知ることもできた。

それによると、収容所は北京政府の指示に忠実に従う巨大官僚機構として機能しており、北京政府の定めた手順どおりに、拷問が繰り返されている。彼らの目的は単なる洗脳ではない。ひとつの民族を根絶やしにすることだと、サウトバイさんは断言する。米国のトランプ政権が断じ、民主党のバイデン政権も受けついだ「中国共産党によるウイグル・ジェノサイド」という非難は全く正しかったのだ。

中国共産党の悪魔の所業はイスラム教徒のジェノサイド以前から行われている。チベットの仏教徒たちもウイグルの人々が受けたのと同様の拷問を受け続けて今日に至る。チベット人は彼らの存在の核をなすチベット仏教を否定され続けている。多くの寺院は破壊され、残されたわずかな寺院では、仏教ではなく習近平思想の学びが強制される。これらの寺院は形だけの寺となって漢族の観光旅行先となり果ててもいる。

チベット文化の否定、宗教弾圧、チベット人を本質的に変えようとする共産党政権に抗議して多くのチベット人が焼身自殺を遂げた。ダライ・ラマ法王十四世はインドに亡命し、チベット人の証しであるチベット仏教、チベット語、チベット人としての文化と暮らしを守り通すことで、時を待とうとしている。中国共産党政権が滅び去る日まで、何としてでもチベット人はチベット人であり続けなければならない、チベット人であることを諦めてはならないと説く。中国共産党が滅び、チベットの自治が可能になるとしても、チベット人がチベット人でなくなればチベットは本当に消滅してしまうからだ。

モンゴル人に対しても中国共産党は暴虐の限りを尽くしている。南モンゴル出身の文化人類学者、楊海英氏が世に問うた一万五千ページに上る「モンゴル人ジェノサイドに関する基礎資料」には、モンゴル人の家族のおよそ全てが体験した中国共産党による「モンゴル人ジェノサイド」の実例が記録されている。登場する人全てが実名である。虐殺された人々、拷問された人々、いつ、どこで、なぜという詳細は、地名も建物の名も含めて実名で発表されている。楊氏の著作は、サウトバイさんの証言同様、中国共産党の悪魔の所業を余すところなく伝えている。

サウトバイさんは証言する。彼女の住んでいた東トルキスタンには一二〇〇を超える収容所が網の目のように配置されていると考えられること、地下収容所もあること、全体で約三〇〇万人が収容所に拘留されていること。

私たちはウイグルの少数民族だけでなく、チベット人、モンゴル人の苦しみをも実感し、助けを求める彼らの声を聞かなければならない。今すぐに、行動をおこさなければならない。肝心な時に声をあげ、行動に移さないとしたら、私たちは誰も、そしてどの国も、中国共産党に抗えなくなる。ウイルスのようにはびこる彼らによって席巻され、おぞましい価値観を押しつけられ、受け入れざるを得ない羽目に追いやられかねない。中国共産党は二〇四九年の建国百年には世界の諸民族の中で中華民族がそびえ立つ世界にすると決意している。それは自由や民主に対する大弾圧を意味することだろう。日本をはじめ、どの国も中華悪行の被害から逃れることはできないだろう。

国際社会が把握している中国共産党によるジェノサイドの実態は今判明しているだけでも正視できない程の非人間的所業だ。それでも私たちに知らされているのは全体の一部にすぎない。ナチスドイツの犯罪をはるかに超える規模と残虐さで所業は続いている。中国共産党の罪の深さを、私たちははっきりと見てとり、告発するときだ。
中国共産党を統率する習近平国家主席は、ありとあらゆる分野で中華民族の優位性を打ち立て、世界を席巻する決意である。その目的達成のために、また一方では自身の権力基盤維持のために、習氏は第二の毛沢東になろうとしている。全権力を自分一人に集中させ、如何なる人間も組織も自分にそむくことができないように世界最大規模の殺人・暴力集団である人民解放軍を自身の直接支配下におく。

二十一世紀の人類社会に生まれたこの怪物、中国共産党政権と習氏に、わが国はどう向き合っているか。冒頭で触れたＧ７サミットでの宣言に見られるように、他国に較べて圧倒的経済力と軍事力を有する先進諸国は、国際社会に対する責任の一端として、中国共産党政権を非難した。その中で、Ｇ７諸国と同一のメッセージを発信していながら、唯一国、行動が伴っていないのがわが国である。中国の人権弾圧に抗議する非難決議さえできなかった立法府（国会）、それを黙認した菅義偉首相と行政府を、私は非常に残念に思い強く非難するものだ。

関係者らは非難決議ができなかった背景にさまざまな事情があったと弁明する。しかしそうした事柄を免罪符とすることは、この局面では許されないだろう。中国との向き合い方は、私たちの生き方を左右する究極の価値観の戦いなのである。日本人としての覚悟を持って、日本国の未来展望を賭けて、日本の未来世代に誇ることのできる立派な道を切り拓いていく決意で、醜い異形の国と対峙しなければならない。

日本は力を持つアジアの大国である。中国に最も近い国のひとつである。長い交流の歴史の中で中国とは正反対の日本らしい価値観を養ってきた国である。その全てを意識して、中国共産党の悪に向き合うときだ。

サウトバイさんの証言に耳を傾け、中国共産党非難の意思表示を、国家として、国民として、鮮明にしなければならないと、心から思う。サウトバイさんの証言に心からの敬意を表するものだ。

著者略歴――――

サイラグル・サウトバイ (Sayragul Sauytbay)

新疆ウイグル自治区出身のカザフ人。1976年、イリ・カザフ自治州に生まれる。元医師・幼稚園園長。2017年11月から翌年3月まで新疆の少数民族を対象とした強制収容所に連行され中国語教師として働かされる。収容所から解放された直後、今度は自身が収容者として収監されることを知って故国の隣国カザフスタンに逃れるが、不法入国の罪に問われ同国で裁判を受ける。この裁判で中国政府が「職業技能教育訓練センター」と称する再教育施設の実態と機密情報について証言、裁判は一躍世界的な関心を呼び、ニューヨーク・タイムズ、ワシントン・ポスト、フランクフルター・アルゲマイネ・ツァイトゥングなどの主要メディアで報じられる。カザフスタン政府は亡命申請を却下、滞在許可が切れる直前の2019年6月に国連のとりなしでスウェーデンに政治亡命。現在、安住の地となったスウェーデンで夫、娘、息子の四人で暮らしている。
中国の強制収容所の実態については現在も積極的に発言を行い、その活動に対して2020年にアメリカ国務省から国際勇気ある女性賞(IWOC)、2021年にはニュルンベルク国際人権賞が授けられた。

アレクサンドラ・カヴェーリウス (Alexandra Cavelius)

ドイツのフリージャーナリスト。多数の有力誌に寄稿するほか、政治問題に関するノンフィクションを刊行して高い評価を得ている。主な著書に、ノーベル平和賞の候補者に繰り返し選ばれているラビア・カーディルの半生を描いた『ウイグルの母 ラビア・カーディル自伝――中国に一番憎まれている女性』(武田ランダムハウスジャパン)がある。
本書はサイラグル・サウトバイとの何度にもわたるインタビューに基づいたものである。

訳者略歴――――

秋山勝 (あきやま・まさる)

立教大学卒。日本文藝家協会会員。出版社勤務を経て翻訳の仕事に。訳書に、ミシュラ『怒りの時代』、ローズ『エネルギー400年史』、ダイアモンド『若い読者のための第三のチンパンジー』、バートレット『操られる民主主義』(以上、草思社)、ウー『巨大企業の呪い』、ウェルシュ『歴史の逆襲』(以上、朝日新聞出版)など。

口絵写真―― Turarbek Kusainov : 7p 上, 9p 上/ AFP =時事 : 9p 中/ Society for Threatened Peoples : 9p 下, 11p 下/ Wikimedia Commons/U.S. Department of State : 11p 上/ Regina Recht : 12p /その他の写真 : Sayragul Sauytbay

*本書は原著者了解のうえで、英語版"The Chief Witness: escape from China's modern-day concentration camps", translated by Caroline Waight (Scribe, 2021)を全訳したものです。

重要証人
ウイグルの強制収容所を逃れて

2021年8月6日　第1刷発行

著　者　サイラグル・サウトバイ
　　　　アレクサンドラ・カヴェーリウス
訳　者　秋山　勝
装幀者　Malpu Design（清水良洋）
発行者　藤田　博
発行所　株式会社 草思社
〒160-0022　東京都新宿区新宿1-10-1
電話　営業 03(4580)7676　編集 03(4580)7680

本文組版　株式会社 キャップス
本文印刷　株式会社 三陽社
付物印刷　株式会社 暁印刷
製本所　大口製本印刷 株式会社

ISBN978-4-7942-2526-9 Printed in Japan　検印省略